中国儿童文学
博　士　文　库

北 京 师 范 大 学 | 2 0 0 4

王 林 著

现代文学与晚清民国
语文教育的互动关系

作家出版社

图书在版编目（CIP）数据

现代文学与晚清民国语文教育的互动关系 / 王林著. -- 北京：作家出版社，2023.4
（中国儿童文学博士文库）
ISBN 978-7-5212-1275-4

Ⅰ.①现… Ⅱ.①王… Ⅲ.①语文教学 - 教学研究 - 中国 - 民国 ②中国文学 - 现代文学 - 文学研究 Ⅳ.①H19 ②I206.6

中国版本图书馆CIP数据核字（2021）第190738号

现代文学与晚清民国语文教育的互动关系

作　　者：	王　林
策　　划：	左　昀
责任编辑：	邢宝丹　桑　桑
特约编辑：	苏俛君
装帧设计：	康　健
出版发行：	作家出版社有限公司
社　　址：	北京农展馆南里10号　邮　　编：100125
电话传真：	86-10-65067186（发行中心及邮购部）
	86-10-65004079（总编室）
E-mail:zuojia@zuojia.net.cn	
http://www.zuojiachubanshe.com	
印　　刷：	三河市北燕印装有限公司
成品尺寸：	148×210
字　　数：	240千
印　　张：	8.75
版　　次：	2023年4月第1版
印　　次：	2023年4月第1次印刷
ISBN　978-7-5212-1275-4	
定　　价：	39.00元

作家版图书，版权所有，侵权必究。
作家版图书，印装错误可随时退换。

总序 | **我国儿童文学博士学位论文的产出方式与学科发展研究**

王泉根

金秋十月，橙黄橘绿。作家出版社计划高规格出版我国首套《儿童文学博士文库》，希望我为文库写一篇总序。作为长期执教儿童文学学科的高校教师，能不欣然应命？《儿童文学博士文库》的出版，既是儿童文学理论研究的一件幸事，也是儿童文学学科建设与高素质专业人才培养的一件大事。我的这篇序言，试就这两方面谈点浅见，并以2001年至2020年国内高校136篇博士学位论文为中心，分析探讨我国儿童文学博士学位论文的产出方式、学科分布以及对儿童文学学科建设的影响与发展空间，期以对新时代儿童文学学科建设与博士生培养做一点扎扎实实的事情。

一、儿童文学学位论文的历史脉络

我国现行高等学历教育分为专科生、本科生、研究生三个层次，研究生根据学位，又分为硕士研究生与博士研究生。因而博士研究生是高等教育中的最高学历、最高端。只有把最高端的事做好了，相关学科的人才培养，才有可能做大做强。博士研究生学习阶段的主要任务与目标是撰写博士学位论文，只有当博士学位论文通过答辩，才能获得培养学校的博士研究生毕业证书和博士学位证书，由此足见博士学位论文的重要。

根据教育史料，我国高等学校的本科生儿童文学教学在上世纪三十年代就已开始布局实施，如国立北平大学俄文法政学院文学系在1930年度的本科生课程安排中，就规定第一学年开设"俄文俄国神话及传说"，每周二课时。第二学年增至三门课程："儿童文学概论"，每周三课时；"中国寓言及童话"，每周二课时；"俄文俄国寓言及童话"，每周二课时。①对儿童文学这样重视的课程安排，即便在今天也是十分难得的。上世纪五十年代，我国高校的本科生儿童文学教学主要集中在北京师范大学、东北师范大学、华东师范大学、华中师范学院（今华中师范大学）、西南师范学院（今西南大学）等教育部直属的师范大学，以及浙江师范学院（今浙江师范大学）、厦门大学等高校。演进至今，国内不少师范院校以及部分综合性大学都开设有本科生儿童文学教学课程，有不少本科生的学士学位论文以儿童文学为论题，通过答辩及相关程序后，由所在高校授予学士学位证书。

根据教育史料，我国高等学校的儿童文学学科研究生培养，最早是在上世纪五十年代。东北师范大学蒋锡金教授（1915—2003）曾在五十年代招收过儿童文学研究生，因当时我国高校还未实行学位制，因而东北师范大学只是研究生培养而不存在学位。

1982年元月，浙江师范学院蒋风教授招收中国现当代文学专业儿童文学研究方向的硕士研究生，首批录取的研究生是本科毕业于北京师范大学的汤锐与西南师范大学的王泉根。虽然蒋风曾在1979年招收了第一位研究生吴其南，但据吴其南介绍，他是"阴差阳错"。由于当时浙江师

---

① 李景文等主编：《民国教育史料丛刊》（第923册），大象出版社，2015年，第186页。

院还没有资质独立授予硕士学位与招收研究生,因而是与杭州大学中文系联合招收的,吴其南报考的是杭州大学中文系现代文学研究专业,在被录取以后,经两校协商,由杭州大学调剂至浙江师院蒋风名下。所以蒋风教授公开招收儿童文学方向硕士研究生是在1982年。1984年11月,杭州大学中文系在对吴其南、王泉根、汤锐经过规定的研究生课程考试后,举行了我国首次儿童文学硕士研究生论文答辩,答辩委员会由杭州大学吕漠野、郑择魁、陈坚等五位教授组成,一致通过吴其南、王泉根、汤锐三人的硕士学位论文,并由杭州大学授予文学硕士学位。这三位研究生是我国高等学历教育中第一批以儿童文学作为明确培养方向的硕士研究生,三人的论文也是第一次专业意义上的儿童文学硕士学位论文。

自从杭州大学颁发国内首批以儿童文学为论题的硕士学位以来,我国儿童文学硕士研究生培养以及以儿童文学为论题的硕士学位论文逐年增加,进入新时代更可谓超规模增加,搜索"中国知网"这方面的硕士学位论文层出不穷,限于篇幅,此不展开。

2001年,北京师范大学决定面向全国和海外,招收我国第一届中国现当代文学专业儿童文学研究方向的博士研究生,博士生导师为王泉根教授。2001年9月,录取入学的首届博士生为王林、金莉莉、张嘉骅(来自中国台湾)。2004年5月,北京师范大学举行我国首次儿童文学博士研究生论文答辩,答辩委员会由刘勇、张美妮、曹文轩、邹红、樊发稼五位教授组成,一致通过王林、金莉莉、张嘉骅三人的博士学位论文答辩,授予文学博士学位。这是我国高等学历教育中培养的第一批儿童文学博士,王林等三人的博士学位论文也是第一批专业意义上的儿童文学博士学位论文。

自北京师范大学王泉根教授以后,上海师范大学梅子涵教授(2002年)、东北师范大学朱自强教授(2005年)也开始招收儿童文学博士研究生。进入新世纪第二个十年,兰州大学李利芳教授、东北师范大学侯颖教授、浙江师范大学方卫平与吴翔宇教授、北京师范大学陈晖与张国龙教授等，相继招收儿童文学博士研究生。

二、儿童文学维度的博士学位论文

根据国家图书馆、北京师范大学图书馆以及网络资源中的博士学位论文资料，抽检2001年至2020年间的136篇与儿童文学相关的博士学位论文，发现有87篇博士论学位文属于中国现当代文学专业，出自20所高校与中国社会科学院研究生院。其中北京师范大学35篇，上海师范大学14篇，东北师范大学8篇，山东师范大学6篇，吉林大学4篇，中国社会科学院研究生院、华东师范大学、华中师范大学、浙江师范大学各2篇，北京大学、复旦大学、南京大学、山东大学、四川大学、中山大学、兰州大学、苏州大学、南京师范大学、湖南师范大学、扬州大学、上海大学各1篇。

再加辨析，我们发现：北京师范大学、上海师范大学均是明确以"中国现当代文学专业儿童文学研究方向"招收录取博士研究生，东北师范大学情况有点特殊，既有明确的儿童文学研究方向，也有现代文学方向；而山东师范大学、吉林大学、北京大学、中国社会科学院等则是以"中国现当代文学专业现代文学研究方向"或"当代文学研究方向"等招收录取博士研究生的。因而可以看出，北京师范大学、上海师范大学的中国现当代文学专业有明确的培养儿童文学博士研究生的愿景，东北师范大学也重视儿童文学。当然这三所高校的中国现当代文学专业还有其他研究方向与培养任务，但能从中特别分出招生名额留给儿童文学，这是十分难得与宝贵的。

正因如此，这三所高校的中国现当代文学专业儿童文学研究方向，从"招生简章要求—博士生新生考试、面试、录取—博士生课程教学—

博士学位论文选题设定—博士学位论文预答辩—博士学位论文答辩—博士学位授予、毕业"的全过程，均以儿童文学为目标，导师本人也均是当代儿童文学界活跃的理论批评家或作家。这些高校的博士研究生，从被录取进校起，就有明确的儿童文学博士研究生身份认同与攻博目标。难能可贵的是，他们毕业后从事的职业，绝大部分都与儿童文学有关，或在高校执教儿童文学，或在出版机构从事儿童文学图书编辑，或专注儿童文学创作等，他们之中已有部分成长为新时代儿童文学界的知名理论批评家、作家、出版人与阅读教学专家。因而从北京师范大学、上海师范大学、东北师范大学等高校毕业的儿童文学博士生，是我国儿童文学理论研究人才培养的最高端与重镇，这批博士研究生所撰写的博士学位论文，构建了我国儿童文学博士学位论文的主体。这是儿童文学博士学位论文产出的第一种方式，也是最重要的方式。为方便研究，我们把这部分儿童文学博士学位论文称为"第一方阵"。

统计2001年至2020年136篇儿童文学博士学位论文，"第一方阵"共有59篇，占了136篇论文的五分之二。在这59篇论文中，北京师范大学有35篇，占比二分之一以上；上海师范大学有14篇，东北师范大学为8篇。值得提出的是，最先招收儿童文学硕士研究生的浙江师范大学经过长期努力，终于在2020年有了2篇儿童文学博士学位论文。

这59篇博士学位论文按内容分析，涉及儿童文学基础理论研究与作家作品研究，儿童文学发展历史研究，儿童文学文体研究（含童话、儿童小说、儿童诗歌、儿童戏剧、儿童电影、图画书等），儿童文学中外关系与比较研究，儿童文学跨界研究等。以下是对此59篇博士学位论文内容的具体分类（以论文题目、学校、博士生姓名、答辩时间、导师姓名为序）。

1. 儿童文学基础理论研究与作家作品研究 18 篇

《儿童文学叙事研究》，北京师范大学金莉莉，2004，导师王泉根。《儿童文学的童年想象》，北京师范大学张嘉骅，2004，导师王泉根。《都市里的青春写作：论"70后"作家群的小说创作》，北京师范大学李虹，2005，导师王泉根。《幻想世界与儿童主体的生成》，北京师范大学王玉，2005，导师王泉根。《植物与儿童文学研究》，上海师范大学谢芳群，2005，导师梅子涵。《轻逸之美——对儿童文学艺术品质的一种思考》，上海师范大学陈恩黎，2006，导师梅子涵。《童年之美》，上海师范大学唐灿辉，2006，导师梅子涵。《雅努势的面孔：魔幻与儿童文学》，上海师范大学钱淑英，2007，导师梅子涵。《老头子做事总不会错——论儿童文学中的老人角色》，上海师范大学孙亚敏，2007，导师梅子涵。《论现代中国儿童文学经典的生成——以〈百年百部中国儿童文学经典书系〉为例》，北京师范大学许军娥，2008，导师王泉根。《论儿童文学的教育性》，东北师范大学侯颖，2008，导师朱自强。《儿童文学理论的基本问题与方法》，东北师范大学赵大军，2008，导师逄增玉。《儿童文学的游戏精神》，上海师范大学李学斌，2010，导师梅子涵。《从文学经典到数码影像——跨媒介视域中的〈宝葫芦的秘密〉》，上海师范大学王晶，2010，导师梅子涵。《叶圣陶与中国现代儿童文学》，北京师范大学周博文，2016，导师陈晖。《张天翼与中国现代儿童文学》，北京师范大学黄贵珍，2017，导师陈晖。《神话与儿童文学》，东北师范大学董国超，2013，导师朱自强。《中国儿童文学的身体书写研究》，东北师范大学韩雄飞，2017，导师侯颖。

2. 儿童文学发展历史研究 9 篇

《论现代文学与晚清民国语文教育的互动关系》，北京师范大学王林，2004，导师王泉根。《从冰心到秦文君——中国儿童文学中的女性主体意识》，北京师范大学陈莉，2007，导师王泉根。《三维视野中的香港儿童文学》，北京师范大学苏洁玉，2007，导师王泉根。《生态批评视野下的中国当代儿童文学》，北京师范大学郝婧坤，2008，导师王泉根。《论中国儿童文学初创时期（1917年至1927年）的外来影响——以安徒生童话为例》，北京师范大学王蕾，2008，导师刘勇。《中国新疆维吾尔族儿童文学研究》，北京师范大学阿依吐拉·艾比不力，2011，导师王泉根。《天籁的变奏——中国童谣发展史论》，北京师范大学涂明求，2012，导师王泉根。《新疆多民族儿童文学主题研究》，北京师范大学王欢，2016，导师王泉根。《东北沦陷区儿童文学史论（1931—1945）》，东北师范大学丁明秀，2020，导师钱万成。

3. 儿童文学文体研究（含儿童小说、成长小说、动物小说、童话、儿童诗歌、儿童戏剧、儿童电影、图画书等）19篇

《成长与性——中国当代成长主题小说的文化阐释》，北京师范大学张国龙，2005，导师王泉根。《论以儿童文学为根基的儿童戏剧教育》，上海师范大学赵婧夏，2006，导师梅子涵。《论中国当代儿童电影的基本精神》，北京师范大学郑欢欢，2007，导师王泉根。《动物小说——人类的绿色凝思》，上海师范大学孙悦，2008，导师梅子涵。《多维视野中的动物小说研究》，北京师范大学李蓉梅，2009，导师王泉根。《类型视野中的儿童幻想电影研究》，北京师范大学左昡，2009，导师王泉根。《童话论》，上海师范大学李慧，2010，导师梅子涵。《现代中国儿童小说主题研究》，北京师范大学王家勇，2011，导师王泉根。《论图画书语言》，北京师范大学赵萍，2011，导师王泉根。《论中国动画电影》，上海师范大学林清，2012，导师梅子涵。《少年小说中的成长书写——以台湾"九歌现代儿童文学奖"获奖作品为研究对象》，北京师范大学谢纯静，2013，导师王泉根。《中国当代比较儿童戏剧研究》，北京师范大学马亚

琼,2016,导师王泉根。《童话空间研究》,北京师范大学严晓驰,2016,导师王泉根。《儿童幻想小说叙事研究》,东北师范大学聂爱萍,2017,导师侯颖。《后现代儿童图画书研究》,北京师范大学程诺,2018,导师陈晖。《中国当代儿童诗歌的审美流变》,东北师范大学钱万成,2019,导师王确。《论视觉文化视域中的中国幼儿文学》,浙江师范大学洪妍娜,2020,导师方卫平。《新世纪儿童小说中的童年书写研究》,东北师范大学山丹,2020,导师侯颖。《中国现代幻想儿童文学中"漫游奇境"类故事的研究》,浙江师范大学王洁,2020,导师张法。

4. 儿童文学中外关系与比较研究 8 篇

《中西童话的主体比较研究》,北京师范大学舒伟,2005,导师王泉根。《清空的器皿——成长仪式与欧美文学中的成长主题》,上海师范大学徐丹,2006,导师梅子涵。《中日现代儿童文学发生期平行比较研究》,北京师范大学浅野法子,2008,导师王泉根。《中韩现代儿童文学形成过程比较研究》,北京师范大学张美红,2008,导师王泉根。《格林童话的产生及其版本演变研究》,上海师范大学彭懿,2008,导师梅子涵。《安徒生对孩童世界的开启及其现代意义》,北京师范大学李红叶,2011,导师王泉根。《日本儿童文学中的传统妖怪》,上海师范大学周英,2011,导师梅子涵。《图画书中文翻译问题研究——以英日文中译为例》,北京师范大学岩崎文纪子,2017,导师陈晖。

5. 儿童文学的跨界研究 5 篇

《出版文化视野下的中国当代儿童文学》,北京师范大学陈苗苗,2007。《儿童文学与新马华文教育研究》,北京师范大学陈如意,2008。《改革开放以来中国儿童书籍出版史论》,北京师范大学崔昕平,2012。《儿童文学与香港小学语文教育的对策研究》,北京师范大学谢玮珞,

2012。《儿童文学阅读与儿童健全人格研究》，北京师范大学李丽，2016。以上5篇博士学位论文的导师均为王泉根。

三、中国现当代文学维度的博士学位论文

如上所述，2001年至2020年间的136篇与儿童文学相关的博士学位论文中，有87篇博士学位论文属于中国现当代文学专业，除了北京师范大学、上海师范大学、东北师范大学的59篇博士论文是以"中国现当代文学专业儿童文学研究方向"以外，还有28篇博士论文是以中国现当代文学专业"现代文学"或"当代文学"作为研究方向的，以下是按答辩通过的时间顺序整理的这28篇博士论学位文的论题、学校、博士生姓名、答辩时间、导师名单：

《蝶与蛹——关于中国当代小说成长主题考察与思考》，北京大学李学武，2001，导师曹文轩。

《"主体"之生存——当代成长主题小说研究》，南京大学樊国宾，2002，导师丁帆。

《从"训诫"到"交谈"——中国新时期童话创作发展论》，华中师范大学冯海，2003，导师张永健。

《儿童的发现与中国现代文学》，复旦大学王黎君，2004，导师吴立昌。

《近二十年来中国小说的儿童视野》，四川大学何卫青，2004，导师赵毅衡、曹顺庆。

《中国现代文学中的儿童叙事》，中国社会科学院研究生院朱勤，2005，导师杨义、李存光。

《精神探索、苦难展示与被动化存在——论1980年代以来小

说中的儿童叙事》，吉林大学王文玲，2006，导师张福贵。

《重塑民族想象的翅膀：20世纪中国科幻小说研究》，兰州大学王卫英，2006，导师常文昌。

《荆棘路上的光荣——中国现代儿童文学史论》，山东师范大学杜传坤，2006，导师姜振昌。

《新时期小说中的未成年人世界》，华东师范大学齐亚敏，2007，导师马以鑫。

《呼唤和谐的儿童本位观——儿童文学与小学语文教育》，吉林大学赵准胜，2007，导师张福贵。

《"人"与"自我"的诗性追寻——中国现代文学中的回忆性童年书写研究》，南京师范大学谈凤霞，2007，导师朱晓进。

《20世纪中国成长小说研究》，上海大学徐秀明，2007，导师葛红兵。

《行进中的"小说"中国——当代成长小说研究》，苏州大学钱春芸，2007，导师曹惠民。

《当代儿童文学的文化大革命十年：1966—1976文革儿童文学史研究》，吉林大学杜晓沫，2009，导师黄也平。

《中国现代成长小说研究》，山东师范大学顾广梅，2009，导师朱德发。

《中国现当代幻想文学研究》，中国社会科学院研究生院金南玧，2010，导师张中良。

《另一种现代性诉求——1875—1937儿童文学中的图像叙事》，山东师范大学张梅，2011，导师魏建。

《尘埃下的似锦繁花：中国现代儿童诗史论》，湖南师范大学，刘汝兰，2011，导师谭桂林。

《大众传媒语境下的儿童文学传播障碍归因研究》，山东师范大学王倩，2012，导师王万森。

《自娱与承担：中日儿童文学比较研究——以创始期为中心》，中山大学刘先飞，2012，导师林岗。

《新时期儿童文学中的生态伦理意识研究》，山东师范大学田媛，2013，导师吕周聚。

《中国新时期童话批评研究》，扬州大学王雅琴，2014，导师古风。

《儿童文学：讲述主体与对象主体——1980—2010年代儿童文学童年叙事研究》，吉林大学何家欢，2016，导师孟繁华。

《新时期儿童小说的创作新变研究》，华中师范大学王艳文，2016，导师李遇春。

《1990年代以来儿童小说中的顽童叙事研究》，山东大学赵淑华，2017，导师张学军。

《伪满洲国童话研究》，华东师范大学陈实，2017，导师刘晓丽。

《新媒体时代中国儿童文学多维特征研究》，山东师范大学潘颖，2020，导师吕周聚。

以上28篇博士学位论文的分布情况是：山东师范大学6篇，吉林大学4篇，中国社会科学院研究生院、华东师范大学、华中师范大学各2篇，北京大学、复旦大学、南京大学、南京师范大学等12所高校各1篇。

这28篇博士学位论文的选题内容有一显著特点，即均是立足于现代文学或当代文学，在中国现当代文学历史范围内探讨儿童文学，以及与儿童文学密切相关联的成长小说、幻想文学、科幻文学等，论题都集中于"中国""现当代时期""作家作品"这几个关键词，基本上不涉及儿童文学基础理论，更不涉及古代。这28篇博士论文有力地丰富并扩大了儿童文学的研究视角、研究内涵，是二十一世纪初叶儿童文学理论研究的重要收获之一。

例如，华东师范大学陈实的博士学位论文《伪满洲国童话研究》（导师刘晓丽）第一次发掘探讨中国现代文学范畴中的东北地区"伪满洲国童话"，论文认为："伪满洲国长达14年的殖民统治期间，殖民者将童话作为意识形态宣传和文化侵略的一种工具，指派或倡导作家创作一种将'五族协和''王道乐土'等殖民宣传植入其中的童话，意在教育和影响青少年。同时，一些爱好童话创作的作家和文学爱好者，以'附逆''迎合''解殖'等姿态，发表了数量不可忽视的童话作品，并在伪满洲国后期成为一种特殊的文学现象。对伪满洲国童话的研究，将再现这一时空的童话写作现象，弥补这一时期童话史料的缺失，衔接童话研究的断层，为中国文学史提供多样性的参考，与其他殖民地文学研究互为烛照、补充与参考，暴露日本殖民者培养'未来国民'的文化殖民计划，从儿童文学参与文化殖民的角度提出新思考，同时也将为这一时期的民族文学、外国文学、翻译文学等研究提供宝贵的资料。"

必须提及，从中国现代文学、当代文学维度切入或联通儿童文学的以上28篇博士学位论文的导师，多为国内现当代文学研究领域的知名专家，因而这批博士学位论文大多视野开阔，立论谨严，分量也较为厚重。为方便研究，我们把这28篇论文称为儿童文学博士学位论文产出方式的"第二方阵"。

四、跨学科维度的博士学位论文

根据博士学位论文来源，我国儿童文学博士学位论文的产出还有另一种方式，即不是出于中国现当代文学专业，而是分布在其他更多的学科专业之中，这有文艺学、外国文学、教育学、民俗学、传播学等。博士生导师既不专门研究儿童文学，也不从事现当代文学，而是文艺学、外国文学以及教育学、民俗学、传播学等相关学科的教授、专家。为方便研究，我们把这部分儿童文学博士学位论文的产出方式称为"第三方阵"。

经考察，2001年至2020年的136篇与儿童文学相关的博士学位论文，属于"第三方阵"的论文计有49篇，分述如下：

中国古代文学1篇：《汉魏晋南北朝寓言研究》，复旦大学权娥麟，2010，导师郑利华。

文艺学6篇：《西方寓言理论及其现代转型》，南京大学良清，2006，导师赵宪章。《中国发生期儿童文学理论本土化进程研究》，南开大学李利芳，2006，导师刘俐俐。《女性创作与童话模式——英国十九世纪女性小说创作研究》，华东师范大学戴岚，2007，导师陈勤建。《论安徒生童话里的"东方形象"》，暨南大学彭应翃，2011，导师饶芃子。《以两则童话的演变看地理环境对于文学的影响》，武汉大学周巍，2017，导师杜青钢。《1949年以来外国儿童文学理论在中国的译介与影响》，新疆大学陈莉，2020，导师高波。

文艺民俗学2篇：《林兰民间童话的结构形式与文化意义研究》，华东师范大学黎亮，2013，导师陈勤建。《越南灰姑娘型童话碎米细糠故事研究》，华东师范大学黄氏草绵，2017，导师陈勤建。

中国少数民族语言文学2篇：《伪满时期的蒙古族儿童文学研究——以伪满洲国蒙古文机关报为中心》，中央民族大学永花，2009，导师萨仁格日勒。《内蒙古当代儿童小说主题研究》，内蒙古大学乌云毕力格，2013，导师全福。

比较文学与世界文学13篇：《马克·吐温青少年题材小说的

多主题透视》，上海师范大学易乐湘，2007，导师郑克鲁。《晚清儿童文学翻译与中国儿童文学之诞生——译介学视野下的晚清儿童文学研究》，复旦大学张建青，2008，导师谢天振。《从歌德到索尔·贝娄的成长小说研究》，吉林大学买琳燕，2008，导师傅景川。《格林童话在中国》，四川大学付品晶，2008，导师杨武能。《儿童成长与伦理选择——安徒生童话研究》，华中师范大学柏灵，2013，导师聂珍钊。《帝国的男孩与女孩：帝国主义和"黄金时代"儿童小说中的性别模范》，上海外国语大学裘斐，2013，导师史志康。《权正生儿童文学中的苦难叙事研究》，中央民族大学韩天炜，2017，导师吴相顺。《以绘为本　抵心问道——日本现代儿童绘本叙事结构的研究》，中央美术学院杨忠，2017，导师周至禹。《生态中心主义型生态批评视阈下的〈格林童话〉研究》，上海外国语大学孟小果，2017，导师谢建文。《从憧憬到现实——小川未明初期童话研究》，上海外国语大学杨亚然，2019，导师高洁。《在"漂浮的世界"中成长——辛西娅·角畑儿童小说主题研究》，中央民族大学陈蓼，2020，导师郭英剑。《〈哈利·波特〉在中国的译介研究》，上海外国语大学王伟，2020，导师宋炳辉。《杰克·齐普斯的童话理论研究》，华中师范大学雷娜，2020，导师孙正国。

英语语言文学6篇：《无尽的求索和虚妄的梦——美国成长小说艺术和文化表达研究》，上海外国语大学孙胜忠，2004，导师虞建华。《幻想与现实：二十世纪科幻小说在中国的译介》，复旦大学姜倩，2006，导师何刚强。《童话的青春良药："白雪公主"与"睡美人"的青春改写》，上海外国语大学阙蕊鑫，2009，导师张定铨。《英国童话的伦理教诲功能研究》，华中师范大学李纲，2015，导师聂珍钊。《维多利亚时期英国儿童幻想文学研究》，山东师范大学任爱红，2015，导师王化学。《英国儿童小说的伦理价值研究》，华中师范大学王晓兰，2016，导师聂珍钊。

德语语言文学3篇：《德国浪漫主义时期童话研究》，北京外国语大学刘文杰，2006，导师韩瑞祥。《"童话"中的童话——论童话〈渔夫和他的妻子〉在君特·格拉斯小说〈比目鱼〉中的改写和作用》，上海外国语大学丰卫平，2006，导师卫茂平。《埃里希·凯斯特纳早期少年小说情结和原型透视》，上海外国语大学侯素琴，2009，导师卫茂平。

戏剧戏曲学2篇：《中国儿童剧导演艺术研究》，中央戏剧学院徐薇，2006，导师白忾本。《中国儿童戏剧发展史（1919—2010）》，上海大学宋敏，2018，导师朱恒夫。

广播电视艺术学3篇：《中国儿童电视剧的审美文化研究》，中国传媒大学朱群，2009，导师蒲震元。《中国儿童电视剧55年》，中国传媒大学王利剑，2013，导师刘晔原。《国产儿童电视剧的产业化研究》，海南师范大学王素芳，2018，导师周泉根、单正平。

学前教育学6篇：《幼儿喜爱之幽默图画书的特质》，北京师范大学周逸芬，2001，导师陈帼眉。《幼儿图画故事书阅读与发展研究》，北京师范大学康长运，2002，导师庞丽娟。《童话精神与儿童审美教育》，南京师范大学闫春梅，2007，导师滕守尧。《教师引导对大班幼儿故事听读理解影响研究——以"同伴交往"主题作品为例》，北京师范大学高丽芳，2008，导师刘焱。《小、中、大班幼儿对故事的阅读理解与听读理解的比较研究》，北京师范大学张玉梅，2009，导师刘焱。《学前儿童图画故事书阅读理解发展研究——多元模式意义建构的视野》，华东师范大学李林慧，2011，导师周兢。

教育学原理（课程与教学论）3篇：《儿童文学，一种重要的课程资源》，北京师范大学赵静，2002，导师裴娣娜。《清末民国小学儿童文学教育发展研究》，北京师范大学张心科，2010，导师郑国民。《清末民国时期儿童文学教育学术史研究——基于〈教育杂志〉的文献考据》，陕西师范大学赵燕，2016，导师栗洪武。

新闻学2篇：《中国近代儿童报刊的历史考察》，中国人民大学傅宁，2005，导师方汉奇。《中国童书出版编辑力研究》，武汉大学张炯，2017，导师吴平。

"第三方阵"儿童文学博士学位论文的产出的特点是：博士生导师属于相关学科的教授、专家，他们指导的博士研究生的博士学位论文选题，无疑是立足于自身学科专业范围，并不是为了儿童文学，但论文选题内容所提出与需要解决的问题则与儿童文学密切相关，因而明显地具有跨领域、跨学科的交叉研究性质。例如：《林兰民间童话的结构形式与文化意义研究》（华东师范大学黎亮，2013），是民俗学中的文艺民俗学与儿童文学的交叉研究。《童话精神与儿童审美教育》（南京师范大学闫春梅，2007），是学前教育学与儿童文学的交叉研究。《清末民国小学儿童文学教育发展研究》（北京师范大学张心科，2010），是教育学中的课程教学论与儿童文学的交叉研究。《"童话"中的童话——论童话〈渔夫和他的妻子〉在君特·格拉斯小说〈比目鱼〉中的改写和作用》（上海外国语大学丰卫平，2006），是德语语言文学与儿童文学的交叉研究。《中国儿童电视剧55年》（中国传媒大学王利剑，2013），是广播电视艺术学与儿童文学的交叉研究。

如上所示，"第三方阵"儿童文学博士学位论文的撰写主体是其相关学科专业，如文艺民俗学、学前教育学、教育学（课程教育论）、德语语言文学、广播电视艺术学等。这些学科都有自己的研究领域、理论体系、研究方法和专门的术语系统，这些与儿童文学相关联的博士学位论文，显然需要立足于自身学科的理论体系、研究方法和专门术语，在此基础上，运用跨学科的研究方法，拓宽新的理论话语。因而这类儿童文学博士学位论文，对于自身的学科专业而言，是一种新问题的提出，新资料的发现，新领域的开拓。但对于儿童文学而言，则是拓宽了儿童文学的研究领域与理论视野，提供并丰富了儿童文学新的研究成果与理论启示。这就是跨学科、跨领域研究带来的好处。

跨学科研究根据视角不同，可分为方法交叉、理论借鉴、问题拉动、文化交融四个层次。试以北京师范大学教育学专业博士学位论文《清末民国小学儿童文学教育发展研究》（张心科，2010）为例，该论文属于教育学中的课程教学论研究，"试图对清末民国小学儿童文学教育发展历程做深入的研究，来探索当下儿童文学和语文教育中的文学教学问题，并力图预示儿童文学教育的走向"[①]。论文"采用文学、教育、历史跨学科交叉研究的方法，以教育宗旨、儿童观及文学功能为视角，以课程（课程思想、文件及教材）和教学（教学内容、过程及方法）为切入点，对清末民国的小学儿童文学教育进行了较为系统、深入的分析，梳理出其发展的脉络"。儿童文学教育是语文教育的重要内容，儿童文学直接联系着语文教材、课程资源与未成年人的文学阅读能力培养，因而这篇博士学位论文提出和研究的问题，对于当前儿童文学与小学课程资源、语文教育研究、阅读传播、校园文化建设等，都有实质性的意义与启示。

---

① 郑国民：《〈清末民国儿童文学教育发展史论〉序》，见张心科：《清末民国儿童文学教育发展史论》，北京师范大学出版社，2011年。

五、我国儿童文学学科建设经历的机遇与挑战

综上所述，我国儿童文学博士学位论文的产出主要来自以上三种方式：一是明确以儿童文学作为博士研究生培养目标的儿童文学主体性研究产出方式，即上文所述的"第一方阵"；二是立足于中国现当代文学历史范围内探讨儿童文学的衍生性研究产出方式，即上文所述的"第二方阵"；三是以原学科研究为中心，涉及儿童文学的跨领域、跨学科交叉研究产出方式，即上文所述的"第三方阵"。以上三种出于不同研究目的的博士学位论文汇聚在一起，共同促进了二十一世纪初以来我国儿童文学理论研究的发展与高层次专业人才的培养。如果我们将这三种方式及各自的特色、优势加以比较与综合分析，我们或许能从中找到当代儿童文学学科建设与学术研究的一些基本规律，并从中探析制约儿童文学学科建设的瓶颈，拓宽儿童文学学术研究的发展空间。应当说，由此引发的启示与思考是多方面的。

1. 儿童文学是一门综合性学科

现行的学科分类与学科级别是由国务院学位委员会办公室、教育部学位管理与研究生教育司（一套班子两块牌子）制定的，名谓《授予博士、硕士学位和培养研究生的学科、专业目录》，于1997年公布实施。按此文件，现行所有学科分成学科门类、一级学科、二级学科（三级学科实际上是二级学科下属的研究方向）。其中，中国语言文学为一级学科，下设8个二级学科，即：文艺学，语言学与应用语言学，汉语言文字学，中国古典文献学，中国古代文学，中国现当代文学，中国少数民族语言文学，比较文学与世界文学。儿童文学被归整到中国现当代文学二级学科里面。

但在中国语言文学范畴之中，儿童文学与其他文学专业，如文艺学、中国古代文学、少数民族语言文学、比较文学与世界文学等相比较，儿童文学具有明显的交叉性与跨学科性。其根本原因在于，儿童文学是以读者对象（儿童）命名的文学类型，因而如何理解与把握儿童的特点以及儿童接受文学的特殊性，就成了这门学科的前义。这样儿童文学自然而然地与教育学、心理学、艺术学、传播学等相关联。更重要的是，从系统论的观点看待儿童文学学科，儿童文学研究实际上包含了文学内部研究与文学外部研究这样两个系统。具体而言，儿童文学的内部研究包括儿童文学的基础理论，儿童文学发展史论（古代、近现代、当代），儿童文学文体论，儿童文学作家作品论，儿童文学创作方法论，儿童文学中外交流互鉴论等；而儿童文学的外部研究，则涉及儿童文学与教育学（特别是学前教育、课程教育论中的语文教育），儿童文学与传播学（特别是其中的出版学），儿童文学与艺术学（如儿童文学与戏剧学，儿童文学与电影学、电视学，儿童文学与美术学），儿童文学与民俗学（特别是民间文艺、民间文学），儿童文学与语言学（特别是外国语言文学、中国少数民族语言文学）等。

2. 儿童文学不能被束缚在"中国现当代文学"二级学科里面

由上分析观之，按照《授予博士、硕士学位和培养研究生的学科、专业目录》所规定的现行学科、专业分类，将儿童文学仅仅放在中国现当代文学二级学科专业里面，作为其中的一个研究方向，显然既不合理，更不科学。借用唐代诗人韩愈《山石》诗中的一句，那真是"岂必局促为人鞿"，严重制约了儿童文学的学科建设与学术研究。

因为，如果我们只是将儿童文学视为中国现当代文学专业下面的一个研究方向，那么，儿童文学只能在中国现当代文学范围里面兜圈子、找题目，有关儿童文学基础理论、儿童文学文体论、古代儿童文学、外国儿童文学、少数民族儿童文学，尤其是儿童文学与教育学、艺术学、传播学、民俗学等跨学科跨领域的研究课题，都将是师出无门，不属于现当代文学本专业研究范围。本文所论述的以上136篇儿童文学博士学位论文，出于中国现当代文学专业的论文，之所以有多篇突破现当代文学的束缚，而涉及儿童文学基础理论、文体类、外国儿童文学以及教育学、传播学、艺术学等，这主要是出自北京师范大学、上海师范大学、东北师范大学这三所高校的儿童文学博士研究生，是这三所高校的博士生导师有意识地突破学科专业束缚，开疆拓土，将博士学位论文的选题引向并渗透到更广阔的领域之中。

但据笔者所知，这些具有跨专业意图的博士学位论文，实际上在送外校专家评审以及预答辩等环节中，多少会遭到现当代文学"同行专家"的质疑，甚至提出不符合专业范围的评审意见。为了求得儿童文学的发展，相关导师自然必须与现当代文学"搞好关系"。笔者从2001年起在北京师范大学文学院担任"中国现当代文学专业儿童文学研究方向"的博士生导师，先后指导并顺利毕业29位博士生，其中6位来自日本、新加坡及我国台湾、香港地区。当时为使博士生的论文选题突破中国现当代文学范围的束缚并顺利通过评审、答辩，实在是煞费苦心。幸蒙北京师范大学现当代文学学科带头人王富仁、刘勇教授等对儿童文学的全力支持与呵护，方使儿童文学博士生培养在北京师范大学得到从容发展的平台，营造出一方天地。特别难得的是，在北京师范大学研究生院的支持并报经学校评审决定下，从2006年起，儿童文学作为与中国现当代文学并列的二级学科，单独招收儿童文学硕士研究生（博士研究生招生仍在现当代文学专业）。

儿童文学要突破现当代文学二级学科的束缚，实在亟须"自立门户"。实际上，我们从以上136篇博士学位论文的学科分布可知，那些跨学科跨领域的交叉研究，也即儿童文学外部研究的论文，更多地来自于教育学、艺术学、民俗学以及中国语言文学一级学科下面的文艺学、少数民族语言文学等，这也从另一个方面印证了儿童文学不能被束缚在"中国现当代文学"二级学科里面的必然性。

3. 儿童文学学科新的生长与契机

综上所述，无论是儿童文学研究自身的学科特点，还是本文所论述的这136篇儿童文学博士学位论文的现实产出状况，都在明确地揭示一个观念：儿童文学应当而且必须独立成类，自立门户，成为一门中国语言文学一级学科下面的，并列于文艺学、中国古典文献学、中国古代文学、中国现当代文学、中国少数民族语言文学、比较文学与世界文学的独立的二级学科。非如此，儿童文学学科无法得到应有的发展，那种"局促为人靰"的不合理不科学的状况，也无法得到根本的改变。正因如此，国内多所高校的教授尤其是儿童文学学科先辈专家、浙江师范大学蒋风教授，曾多次撰文吁请相关职能部门能给儿童文学二级学科的地位[①]，但情况却长期地"依然照旧"。

转机出现在2009年，教育部印发了《学位授予和人才培养学科目录设置与管理办法》，对二级学科设置办法进行了改革：学位授予单位可在获得授权的一级学科下，自主设置与调整二级学科和按二级学科管理的交叉学科。同时又规定，1997年颁布的《授予博士、硕士学位和培养研究生的学科、专业目录》中的二级学科，仍是学位授予单位招生、培养人才的重要依据。

根据这一文件精神，凡是国内高校已经获得授权的一级学科，可以：（1）自主设置与调整二级学科；（2）自主设置按二级学科管理的交叉学科。前提是这个学科必须已经获得教育部授权的一级学科资质。按此文

---

① 蒋风：《儿童文学在中国：作为一门学科处境尴尬》，《文艺报》2003年9月2日。

件,我们已经欣喜地看到,在新世纪进入第二个十年后,在教育部逐年公布的《学位授予单位(不含军队单位)自主设置二级学科和交叉学科名单》中,北京师范大学已经在授权的一级学科"中国语言文学"下,自主设置了"儿童文学"为二级学科;浙江师范大学则将"儿童文学"设置为交叉学科(儿童文学—教育学、中国语言文学、外国语言文学)。这是新时代儿童文学学科的新发展、新作为,相信儿童文学博士研究生的培养与儿童文学博士学位论文的产出自将步入一个新的台阶。

六、期待新时代儿童文学学科建设与博士生培养的突破与发展

但是,我们必须看到问题的另一面:虽然儿童文学学科建设出现了转机,然而这一转机对高校而言是有条件与门槛的,即必须是获得授权的一级学科。那么问题就来了,那些没有获得授权的一级学科的高校,即使儿童文学教学科研实力最强、社会对这方面的高层次人才最急需,也只能徒呼奈何,因为作为"学位授予单位招生、培养人才的重要依据"的教育部那份1997年颁布的《授予博士、硕士学位和培养研究生的学科、专业目录》中,是不存在儿童文学的,国内将近100多所师范类院校想要发展儿童文学学科,由于在这份教育部《专业目录》中找不到二级学科儿童文学,自然"师出无名"。然而儿童文学学科发展与高层次人才培养又是如此急需,在这里我想提出下面的数字与事实:

1949年新中国成立至今的儿童文学是中国儿童文学史上发展最快、成就最为显著的时期。尤其是"十八大"以来,儿童文学的新作为、新发展更为显著。今天中国已成为完全意义上的世界儿童文学大国,并正在向强国迈进。据统计,近年中国出版的少儿图书品种每年多达4万余种,年总印数7亿册以上,约占全国全部出书品种的10%。而其中,最具

影响力的正是儿童文学,如"国际安徒生奖"得主曹文轩的《草房子》销量已超过1000万册,现在全国出版的文学类图书,儿童文学占了一半。近年来,中国原创儿童文学走出国门的步伐越来越强劲,中国儿童文学已成为世界儿童文学之林中的东方劲旅。因而儿童文学学科建设与专业人才培养已成为新时代高校文科建设的一个具有重要现实意义的课题,而处于高等教育中的最高学历的博士研究生培养与儿童文学博士学位论文的产出就尤其显出价值与意义。更何况,在当前每年大规模招收博士研究生的背景下,为什么不能对儿童文学"高抬贵手"呢?例如2021年全国博士研究生招生人数达12.6万人,较2020年增加了0.98万人,同比增长8.40%[①],而儿童文学博士研究生招生不到区区五六人而已。新时代的博士生培养自应有新作为新举措,我们期待儿童文学博士研究生培养与儿童文学博士学位论文的产出将有更新更大的发展与成就。

正是在新时代新作为的惠风吹拂下,作家出版社决定推出我国教育史、出版史上的第一套《儿童文学博士文库》,第一辑21种,其中包括5位导师的著作与16位博士的博士学位论文。这16部儿童文学博士学位论文,主要来自北京师范大学、上海师范大学、东北师范大学,很明显,这是明确以儿童文学作为博士研究生培养目标的儿童文学主体性研究方式(即上文所述的"第一方阵")产出的博士学位论文。

《儿童文学博士文库》的出版,既是对儿童文学专业高层次人才培养与学科建设的有力支持,同时也是促进新时代儿童文学理论发展的有力举措。我们欣喜地看到,新世纪以来我国自主培养的这一大批儿童文学博士生,正在成长为新一代儿童文学理论工作者,他们中的拔尖人才,已成为当今知名的理论批评家、作家、出版家与阅读教学专家,是中国儿童文学新一代的理论批评、学术研究、学科建设的接力者、领跑者。

---

① 智研咨询《2021年中国研究生培养单位、招生人数、在学人数及毕业人数分析》,发布时间:2022-03-11,10:23,北京智研科信咨询有限公司官方账号。

长江后浪推前浪，相信中国儿童文学理论建设与学术研究在一棒接一棒的接力中，必将日日新，又日新，为建设具有中国特色、东方智慧的儿童文学理论体系做出更大的成绩。

2020年10月15日初稿于北京师范大学

2022年4月30日改定于海南三亚

目录
Contents

绪　论 … 1

第一章　语文教育变革与现代文学的发生 … 11

第一节　"语文"的单独设科与"文学"概念的形成 … 11

第二节　晚清民初语文教材：学生的新兴阅读空间 … 20

第三节　言文一致：语文教育界对文学革命的"赞助" … 38

第四节　小学语文教育改革与现代儿童文学的诞生 … 55

第二章　现代文学在语文教育中的初步确立 … 75

第一节　"双潮合流"：国语的文学与文学的国语 … 75

第二节　"国文"改"国语"：国语文学的制度确认 … 85

第三节　从"纲要"到"课标"：新的文
　　　　　学秩序的建立　　　　　　　　　　98
　　第四节　"儿童文学化"：二三十年代小学
　　　　　语文教材的主流　　　　　　　　113

第三章　语文教育与现代文学"经典"的建构　　134
　　第一节　白话文教材：现代文学的进入与
　　　　　传播　　　　　　　　　　　　　134
　　第二节　政治立场·教育理念·文学视点：
　　　　　现代文学作品的选文分析　　　　146
　　第三节　白话文教学：诠释现代文学的力量　167
　　第四节　考试制度和作文教学：新知识的
　　　　　"固化"与新书写方式的形成　　　182
　　第五节　《背影》后的"背影"：一个经典
　　　　　文本的形成与反思　　　　　　　198

余　论　　　　　　　　　　　　　　　　　　213
附　录　　　　　　　　　　　　　　　　　　220
参考书目　　　　　　　　　　　　　　　　　239
后　记　　　　　　　　　　　　　　　　　　249

绪

论

本书试图从晚清民国语文教育的角度，讨论现代文学在现代语文教育中的运行轨迹，挖掘现代文学从兴起到"胜利"的制度性因素。

这样一个论题的设定，意味着涉及现代文学研究、晚清民国时期中小学语文教育、近现代出版史等一系列学科领域。显然，这不是本书所能完成的论题，因此本书只从两个学科的互动关系入手研究。

首先从现代文学角度来看。现代文学何以会发生？不同的论者有不同的解释，胡适依据的是进化的文学历史观，认为"文学者，随时代而变迁者也，一时代有一时代之文学"①，周作人阐述的则是"言志派"与"载道派"两种文学潮流的此消彼长②，这些都是从文学发展的自然趋势来解释。但在探寻细部的原因时，后世研究者往往忽略了一点——国语教育运动的影响，而这一点在二十世纪二三十年代的文学史著作中常被提及：朱自清1929年在清华大学开设"中国新文学研究"一科，其讲义《中国新文学研究纲要》中的第二章第二点即提到"国语运动及其他"③；王哲甫在《中国新文学运动史》第二章"新文学运动之原因"，也将"国

---

① 胡适：《五十年来中国之文学》，《胡适全集》第2卷，安徽教育出版社，2003年。
② 参见周作人：《中国新文学的源流》，《周作人自编文集》，河北教育出版社，2002年。
③ 朱自清：《中国新文学研究纲要》，《朱自清全集》第8卷，江苏教育出版社，1996年。

语统一运动"列入"近因"之一①；大陆学者陈子展在《中国近代文学之变迁》一书中，在第九章"十年以来的文学革命运动"曾将"文学革命运动"发生的原因归结为四点，第四点即是"国语教育的需要"②。这一点之所以重要，在于它"言文一致"的诉求和文学革命关于"语言工具的革命"目标相同，因此国语运动成为五四新文学重要的舆论资源。同时，国语运动同中小学语文教育又是紧密联系的，作为一种语言改革方案，必须要进入教育体制内，借助语文教育来实现，在这一点上，现代文学和语文教育发生了深刻的联系。

现代文学又为什么能在短期内站稳脚跟呢？胡适自己归纳为四点：反对派太差了、符合文学发展的历史规律、古白话作品的铺垫和语体文本身的巨大优势③；后世文学史则多认为是现代文学作品本身的实力，足以"向旧文学示威"；近年来论者又多从"现代性"角度加以分析；总之，研究者多认为是处于时代转型中的知识阶层对新文学的普遍欢迎。但是，我们看到新文学初期并没有达到"一呼百应"的效果，大部分知识分子（包括许多新式知识分子）都表现得相当冷漠甚至反对。例如，在对待语言文字问题上，五四新文化派都曾有一段相当保守的时期，1910年，钱玄同协助其师章太炎创办《教育今语杂志》，即强调"我国文字发生最早、组织最优、效用亦最完备，确足以冠他国而无愧色"，"夫文字者，国民之表旗；此而拨弃，是自亡其国也"。④在美国留学的胡适也认为，"吾国文字本可运用自如。今之后生小子，动辄毁谤祖国文字，以为木强，不能指挥如意（Inflexible），徒见其不通文耳"⑤。已经到了新

---

① 王哲甫：《中国新文学运动史》，北平杰成印书局，1933年。
② 陈子展：《中国近代文学之变迁》，上海古籍出版社，2000年。
③ 胡适口述、唐德刚注译：《胡适口述自传》，安徽教育出版社，1999年，第192—193页。
④ 钱玄同：《刊行〈教育今语杂志〉之缘起》，《钱玄同文集》第2卷，中国人民大学出版社，1999年，第313页。
⑤ 胡适：《藏晖室札记〈胡适日记〉》，1915年6月6日，商务印书馆，1939年，第660—661页。

文化革命前夜，闻一多仍在申论"国于天地，必有与立，文字是也。文字者，文明之所寄，而国粹之所凭"①。而新文学运动爆发后不久，文学革命和国语运动两大运动合流，出现了"国语的文学，文学的国语"的主张，才把白话提升到正式书面语的地位，并通过教育体制内一系列复杂的操作，终于在1920年改小学"国文科"为"国语科"，古文逐渐退出小学语文教育，随后又通过学制改革和课程标准的制定，规定了中学语文教材中文言白话的比例。于是，现代文学作品开始进入新式教材中，逐步成为学生学习的新"经典"。胡适在设计现代文学的进行程序时，提到"要先造成一些有价值的国语文学，养成一种信仰新文学的国民心理"。而我们看到，现代文学初期的创作语言贫乏、题材狭窄、艺术手法单一，对读者缺乏吸引力。要靠新文学实绩来"养成信仰新文学的国民心理"显然不够，还必须依赖教育制度的保证。新文学运动者当然知道教育的威力，因此他们在新文学初期非常注重运用语文教育之力，将相当多的精力用到争取"未来的阅读者"身上——鲁迅曾多次到中学演讲，阐发新文学理念，强调阅读新文学的重要性；胡适曾两次发表《中学国文的教授》，并积极参加中小学学制改革；钱玄同帮助孔德学校编纂国语教材；周作人也到孔德学校演讲，直接推动了中国现代儿童文学的诞生。还有许多作家如周作人、老舍、朱自清、许地山等本身就有从事语文教育的经历。可以说，语文教育的改革是新文学倚靠的重要制度力量，这些改革诚然可以说是时代大环境的影响，但如果没有人事上的因缘际会、制度上的巧妙设计，历史完全可能向另一个方向发展。因此，挖掘历史必然中的偶然因素，是本书的着力点之一。

其次从语文教育来看。语文教育曾是整个传统教育的中心，叶圣陶曾说，"学校里的一些科目，都是旧式教育所没有的，惟有国文一科，所

---

① 闻一多：《论振兴国学》（1916），《闻一多全集》第2卷，湖北人民出版社，1993年，第282页。

做的工作包括阅读和写作两项，正是旧式教育的全部"①。晚清新式学堂实行分科制后，语文教育将不可避免地滑到次要地位。社会对实用之学的要求，使语文教育中的"实用主义"也贯穿了整个现代。"文"与"道"有了某种程度的分离，过去属于"道"的部分，主要靠独立设置的"修身科""读经科"承担。但是，"文"与"道"显然又是不能完全分离的，用什么样的文字工具来承载什么样的"道"，仍然是一个意识形态问题。因此，语文教育往往成为各种意识形态的角逐场。我们看到，在晚清民初获取统治权的各种政治力量，都格外"关心"语文教育：1912年1月1日，南京临时政府成立后，1月19日，教育部就公布了《普通教育暂行办法通令》，废止小学读经科，清政府学部颁行的各种教科书一律作废；1915年袁世凯掌权后的北洋政府，颁布了《特定教育纲要》，规定"中小学校均加读经一科，按照经书及学校程度分别讲读"②，自然，这项规定在袁氏倒台后也被废除。新文学运动兴起以后，反过来对语文教育的冲击非常大，王森然说："我国自树立文学革命旗帜以来，中学国文教学问题，就成为必须研究讨论而亟待解决的一个大问题。"③此时，新文学作品开始进入教材，老师开始利用"问题小说"来进行"问题教学"，"从此新文学作品中的优秀作品作为白话文写作的范本而进入中、小学语文教科书，确立了'典范'的地位与意义，并深刻地影响着国民的后代（进而影响整个民族）的思维、言说与审美方式"④。当然，教育界并不是都赞同新文学进入语文教学，直到1948年，教育心理学家龚启昌还认为，"鲁迅的文章，无论内容与形式，显然是不合于作中学生的范

---

① 叶圣陶：《认识国文教学——〈国文杂志〉发刊辞》，《叶圣陶语文教育论集》，教育科学出版社，1980年，第87页。
② 《特定教育纲要》，参见舒新城编：《中国近代教育史资料》（上），人民教育出版社，1962年，第263页。
③ 王森然：《中学国文教学概要》，商务印书馆，"绪论"，1929年。
④ 钱理群：《返观与重构：文学史的研究与写作》，上海教育出版社，2000年，第278页。

本用的"①。他倒不一定是反对新文学，而是认为其作品的内容和语言都不太符合学生的学习心理。而这些不同的声音，又和新文学内部的各种论争联结在一起（例如"大众语"的论争、民族文艺形式的论争），使得语文教育的问题更加复杂，语文教育界成为各种力量犬牙交错、彼此冲突协商的社会历史场域。

　　就语文学科自身而言，它的独立设科是西方教育制度影响的结果。哪些是语文教育应该有的内容，应该用什么方法来教，这些都和语文学科自身的"规训"②制度有关。1904年的《奏定学堂章程》规定，在初等小学设"中国文字"，讲授的内容大体相当于应用文字，在高等小学和中学则设"中国文学"一科，讲授的内容包括"文义""文法"和"中国古今文章流变"。"文学"是一个日语转译词③，在这里意义已经发生了变化，包含了"文学研究""文学教育""文章教育""语法教育"等成分在内。这一内涵界定的多义性，为后世关于语文教育性质的争论埋下了伏笔，很多争论到最后都变为对语文学科性质的讨论。1907年，清政府颁布《学部奏定女子小学堂章程》，开始把上述数种名称合为"国文"，而后在小学又改为"国语"，中学保留"国文"，到1949年改为"语文"，新政权以改变学科名称的方式宣布了同"旧社会"的不同。从语文学科名称的变化，隐约可以看出"知识—权力"的运行轨迹——语文学科纳入哪些知识、排除哪些知识，实际上都是意识形态塑造的结果，而学科本身也以同样的方式塑造着意识形态。西方各种教育技术的引进，也是语

---

① 龚启昌：《中学国文教学之检讨》，《教育杂志》第32卷第9号，1948年。
② "规训"的英文名为Discipline，具有多重含义，包括学科、学术领域、课程、纪律、严格的训练、规范准则、戒律、约束以至熏陶等，沙姆韦、梅瑟-达维多通过对这一名词本身的考察，揭示出了一门学科在独立过程中，所显示的知识与权力的关系。参见华勒斯坦等：《学科·知识·权力》一书，三联书店，1999年。
③ "文学"一词最早见于《论语·先进》："文学：子由、子夏。"邢昺疏证："若文章博学，则有子游、子夏二人也。"此处"文学"包括"文章""博学"两义，至于"文章"，先秦大致指色彩纹理错杂、礼乐制度等，而无后世的"文辞"之义。而在清末发生"诗界革命""文界革命""小说界革命"时，各种文章开始频繁使用"文学"一词，使它的内涵逐渐转为"文艺文"。

5

文学科"规训"方式之一。在废除传统语文教学以诵读和背诵为主的教学模式后，学科知识更加细化。从德国教育家赫尔巴特（Johann Friedrich Herbart，1776—1841）、美国教育家威廉·赫德·克伯屈（William Heard Kilpatrick，1871—1965）的"设计教学法"到美国教育家柏克赫斯特（Helen Parkhurst，1887—1973）的"道尔顿制"（Dalton Plan），从叶圣陶的"阅读教学模式"、黎锦熙的"讲读教学改革案"到龚启昌的"精读教学程序"，国外的、本土的各种教学实验都曾在语文教学中轮番上演，但没有一个实验曾宣布取得成功，"道尔顿制"的实验者还明确地宣布过实验失败，但它们都曾"教得"过学生新文学的阅读方法。还有注音符号的教学、统一语教学、文法教学、作文教学和朱自清晚年力主的诵读教学（用国语来念读新文学作品），无一不带有教学技术的意识形态性——注音符号的教学意味着汉字地位的下降，以及处于清代学术中心的"小学"的衰落；诵读教学是用传统教学"因声求气"之法，去除教育界普遍存在的新文学"可看不可读"的想法，进而提升了新文学的地位。

最后从语文教科书来看。教科书是伴随着新式教学出现的新媒介，是知识的载体，也是方便教师和学生教与学的一种工具。在清末民初的教育改革中，它的地位被抬高到"立国之本"的地步，"立国根本，在乎教育。教育根本，实在教科书"[①]。这种断言大致符合晚清民初学生的阅读状况，因为教科书通常是平民子弟唯一的读物，它的内容往往成为一代人的集体记忆。所以，"站在教育的立场上说，须知这些书的势力，把二十多年以来青年们对于本国文字与文学的训练，和关于本国文化学术的常识，都给支配了：这是他们必须而又仅读的书，简直是取从前《四书》《五经》的地位而代之"[②]。这一出版物的读者量是其他报刊书籍无

[①] 陆费逵：《中华书局宣言书》，《陆费逵教育论著选》，人民教育出版社，2000年，第93页。
[②] 《三十年来中等学校国文选本书目提要·引言》，黎泽渝等编：《黎锦熙语文教育论著选》，人民教育出版社，1996年，第189页。

法相比的，而且它还带有由教师带领强制阅读的性质。从教育社会学的角度讲，教科书又是社会控制的中介，它总是根据一定的价值标准，精心选择的体现统治阶层意志和利益的文本表达，所选择的知识都具有特定的意义和价值取向。国家或社会的主流价值观则通过教科书这个物质载体加以具体化，并通过对教科书中价值取向的控制最终达到社会控制的目的。因此，教科书"不'仅仅'是一个教育问题，而且从本质上说也是一个意识形态和政治问题"，因为它往往决定了"谁的知识最有价值"。①我们可以看到，民国时期不同利益群体都争夺教科书的编选权，而编者又带有不同的文化身份和政治态度，使得语文教科书呈现出不同的意识形态指向。同时，语文教科书是传播新文学的重要媒介，对它的研究也是对新文学接受史的研究。本书没有停留在学生是怎样阅读、理解新文学的层面上，而是仔细考察了新文学作品在学生群体中是怎样被接受和再阐释的，新文学作品又是怎样反过来影响、塑造阅读主体的。

同时，教科书还是一种出版物。清末民初各书局大都属于民营性质，民营性质意味着书业中必然会有竞争出现，作为主要利源的教科书，各书局当然会投入主要精力，那么教科书的趋新求变是各书局在竞争压力下的内在需要。在民国初期对出版物控制相对较弱的情况下，各书局教科书内容的变化往往先于政府的训令。因此，就新文学和教科书的发生发展而言，作为产业的意志比任何个人或组织的理论提倡都重要——文学研究会之所以比创造社更有势力更有影响，和文学研究会背靠的是行业老大商务印书馆，而创造社背靠的是小书局泰东书局有很大关系。而进入教材的新文学作品，在经过无数学生的阅读、被无数教师讲解后，逐渐就具有了"经典"的地位，从语文教材中也可以看到这一文学观念逐步变化的过程。因此，本书相当多的史料来自晚清民初的语文教材，

---

① ［美］阿普尔：《意识形态与课程》，黄忠敬译，华东师范大学出版社，2001年，"序言"，第8页。

论述时不但关注它的内容,还关注它的印数和广告,这些都能传递相关的文学信息。

以上是从现代文学、语文教育和语文教科书三个角度,论述新文学与语文教育的关系。为了论述的方便,此处分开来讲。实际上很多时候它们是混在一起,不分彼此的。比如二十年代的"国文科"改"国语科",是新文学界和语文教育界两个领域取得的共同胜利;三十年代的"大众语"论争,也是两个领域面临的共同困惑。由于论题本身的限定(主要讨论两者的互动关系),有一些内容不能纳入论题中。而就新文学和语文教育的互动关系而言,至少有三个方面值得讨论:一、语文教育的改革促进了文学革命的发生;二、新的语文教育制度帮助建立了新的文学审美观和文学秩序;三、语文教学"经典化"了新文学作品,使之成为后世学生阅读和摹写的典范。

本书在具体论述时,力求在以下三个方面有所突破和创新:第一,从语文教育的新角度来研究现代文学。近年来,已经有不少研究者关注这一领域。如罗岗的博士论文《现代"文学"在中国的确立——以文学教育为线索的考察》,"将'文学'作为'现代建制'的有机构成部分,进而检视、分析它的历史构成与现实构造"[1];日本研究者藤井省三的《鲁迅〈故乡〉阅读史》[2],运用接受美学的方法梳理了《故乡》从1921年发表后阅读、评论的变迁情况,从中分析出主流意识形态的变迁过程;钱理群的《五四新文化运动与中小学国文教育改革》[3]一文,也着重探讨了五四新文化运动先驱倡导的文学革命,与教育发生了怎样的关系这一问题。前人的研究成果提供了思考的基础,本书则在搜集更多清末民国时期语文教材和教学资料的基础上,重点讨论语文教育和现代文学的互

---

[1] 罗岗:《现代"文学"在中国的确立——以文学教育为线索的考察》,博士学位论文,2000年。
[2] [日]藤井省三:《鲁迅〈故乡〉阅读史》,董炳月译,新世界出版社,2002年。
[3] 钱理群:《五四新文化运动与中小学国文教育改革》,《中国现代文学研究丛刊》2003年第3期。

动关系。第二，本书始终将成人文学和儿童文学联系在一起来论述。文学按消费者角度可以分为成人文学和儿童文学①，中国现代儿童文学诞生于五四时期，并曾发生过一场轰轰烈烈的"儿童文学运动"②。但长期以来，儿童文学一直被排除在各种"正规"的现代文学史叙述之外，它们提供的残缺的现代文学景观似乎并没有招致更多的怀疑。本书把现代儿童文学作为现代文学天然的一部分，重点讨论儿童文学和小学语文教育的关系。如同教育系统是小学、中学和大学上下连贯的一样，文学系统也应该是儿童文学和成人文学上下连贯，否则很多文学现象就得不到完整的解释。第三，运用跨学科的研究方法。本书研究的课题决定了不能采用单一的文学研究方法，而事实上更多的研究也证明，文学很难在文学内部得到完整阐释。近年来，学术界有不少关于"现代文学研究新的学术增长点"的讨论③，在我看来，发掘新的学术增长点首先要有新的思考角度和新的研究方法。因此，本书在论述时，尽量避免将作品、作家和某一宏大概念直接对接，而是强调新文学作为一种"新知识"，在语文教育中被"生产"的过程，以及进入语文教材的新文学，在阅读过程中"意义增值"的过程。通过对这一过程的描述，揭示出参与现代文学"经典"建构的各种力量，从而质疑经典本身的"合法性"。由于研究范围的设定，本书论述时将不可避免地从语文教育中引来话语资源。但是，话语资源的借用仍然是为了阐释新文学在语文教育中的发展轨迹，而非探讨语文教育史本身。因此，本书仍然属于文学研究论文而非教育学研究论文。

最后对本书涉及的时间段和概念做一个简单说明：

---

① 王泉根：《评教育部〈学科专业目录〉中有关文学学科设置的不合理性》，《学术界》2004年第2期。
② 参见王泉根：《中国现代儿童文学的先驱》，上海文艺出版社，1985年。
③ 参见《"中国现代文学专家学术座谈会"综述》，《文学评论》2003年第6期。

本书论述的时间段大略是从十九世纪九十年代到二十世纪四十年代，因为现代性的语文教育和现代性的文学发生和发展，大致都在这一阶段。但在章节论述中，没有严格区分出时间段。比如，第一章主要论述的是语文教育对文学革命发生的影响，大约是至1917年止，而中国现代儿童文学则稍晚出现于二十世纪二十年代，时间显然要"溢出"；再如第三章论述"经典化"过程时，同第二章在时间上亦多有重合。

　　对一些概念的界定。在当今文学研究界，"新文学"和"现代文学"几乎是两个内涵相同的概念，本书在使用时亦不作严格区分，至于白话文学，胡适把历代反映口语的书面语都称为白话文学（例如其所著《白话文学史》），本书取用胡适的界定；还有"国语"和"白话"，按黎锦熙的说法，这两个概念是不一样的，"'国语'是对'外国语'说的，'白话'是对'文言'说的"[①]，但当年的大多数文章并没有在严格的内涵范围内使用这两个词，本书也相互通用；"白话文"和"语体文"，在文章中亦是相同的概念；"语文"的学科名称是1949年才有，民国时期开始叫"国文"，后来改成"国语"，再往后则是小学称"国语"、中学称"国文"，本书一般称"语文教育"，在特定语境中也可能采用"国语"或"国文"；另外，语文教育是一个很大的概念，本书的使用限定在"语文"的教材和教学方式上。

[①] 黎锦熙：《国语运动史纲》上卷，商务印书馆，1934年，第7页。

第一章 语文教育变革与现代文学的发生

教育从来都是不同意识形态的角逐场,国文教育更是首当其冲。民国的语文教育是从对清代语文教育的"清算"开始的。1912年1月19日,中华民国教育部成立后第十天,首任教育部长蔡元培就在教育界著名人士陆费逵、蒋维乔、高梦旦等人的配合下,颁布了《普通教育暂行办法》和《普通教育暂行课程标准》两个教育法令。内容和语文课程相关的有:禁止使用清末学部颁行的教科书,各种教科书须合乎民国宗旨;废止小学读经科;等等。[①]不过,这一随政权变革而带来的语文教育改革,并不能割断语文教育在晚清时期的现代性萌芽与初步发展。同现代文学一样,王德威之"没有晚清,何来五四"[②]的观点也适用于语文教育。

第一节 "语文"的单独设科与"文学"概念的形成

在传统语文教育中,并无专门的"语文"或"文学"一科。在明清时期,我国传统语文教育内容与体系已经相对稳定,大致形成了三个层

---

① 璩鑫圭、唐良炎编:《中国近代教育史资料汇编·学制演变》,上海教育出版社,1991年,第597页。
② 参见王德威:《想像中国的方法》,三联书店,1998年。

次：一是集中识字阶段，以《三字经》《百家姓》《千字文》《千家诗》等为主要内容；二是偏重儒家伦理道德教育阶段，以四书五经等为主要内容；三是注重语言文学训练阶段，以《文选》《古文观止》等为主要内容，从结构上看，四书五经教育是其中的核心。明清以来，科举考试专注于此，就说明了这个问题。从形态上看，传统语文教育是伦理道德教育、文学、历史、哲学、教育为一体的综合教育，其功能是文、史、哲的混合，自然见不到现代意义上的文学观念。

废八股、停科举、兴新学、办学堂，曾经是十九世纪末以康有为为首的"戊戌变法"的重要内容之一。"变法"虽然失败了，但迫于各方面的压力，清政府不得不在光绪三十一年（1905年）下谕"立停科举以广学校"，于是，在中国实行了一千三百多年的科举制度，至此完全废止。就在这前前后后，各级各类学堂在各地纷纷设立，并且这些学堂开设了一些不同于往日的课程，其中就有类似于今天的"语文"科，只是当时的学科名称还不叫"语文"。

"语文"的单独设科产生于清末的学制改革。1902年至1904年，以《钦定学堂章程》和《奏定学堂章程》为标志，清政府颁布了"壬寅—癸卯学制"，这个学制规定，在初等小学设"中国文字"一科，"其要义在使识日用常见之字，解日用浅近之文理，以为听讲能领悟，读书能自解之助，并当使之以俗语叙事，及日用简短书信，以开他日自己作文之先路，供谋生应世之要需"①。在高等小学和中学则设"中国文学"一科。在高小，"其要义在使通四民常用之文理，解四民常用之词句，以备应世达意之用……并使习通行之官话，期于全国语言统一，民志因之团结"；在中学，因为学生"年已渐长"，所以"作文自不可缓"，为了作文，就要讲"中国古今文章流别，文风盛衰之要略，及文章于政事身世关系

---

① 舒新城编：《中国近代教育史资料》（中），人民教育出版社，1961年，第420页。

处"，作文题目要使之"既可以成篇，且能适于实用"①。在这里，"中国文字"多接近于应用文，适用于初小，而"中国文学"则开始单独设科，其内容既包括写作的内容即"文法"，又包括"中国文学史"。不过它并不是完全属于文学，而是相对于"外国文学"的一个科目。

清政府于光绪三十三年（1907年）又颁布了《学部奏定女子小学堂章程》，其中所列学科，有"国文"一科，"其要旨在使知普通言语日用必须之文字，能行文自达其意，且启发其智慧"，同时规定了在初小和高小教学的不同程度要求。②这是我国依据教育法规而采用"国文"学科名称之始，并一直沿用到新中国成立前夕改称"语文"为止。

一门学科的设立初期，最能看出"知识—权力"的运行轨迹③，关于"语文"学科的知识同样也是"建构在意识形态或利益的基础上"④。在"中体西用"文化背景下产生的新学制，反映出了主事者思想里体／用、中／西、学／术、语／文、雅／俗的二元焦虑。例如，在与"语文"学科密切相关的"经学"一科中，《奏定学堂章程》明文规定："无论何等学堂，均以忠孝为本，以中国经史之学为基。"而且读经的总课时在所有课程中居于首位。而且，在《奏定学堂章程》中还增添了《学务纲要》一节。《纲要》第13条说，小学堂"以养成国民忠国家尊圣教之心为主，各科学均以汉文讲授，一概毋庸另习洋文，以免抛荒中学根柢。必俟中国文义通顺、理解明白，考取入中学堂后，始准兼习洋文"。不过，对于设在通商口岸附近的高等小学堂，尤其"学生中亦有资敏家寒，将来意在改习农工商实业、不拟入中学堂以上各学堂者，其人系为急于谋生起

---

① 舒新城编：《中国近代教育史资料》（中），人民教育出版社，1961年，第435、508页。
② 舒新城编：《中国近代教育史资料》（下），人民教育出版社，1961年，第801页。
③ 《学务纲要》规定，"无论官设公设私设，俱应按照规定各项学堂章程课目切实奉行，不得私改课程，自为风气"。参见舒新城编：《中国近代教育史资料》（上），人民教育出版社，1961年，第200页。
④ ［美］华勒斯坦等：《学科·知识·权力》，三联书店，1999年，第13页。

见，在高等小学时自可于学堂课程时刻之外兼教洋文"①。而且在学生"中国文义通顺、理解明白"之后，"中学堂以上各学堂必勤习洋文"。其所依据的道理颇为有趣："今日时势，不通洋文者于交涉、游历、游学无不窒碍；而粗通洋文者往往以洋文居奇，其猾黠悖谬者则专用采外国书报之大异乎中国礼法、不合乎中国政体者，截头去尾而翻译之；更或附会以一己之私意，故为增损，以求自圆其说。"若"中国通洋文者多，则此种荒谬悖诞之翻译决无所施其伎俩"②。

究其根本，"中国文学"科的设立，其目的还是为了保存旧学，《学务纲要》规定，"学堂不得废弃中国文辞，以便读古来经典"，"必能为各体中国文辞，然后能通解经史古书，传述圣贤精理。文学既废，则经籍无人能读矣"③。张之洞加以阐发说："今日环球万国学堂，皆最重国文一门。国文者，本国之文字语言、历史相传之书籍也。即间有时势变迁，不尽适用者，亦必存而传之，断不肯听其澌灭。至本国最为精美擅长之学术技能、礼教风尚，则尤为宝爱护持，名曰国粹，专以保存为主。凡此皆所以养其爱国之心思，乐群之情性。东西洋强国之本原，实在于此。"④在这里，"国文"实际上已是"中国国粹"的代名词。

但是，并不能就此否认这次学制改革的开创意义。"洋文"已经进入正式的学堂课程且不说，《奏定学堂章程》里初小的"中国文字"能"识日用常见之文字"，高小的"中国文学""其要义在使通四民常用之文理，解四民常用之文字"，都说明了实用性已经被引入语文教学中。《学务纲要》也规定："其中国文学一科，并宜随时试课论说文字，及教以浅显书信、记事文法，以资官私实用。"强调应用是语文科脱离传统的文史哲混

---

① 《新定学务纲要》，《东方杂志》1904年第3期，第92页。
② 《新定学务纲要》，《东方杂志》1904年第3期，第100—102页。
③ 舒新城编：《中国近代教育史资料》（上），人民教育出版社，1961年，第204页。
④ 张之洞：《创立存古学堂折》（光绪三十三年），《张文襄公全集》第2卷，北平文华斋，1928年，第145页。

合教学，走向独立性的开端。从长远来看，它从课程内容上动摇了四书五经的至尊地位，为以后借"实用"之名引浅易文言或白话入教材提供了体制"缝隙"，自然，也为以后一百多年里争论不休的语文学科的性质问题埋下了伏笔。

实用观点既是晚清梁启超等人大力呼吁的结果，也反映了知识分子阶层对语言文字的复杂心态。一方面，在民族主义思想影响下，语言文字被赋予"立国之本"的重要意义，即如邓实所说："一社会之内，必有其一种之语言文字焉，以为其社会之元质，而为其人民精神之所寄，以自立一国。一国既立，则必自尊其国语国文，以自翘异而为标致。故一国有一国之语言文字，其语文亡者，则其国亡；其语文存者，则其国存。语言文字者，国界种界之鸿沟，而保种之金城汤池也。"①这种观念和传统的"文以载道""因文见道"的观念融合，"文"几乎已经等同于"道"了。另一方面，由于外患日深，古老"文字"同卫国保种的当下需要又颇有距离，且过于重文的习惯已被认为阻碍了语文的实用性。桐城派大师吴汝纶也认为，"文者，天地之至精至粹，吾国所独优。语其实用，则欧美新学尚焉。博物、格致、机械之用，必取资于彼，得其长乃能共竞"②。"实用"，在晚清的文化语境中，意味着追随"欧美新学"，于是这"独优"的本国语言文字因与学习西方有冲突而受到更多新学少年的冲击。张之洞等人或许早料到了文字（其实就是古典文籍）地位的下滑，于是在各地遍开"存古学堂"。不过，从字面上分析，作为传统知识分子安身立命基础的"古"文，现在却沦落到需要"存"的地步，本身也是让人感叹的。当然，这些措施仍然无法阻挡国文地位的下降。在新式学堂成立伊始，原来的读书人家庭，对国文还算重视。例如冯友兰的父亲认为国文是一切学问的基础，学其他新学之前，必须把国文的底子打好。

---

① 邓实：《鸡鸣风雨楼独立书·语言文字独立》，《癸卯政艺丛书·政学文编七卷》，第173页。
② 《清史稿·吴汝纶传》，卷486，中华书局，1977年，第13444页。

而且在学堂里,国文好的人,即使英文、算学都不好,也是这一班的第一人。①不过,这种情况却正在迅速发生逆转,特别是在上海和广东等"得风气之先"的都市中,教会学校就很不重视国文,文学家张资平是这样回忆的:

> 特别是英文,当时尽都以英文为至圣无上的科目,不分昼夜,都在朗诵英文。华盛顿砍樱桃树的故事也普遍了全校。张香涛宰相(指张之洞——作者注)虽在提倡中学为主、西学为辅,但我们一般同学的见解却完全和他相反,视中学为臭虫、为虱子、为蚊蚋、为骷髅、为粪坑里的爬虫。

这是张资平1906年在广东广益中西学堂上学时的情形,这种对传统文化的弃绝态度何似五四时期的陈独秀和钱玄同。不光在青年学子中,就是在士大夫阶层,观念也产生了动摇。古文字学家商承祚的父亲商衍鎏是清末探花,国学功底深厚,却不愿儿子走自己的路。一开始就让商承祚学习德文,但商承祚学不下去。父亲只好叹气说:"外文学不成,那就学中国文学吧!日后小成,还可谋得秘书之职以糊口,大成做个名学者。"当商承祚向父亲表明自己想从事古文字研究的愿望时,"我父听后,微微地叹口气说:'你学这行是找不到饭吃的,只能做个名士,名士也要生活啊!'"②这些例子都可以看出,单独设科后的"语文",在晚清就经历着被逐渐"边缘化"的过程。

不过,值得注意的是,在晚清的语文教育变革中,"文学"的观念逐步明晰。在中国古代与"文"有关的概念,和现代意义上的"文学"概

---

① 参见冯友兰:《三松堂自序》,三联书店,1984年。
② 商承祚:《我的大半生》,参见《群星璀璨——广东文化名人实录》,广东人民出版社,1989年,第172、175页。

念完全相合的几乎没有,现在的"文学"概念是从西方移植进来的。当然,"文学"这个词古已有之①,但内涵意义直到清末维新派知识分子发起了文学改良运动时才逐步明晰起来。1902年,《新民丛报》创刊,梁启超在《新小说第一号》中称"小说为文学之最上乘"②。梁氏将"小说"放在"文学"系统之内,这说明他开始接受并使用现代意义上的"文学"概念。而且,在《饮冰室诗话》中,"文学"的用法越来越多,概念也越来越清楚,"中国事事落人后,惟文学似差可颉颃西域……有诗如此,中国文学界足以豪矣"③,说明此时把诗歌也放到了文学大类中;"侯官严先生之科学,学界稍有识者,皆知推重;而其文学则为哲理所掩,知者盖寡"④,这里似乎更有将文学和哲理相区别的倾向。

而在《学务纲要》中,"文学"一词显然别有他义,"其中国文学一科,并宜随时试课论说文字,及教以浅显书信、记事、文法以资官私实用"。显然张之洞等人在此处并没有采信两年前梁启超的"文学"的用法。不过,在1904年京师大学堂颁布《大学堂编书处章程》,拟为中小学堂编纂七种课本,其中就有"文章课本"和"诗学课本":

> 一、文章课本,溯自秦汉以降,文学繁兴。揽其大端,可分两派:一以理胜,一以辞胜。凡奏议论说之属,关系于政治学术者,皆理胜者也。凡辞赋记述诸家,争较于文章派别者,皆辞胜者也。兹所选择,一以理胜于辞为主,部析类从,以资诵习,冀得扩充学识,洞明源流。凡十家八家之标名,阳湖、

---

① "文学"最早见于《论语·先进》:"文学:子游、子夏。"到了两汉,"文"与"学"就分开来讲了,把属于词章一类的作品统称为"文"或"文章",把含有学术意义的作品称为"学"和"文学"。
② 《新民丛报》第二十号,1902年11月14日。
③ 见梁启超:《饮冰室诗话》第8则,人民文学出版社,1959年。
④ 见梁启超:《饮冰室诗话》第27则,人民文学出版社,1959年。

桐城之派别，一空故见，无取苟同。

二、诗学课本，拟断代选择。自汉魏以迄国朝，取其导扬忠孝，激发性情，及寄托讽喻，有政俗人心之关系，撰为定本，以资扬扢。本兴观群怨之宗风，寓敦厚温柔之德育，亦古人诗教之遗也。①

能将"文章课本""诗学课本"单独列出，并与"经学课本""史学课本""地理课本""修身伦理课本""诸子课本"并列，预示着对"文学"这一科目独立性的模糊把握。在大学阶段亦如是。1903年颁布的《奏定大学堂章程》，在"文学科大学"里专设了"中国文学门"，主要课程包括"文学研究法""《说文》学""音韵学""历代文章派别""古人论文要言""周秦至今文章名家""四库集部提要""西国文学史"等十六种。可以看出，新式大学堂中的"文学"，与传统语文教育中的"词章之学"已经拉开了距离，不再以《唐诗别裁集》或《古文辞类纂》为主要传授内容。

从"语文"单独设科的历史可以看出，语文的单独设科奠定了"文学教育"的基础，文学性是语文学科从脱胎时期起就固有的特征，文学也是固有的教学内容。随着语文教育的变革，文学的内容也必将随之变动。到新文化运动时期，语文教育对现代文学的纳入当是应有之义。

实际上，晚清文化界早就把"教育"和"文学"放在一起考虑。在"文学救国"和"小说界革命"思潮的影响下，晚清提倡新小说的人大多留意于小说与教育的关系，许多人谈到欧美日各国均奉小说为教科书，提议中国当效仿此举。②梁启超在《变法通议》中提出："今宜专用俚语，

---

① 张静庐辑注：《中国近代出版史料初编》，中华书局，1957年，第208页。
② 黄伯耀：《学校教育当以小说为钥智之利导》(1907)，陈平原等编：《二十世纪中国小说理论资料》第1卷，北京大学出版社，1989年，第231页。

广著群书,上之可以借阐圣教,下之可以杂述史事,近之可以激发国耻,远之可以旁及彝情,乃至宦途丑态、试场恶趣、鸦片顽癖、缠足虐形,皆可穷极异形,振厉末俗。其为补益,岂有量耶!"他看中的是小说文字通俗,作为教科书易于普及。《小说七日报》发刊词主张:"凡可以开进智德,鼓舞兴趣者,以之贡献我新少年,以之活泼其新知识,又奚不可?"署名为"老棣"的作者甚至把《学堂宜推广以小说为教科》作为文章篇名,认为"国民不欲求进步则已,国民而欲求进步,势不得不研攻小说;学堂而不求进步则已,学堂而欲求进步,又势不能不课习小说。总而言之,则觇人群进化程度之迟速,须视崇尚小说风气进步之迟速。学生少年就傅,使之增其知识,开其心胸,底于速成,则于智慧竞争时代,小说诚大关系于人群者也。故曰:学堂宜推广以小说为教科书"①。这一观念在五四时期仍有一定影响,蔡元培就认为"小说于教育上尤有密切之关系,往往有寝馈其中而得知识者"②。有意味的是,清政府对上述意见都有所吸取,并曾在教育领域认真推广小说,包括林纾翻译的小说。1906年清政府的"劝学所"(清末负责教育调查、筹款兴学等事务的机构)开办了宣讲所,行文规定"查宣讲所之设,所以开通民智,启遵通俗,收效甚捷。亟应一体速设。惟开办伊始,或宣讲不得其人,或有其人而所讲非纯正浅显之书,易滋流弊,现由本部悉心选择,以供宣讲"。宣讲所推荐了四十种书,其中有林译小说三种。③

由此可见,文学和教育一开始就结下了不解之缘,文学变动的种子也埋藏在新式教育的土壤中。1895年甲午战争前,中国共自办学堂25所,在校学生2000人,十九世纪最后五年,新式学堂有了长足发展,1895—1899年,全国共兴办学堂约150所,学生总数达到1万人,到1916年,不

---

① 转引自韩进:《中国儿童文学源流》,湖南少年儿童出版社,1999年,第135页。
② 蔡元培:《在北京通俗教育研究会演说词》(1916年12月27日),《蔡元培全集》卷2,浙江教育出版社,1997年,第498页。
③ 《林纾与商务印书馆》,《商务印书馆九十年》,商务印书馆,1987年,第537—538页。

包括四川、贵州、广西和未经立案的私立学校,全国已有学校121119所。①"语文"的单独设科,实际上为文学教育提供了学科支持,国文教学中暗含着的文学观念的变化,也传递给了数量日益增长的学生。于是,一切变化都在潜滋暗长中。

第二节 晚清民初语文教材:学生的新兴阅读空间

中国古代除少数官学外,学校所用教材没有一定的体系,既无学制限制,亦无教法要求,更无审定教材的机构和组织。清末废科举、改书院、兴学堂、倡实学的教育改革和普通中小学教育的迅速扩展,直接推动了编译西方教科书的热潮和民间自编教科书风气的形成。

新型教科书是学生最普通最基本的读物,在清末民初的学生阅读中占据着重要位置。教科书内容和语言方式的变化,足可影响一代人的思想观念与表达方式,进而关涉语言风格与时代风貌。特别是在清末民国时期,教科书通常是平民子弟唯一的读物,很多知识和体验都来自教科书,"站在教育的立场上说,须知这些书的势力,把二十多年以来青年们对于本国文字与文学的训练,和关于本国文化学术的常识,都给支配了:这是他们必须而又仅读的书,简直是取从前《四书》《五经》的地位而代之"②。阅读过某一种教材的学生,常在文学观念和知识结构上有相当大的趋同性,而这些趋同性又形成一种观念上的"势力",为五四时期新旧文化"话语权"的争夺埋下了伏笔。

近年来常有讨论现代文学和现代出版关系的文章,但研究对象多是晚清民国时期大量兴起的报刊,或是探讨某出版社和现代文学的关系,

---

① 参见章开沅、罗福惠:《比较中的审视:中国早期现代化研究》,浙江人民出版社,1993年。
② 《三十年来中等学校国文选本书目提要·引言》,黎泽渝等编:《黎锦熙语文教育论著选》,人民教育出版社,1996年,第189页。

缺乏对教科书这一影响巨大的媒介的分析，而教育史对教科书的分析又多侧重于教学方法和教学内容的讨论。从品种上讲，教材不如报刊多，例如，在五四运动前，光白话报刊就有140多种①，通俗白话小说更多，据统计，仅1900—1919年，长篇通俗小说就有500多种②，但是，教材的种类虽大大少于报刊书籍，它的发行量却是巨大的，例如，商务印书馆在民国元年（1912年）出版的《共和国教科书新国文》，在十五年中共印了2500版。1907—1909年三年间，从全国新式教育发展状况我们也可以大致推知教科书的发行量（当然，不是每个学生都有教科书）③：

年份	学堂及教育处所	职员数	教员数	学生数
1907	37672	59359	63556	1013571
1908	47532	77432	73703	1284965
1909	58896	95820	89362	1626720

近十万的教师和上百万的学生都需要教材，可见是一个非常大的读者群。美国社会学者班纳迪克·安德森（Benedict Anderson）曾认为，最初兴起于十八世纪欧洲的报纸和小说为"重现"民族这种想象共同体提供了技术上的重要手段，因为人们从报纸和小说中读到了"同一的时间""同质的社会"以及"同类的群体"，这有助于民族意识的产生。④而我们看到，由于教科书具有广泛的读者群，而且通过教学具有强制阅读的性质，学校作为清末民初重要的传播空间，教科书实际是比报刊或小说作

---

① 可参见潭彼岸：《晚清的白话文运动》，湖北人民出版社，1956年；陈万雄：《五四新文化的源流》第6章第1节，三联书店，1997年。
② 郭廷礼：《中国近代文学发展史》，山东教育出版社，1991年，第1136页。
③ 根据《光绪三十三年分第一次教育统计图表》《光绪三十四年分第二次教育统计图表》《宣统元年各省学务统计总表》。
④ [美]班纳迪克·安德森：《想象的共同体：民族主义的起源与散布》，吴叡人译，台湾时报文化，1999年，第28—37页。

用更大的"想象方式"。因此,从清末到民国,走马灯似上台的政府几乎都通过教育法规或图书审查制度对教科书进行控制,然后通过教科书这个中介达到对社会控制的目的。从对教科书(特别是国文教科书)中内容的大致分析,能够看出社会把哪些"知识"定义成了"合法的知识",从教科书中可以折射出何种意识形态的建构,反映了社会现实的哪些方面。因此,我们首先要从制度层面考察清末民国时期的教科书审查制度。

清末编辑教科书的官方机构是1906年成立的学部编译图书局,编译图书局制定的《编译章程》规定:"编纂教科书,宜恪守忠君、尊孔、尚公、尚武、尚实之宗旨;每编一种教科书,须兼编教授书;凡编一书,预先拟定年限钟点。"由于全国学堂的门类繁多,所需教材种类繁杂,不可能在短期内由官方包办,因而学部管理教科书的主要方式还是审定民间自编的教科书。1906年4月,学部公布了《第一次审定初等小学教科书凡例》和《第一次审定高等小学暂用书凡例》,正式向全国公开审定教科书的标准和要求:(1)"凡本部所编教科书未出以前,均采用各家著述先行审定,以备各学堂之用",其标准以学制为依据,以教育宗旨为指导。(2)审定程序为:教科书内容应以《奏定学堂章程》规定的初等和高等小学科目为准;要求审定者须提出申请,并注明作者、出版年月、价格、印刷和发行单位;审定过的教材不准再行加价;已审定的教科书准其四至五年内通用。(3)学部对教科书的审定发行具有绝对管辖权,准予发行的书籍须标明学部审定字样,"如未经本部审定而伪托名者,应行查办"。(4)提倡鼓励改良教科书。颁布审定书目后,"如有佳本续出,竞争进步,当次第续行审定,随时发布";各学堂在审定书目颁布前已使用的教科书,如不在书目之内,应送呈学部审定,如以为善本,可继续使用。①通过这些

---

① 《学部第一次审定初等小学教科书凡例》(1906年4月)、《学部第一次审定高等小学暂用书目凡例》,见商务印书馆编译所辑:《大清光绪新法令》,商务印书馆馆刊本,宣统元年(1909年),第76—79、88—89页。

规定，学部将教材的内容审定权掌控在手中。而且，在学部的审定中，政治标准始终居于重要位置。1908年，学部在审定何琪编的《初等女子小学国文》时，发现书中取材有"平等"字样，不仅不予采用，还查禁取缔。同年文明书局出版麦鼎华所译日本人著的《中等伦理学》，因为"学部谓中西学说杂糅其中，且有蔡元培序文，犹多荒谬，下令查禁"①。

民国时，除了立即禁用前清教科书外，对教科书的审定制度也进行了改革。1912年9月13日，教育部颁布了《审定教科用图书规程》十四条，主要内容包括：初高等小学校、中学校、师范学校教科用图书，"任人自行编辑，惟须呈请教育部审定"；所编教科书，"应根据《小学校令》《中学校令》《师范学校令》"；"图书发行人，应于图书出版前，将印本或稿本呈请教育部审定"；送审样本，"由教育部将应修正者签示于该图书上"，发行人应即照改，并"呈验核定"；凡经审定合格的教科书，每册书面"载明某年月日经教育部审定字样"；各省组织图书审查会，"就教育部审定图书内择定适宜之本，通告各校采用"。②

只从规定可以看到，政府似乎对教科书的审查极为严格，但实际上在清末民初的政治混乱中，这些规定很难得到严格执行。例如，1905年山东学务处的宋恕上书，诉商务出版的历史教科书"皆直书我太祖庙讳，肆无忌惮，乃至此极，按之律例，实属大不敬之尤。方今孙文逆党到处煽乱，此种大不敬之教科书实亦暗助其势力"③，因此应从严禁购。商务的"此种"教科书还可以出版流通，也从反面说明，政府对教科书的控制并非想象的那样严格。更重要的是，清末民初均确定了教科书由民间编写的制度。由于教科书是各书局的最大利源，迫使各出版社要在教科

---

① 《教科书之发刊概况》（1868—1918年），见周邦道编：《第一次中国教育年鉴》，戊编，上海开明书店，1934年。
② 《教育杂志》第4卷第7号，1912年10月。
③ 宋恕：《请通饬禁购三种历史教科书禀》（1905年11月），《宋恕集》上册，中华书局，1993年，第390页。

书上展开竞争，其中内容的竞争是很重要的方面。追求利润的产业意志的推动，使各书局很难完全遵从政府对内容的限制——求新求变是市场的要求，特别是对民营书业而言。据研究者分析，在光绪三十年（1904年）左右，出版重心已经转移到了民营出版业，1906年6月上海书业商会出版之《图书月报》第一期，光是加入书业商会的书局就已经有22家，在同年学部第一次审订初等小学教科书暂用书目时，共审定102册，其中由民营出版业发行的占85册。①民间出版机构本身就代表民间文化力量的崛起，它更多地受利润的驱使，进而会想方设法突破政府的各种限制。因此，民营出版本身就对专制文化构成了巨大的威胁，它以一种隐性力量颠覆着传统文化霸权，这一点在清末民初的国文教材中能清晰地看到。

从教科书内容上讲，清末的小学国文教科书，已经开始照顾到学生的接受能力。梁启超在《变法通议·论幼学》中比较了中国和西方在小学教育上的不同：西方是"其为道也，先识字，次辨训，次造句，次成文，不躐等也。识字之始，必从眼前名物指点，不好难也。……中国则不然，未尝识字，而即授之以经。未尝辨训，未尝造句，而即强之为文"②。因此，梁启超建议将儿童的应读之书分为七类：识字书、文法书、歌诀书、问答书、说部书、门径书、名物书。维新派的教育主张，再加上当时兴起的白话文运动，对中国最早出现的小学语文教科书影响很大，如我国第一套自行编辑的《蒙学课本》（以前多是转译日本教材），在"编辑大意"里就说：

> 泰西教育之学，其旨万端，而以德育、智育、体育为三大纲。……是编故事六十课，属德育者三十，属智育者十五，属体育者十五……物名实字三十课，物名但取通俗……，浅说琐

---

① 张静庐辑注：《中国现代出版史料》丁编下册，中华书局，1959年11月，第384页。
② 陈学恂编：《中国近代教育文选》，人民教育出版社，1983年，第148页。

说三十课，或敷陈浅理，或摹写景物，既为多识之助，亦备学问之式，……便函十课，简短易学，无粉饰累赘之谈。①

再往后，编者还注意到了儿童的兴趣。1902年，由无锡三等公学堂编辑使用的《蒙学读本》，共有七编，文字简洁有趣，编者俞复介绍说："前三编，就眼前浅理引起儿童阅读之兴趣，间及地理、历史、物理各科之大端，附入启事便函，逐课配置图画，为今初等小学国文教科之具体。"可以看出，编者把如何引起"儿童之阅读兴趣"放到了重点考虑的位置，除了"眼前浅理"和"配置图画"外，还"间杂歌谣，便小儿口诵"，以使学生"陶冶其性灵，和畅其血气"。②例如教材第三编第二课：

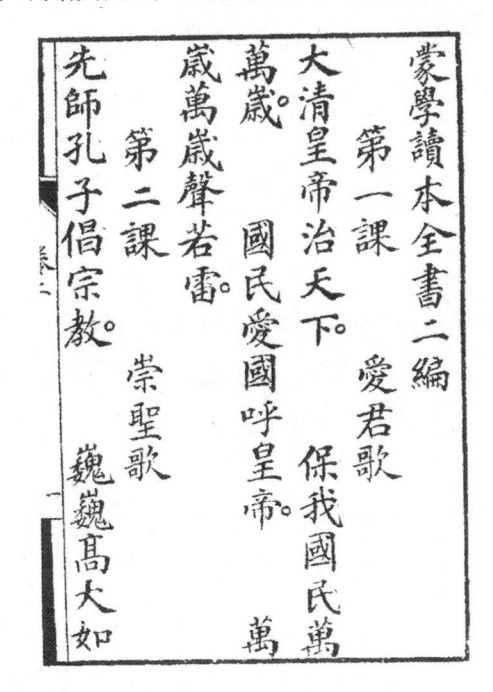

> 蒙學讀本全書二編
> 第一課　愛君歌
> 大清皇帝治天下。國民愛國呼皇帝。萬歲。萬歲。萬歲聲若雷。
> 第二課　崇聖歌
> 先師孔子倡宗教。巍巍高大如

---

① 张隆华主编：《中国语文教育史纲》，湖南师范大学出版社，1991年，第153、154页。
② 《蒙学课本·编辑例言》，无锡三等公学堂编辑，京师大学堂审定，文明书局，1901年。

祝我国，巩金汤，长欧美，雄东洋，陆军海军炽而昌，全球翻滚龙旗光。帝国主义新膨胀，毋庸老大徒悲伤！印度灭，波兰亡，请看我帝国，睡狮奋吼剧烈场。

这是配合晚清教育界"学堂乐歌"运动的勃兴而选入的，在内容上不仅能"发起精神，激扬思想"（沈心工语），又能"使合儿童讽诵之程度"（梁启超语），在教学上还能达到"使儿童起文学之嗜好，发忠孝之至性"的作用。对比《三字经》《神童诗》等传统儿童读物，可以看出同传统语文教育中的韵文教学差别极大。更难能可贵的是，本套教材中还有童话形式的萌芽，例如第二编第三十四课《蚁国》：

桂树之下，有蚁国焉。蚁有黑黄两族，一日争食一蝇，两族之蚁，列阵而战，蚁王统率之。俄而黑蚁战败，死者数百。黄蚁之族，奋蝇而归。

借蚁国之争来激励血气，编者的意图十分明显。在儿童故事方面，也比传统的神话或童话故事要更贴近儿童生活，如1910年出版的《初等小学国文读本》第二册第四十四课、第六十四课：

小鸟，汝朝出而暮归，我至学堂，汝已飞去；我放学归，汝犹未归。我在学堂读书，汝何处去乎？

晨起，天寒，儿告母曰："水缸中有玻璃，我取得一片，可以制眼镜。"母曰："此冰也，天寒，水冻为冰，得暖气，则冰化为水矣。"

这些课文都由教材编者自编自创，我们可以看到，作者是以一种欣赏的眼光来看待童真世界，这正是传统儿童观缺少的部分。对于稍长的课文，编者则以连载的形式来表现，如《初等小学国文读本》第三册第五十一至五十四课《桃核》：

小儿食桃，投桃于地，桃核跃起，谓小儿曰：我有种子，久居壳中，黑暗无光，心甚闷，愿借汝之手，埋我于土中，我得地之助，可出壳而见天日。

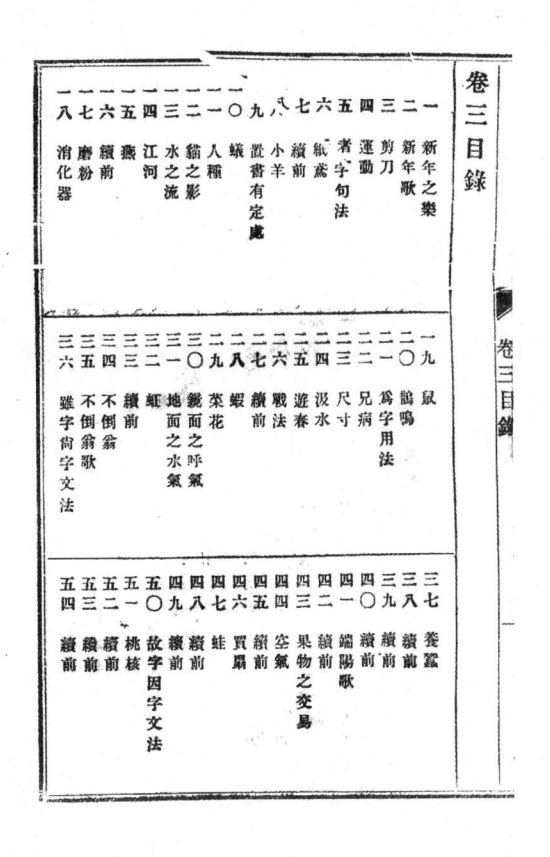

> 小儿埋桃核于土中，种子渐得生气。有一茎及二小叶，上出于地面。以受阳光。又有一根入地，以吸水气。从此茎叶渐长，昔日之核，遂成树矣。
>
> 桃树谓小儿曰：受尔之恩，使我出黑暗之中，重见天日。我今告尔，我枝上有小芽，此芽渐长，即成为花，此花复能结果。
>
> 花之色，如尔之面，果之大，如尔之拳，果甜如蜜，供尔之食。尔投核之时，知我有如是之报尔乎？

可以想见，对上千年来一直诵读"四书五经"的中国儿童来说，这样的课文对学生有足够的吸引力。如果说上述教材的读者还有限的话，商务印书馆1903年出版的《最新国文教科书》在教育界"盛行十余年，行销至数百万册"①，它的变化无疑是更有代表意义的。这套教科书是张元济入主商务印书馆后编辑的第一套教材，"市场占有率"极高，"此书既出，其他书局之儿童读本，即渐渐不复流行"②。从"编辑大意"中可以看出，编者处处表现出对儿童的"尊重"：

> ※本编选用四百五十九字，凡生僻之字，及儿童不常见闻者，概不采入。
>
> ※本编虽纯用文言，而语意必极浅明，且皆儿童之所习知者。
>
> ※本编所述花草景物，预算就学时期，顺序排列，使儿童易于随时实验。
>
> ※本编德育之事，注重家庭伦理，使儿童易于实行。
>
> ※本编智育之事，只言眼前事物，不涉机巧变诈。以启儿

---

① 蒋维乔：《编辑小学教科书之回忆》，《商务印书馆九十年》，商务印书馆，1987年，第61页。
② 蒋维乔：《编辑小学教科书之回忆》，《商务印书馆九十年》，商务印书馆，1987年，第56页。

童之天性。

※本编多及学堂事，使儿童知读书之要。

※本编多及游戏事，使儿童易有兴会。

※儿童最喜图画，本编插图至九十七幅，并附彩图三幅，使教授时易于讲解，且多趣味。

※本编用初号大字印刷，俾儿童不费目力。

※洁白有光之纸，易伤儿童目力，本编用纸只求结实耐用，不事外观之美。

正订 最新國文教科書 第一册

中華民國初等小學用

上海商務印書館出版

从选字到用纸,事无巨细地考虑到了儿童的接受能力和身心健康,虽不能言之为"儿童本位",但从教育这个角度可以窥见,晚清的"儿童观"并非如从前所想象的那样保守与僵化。这套从"天地日月 山水土木"开始的语文教材,儿童文学的内容有不少,如第二册第九课《采菱歌》:"青菱小,红菱老,不问红与青,只觉菱儿好。好哥哥,去采菱,菱塘浅,坐小盆。哥哥采盈盆,弟弟妹妹共欢欣。"清浅的文字同白话已经差别不大,欢愉的氛围也足以感染儿童。商务印书馆作为林纾翻译作品的主要出版商,林译的"拉封丹寓言"和"伊索寓言"也开始出现在《最新国文教科书》第五册中:

  牡鹿就饮于池,自顾其影,见两角杈桠,意甚得也。既而俯视其足,叹曰:吾有美丽雄伟之角,而足小若是,殊不足以称之。伊方郁间,有虎骤至,鹿大惊,奔走绝速,虎不能及。迫入深林,角梗于树枝,几为虎所获。幸而得免,鹿乃自悔曰:吾重吾角,吾角几杀我;吾轻吾足,吾足实生我,故天下之物,惟实用者,斯可贵。

  有狮卧于丛莽,山鼠逸过,触其蹄。狮怒将扑杀鼠,鼠曰:苟舍我,吾必有以报公。狮笑释之。已而猎者得狮,系以巨绳。狮狂吼,鼠习其声,知为前狮也。啮绳断之,狮逸。鼠追呼曰:"吾向者几膏公牙,公以为所纵者鼠耳,岂意鼠亦有以报公耶。请公勿更轻鼠矣。"

在我看来,教育史论者强调的随着民国政权的建立,国文教材也发生了翻天覆地变化的判断并不准确,很多时候只是把大清龙旗改为青天白日旗,把立宪改为共和,在知识内容上变化并不大。南京临时政府颁布的《普通教育暂行办法》也只是规定"清学部颁行之教科书,一律禁用",即仅把清廷官方的教科书禁止了,民间出版的教科书稍加修改后照用不误,而在晚清,学部的教科书所占的比例已经相当小。相比起来,清末的国文教科书给学生传递了更多新思想和新观念,对学生知识系统的更新比"壬寅—癸卯学制"颁行前更大。小学国文教材中的课文多为编者编写,没有小说、散文、戏剧、诗歌等现代文体观念,运用最多的文体是说明文,内容无所不包,如国内外政治、经济、科学、生理卫生、自然知识、修身养性等。例如,由高凤谦、张元济、蒋维乔合编的《高等小学国文教科书》第一册,共六十篇课文(有的一个课文题目分为两课),分别是《预备立宪》《君主立宪》《庆祝立宪歌》《尧舜禹》《子产》《运动之益》《洞庭两山》《金焦北固》《声光》《目》《耳》《聋哑学堂》《职业》《深耕》《宝》《昆虫之农工业》《俭德》《物品》《杨氏》《男女》《贤母》《五行》《田文》《铁路》《司替芬孙》《博爱》《弹鸟》《热之功用》《电热》《文武》《马援》《灌夫》《义学》《真学问》《晏安之害》《欧阳修》《巴律西》《尚勇》《合群之利》《演说》《践约》《惜时》《公园》《济南三胜》《衡山》《自然之音乐》《义伶》《救生船》《水患》《亚剌伯之马》《鸵鸟》《杂说》。仅从课文题目上就可以判断,学生通过教科书形成的知识结构迥异于他们的父辈。造火车的司替芬孙、巴律西和中国的圣人尧舜禹放在一起,对自然不同解释的《五行》和《电热》放在一起,"博爱"的观念虽然是古已有之,但内涵已经大异古代圣贤,"以种族言之,则当肌黄发黑之人,皆当联以情谊;以国界言之,则凡四境以内之人,皆当视为同胞"。阅读此套教材的小学生,在新文化运动爆发之时正是大学中的中坚力量(如果能升入大学的话),从教材这一影响力巨大的媒介来分析新文化的前奏,更能理解五四新文学为什么最先受到青年学生的欢迎。

随着知识结构的更新,新名词在国文教材中出现也不可避免。张之洞在《学务纲要》中再三强调:"戒袭用外国无谓名词,以存国风、端士

31

风。"①不过要输入新思想,哪能不要新名词。晚清士大夫阶层虽有"抵制东瀛文体"的广泛行动,但似乎仍然阻止不了新名词进入教材。具有讽刺意味的是,根据《学务纲要》编写的教材,却大量出现了《学务纲要》中禁止使用的"社会""代表""运动""机关"等日本名词或日本转译词。这些名词随着识字教学,慢慢渗入学生头脑中,久而久之,原来意义不明确的词义逐渐明确,原来使用不频繁的字逐渐使用频繁,学生可以毫不困难地用新名词来思维了。语言是思想的现实,"新思想之输入即新言语输入之意味也"(王国维语),国文教材中的语言转变为新文学运动奠定了良好的基础。民国建立后,在中华书局和商务印书馆竞争加剧的情况下,国文教材中知识的更新又加大了。例如中华书局的《新制初等小学国文教科书》中,就出现了清末教材中没有的"进化""政体""隧道""赋税""军政""国会""地方自治"等新名词和新观念,商务印书馆发行量巨大的《共和国教科书新国文》,也出现了"司法"、"行政"、"钱业"(即银行业)、"电话"、"巴拿马运河"等新名词和新观念。教材语言也更加浅显,几近于白话了。

  小学国文教材之所以能发生这么大的变化,是在教育实用主义的观念下,教育家将"中国文字"分为"应用文"和"美术文"。高凤谦认为,"文字有二:曰应用之文字,曰美术之文字。应用之文字,所以代记忆、代语言、苟名为人者,无不当习知之,犹饥之需食,寒之需衣,不可一人不学,不能一日或缺也。美术之文字,则以典雅高古为贵,实为一科专门学,不特非人人所必学,即号为学者亦可以不学"②。以美术文范围的缩小来换取美术文的保存,看似后退,实则蓄势。因此,在小学语文教材普遍由编者自行编写时,中学语文课本却几乎全是古代名文,如刘师培编的《中国文学教科书》(1905年)、林纾编的《中学国文读本》

---

① 《学务纲要》,参见舒新城编:《中国近代教育史资料》(上),人民教育出版社,1961年,第205页。
② 高凤谦:《论偏重文字之害》,《东方杂志》第5卷第7期,1908年8月。

(1908年)、吴曾祺编的《中学国文教科书》(1908年),黎锦熙曾评价这时期的教科书说,"清末(二十世纪开始时)兴学,坊间始依钦定课程编印国文教科书;中学以上,所选大率为'应用的古文'(胡适氏用以称桐城派者),其高者亦不出姚氏《古文辞类纂》等书之旨趣与范围"①。就是民国初年的中学国文教科书,在选文上仍然没有太大变化,如许国英编的《共和国教科书国文读本》(1913年)和谢无量编的《新制国文读本评注》(1917年),孙俍工曾说,五四运动以前的中学语文教材,"单以中学而论,据我自己所经历的,大都不外以下四种文章:(一)《古文辞类纂》、(二)《昭明文选》、(三)《经史百家杂钞》、(四)唐宋各家的诗"②。

不过,孙俍工的话当做两面观,因为他主张以白话文教学代替文言文教学,对清末民初中学国文教材中表现出来的文学观念的变迁体察不深。实际上,上面提到的几套教科书均突破了传统的"文选"方式,编排方式或编排观念都很不同于以往的教材。例如,刘师培编的《中国文学教科书》十分重视"六书之文"的"小学",他认为,"六书之学,固周代普通之教科矣""观乎尔雅,则文义斐然。岂有小学不明而能出言有章者哉"。因此,"编辑国文教科书,首明小学,以为析字之基。庶古代六书之教,普及于国民,此则区区保存国学之意也"③。刘师培之意仍是"保存国学",但方式却很特别,他在本套教材中先明"小学"之大纲,次分析字类、讨论句法、章法、篇法,及至总论古今问题,而后编列选文,这种编法打破了历来纯粹是选文荟萃的文学读本的成规。而吴曾祺编的《中学国文教科书》则质疑"文以载道"的说法,他在教材的"编辑大意"中这样表达:

---

① 黎锦熙、王恩华:《三十年来中等学校国文选本书目提要》,国立北平师范大学文学院,民国二十六年(1937年)。
② 孙俍工:《文艺在中等教育中的位置与道尔顿制》,《教育杂志》第14卷第12号。
③ 刘师培:《中国文学教科书·编辑例言》,上海国学保存会,1905年。

昔人有言，动曰文以载道。而沿其说者，则云非有关系者不作，理固至正而不可易。然道亦何常之有，精粗大小皆道也。譬如书一事，则必有事理；记一物，则必有物理。理之所在，道之所在也。岂言心言性言三纲五常以外，皆无所谓道乎？即以关系而言，人之一身，其足以免于饥寒者，最为有关系，何以菽粟稻粱以为饱，而不闻其废八珍；布帛丝絮以为温，而不闻其弃五采。则似关系之说，亦不免失之太拘。

可以看出，吴曾祺在这里试图重新定义"道"的内涵，在具体选文的时候，编者按文学史时期逆推，首选清朝，次选金元明，再选五代宋至周秦汉魏，沿流溯源，由近及远。他不选藻美的辞赋，而选应用之文字，不拘于文以载道说，而注重经世文字。林纾编的《中学国文读本》八册，1908年由商务印书馆出版。这套书"凡例"中说明，选文"次序由清文上溯到秦汉文，自下而上，生人不录，文中节目处加连圈，有顶批"，由清文开始追溯的编法，固然有由浅入深的教育方法的影响，但其中也暗含了桐城派的文学主张："唐之作者林立，而韩柳传，宋之作者林立，而欧曾传，正以此四家者，意境义法，皆足资以导后生而进于古。"这种编法有"因时而变"的文学观念在内，但"生人不录"的观点也清晰地表明了林纾的文学态度。

"由近至远"的编选观影响了民国初期的中学国文教材，逐渐也成为教育部的规定——"国文首宜授以近世文，渐及于近古文"[①]。编者和行政规定都暗含了一个文学观念，即近世文比古文要简单（实际情况并非完全如此），这样的观念也是隐藏在教材体例中传递给学生的。从教材呈

---

① 《教育部公布中学校令施行细则》(1912年)，舒新城编：《中国近代教育史资料》（中），人民教育出版社，1961年，第527页。

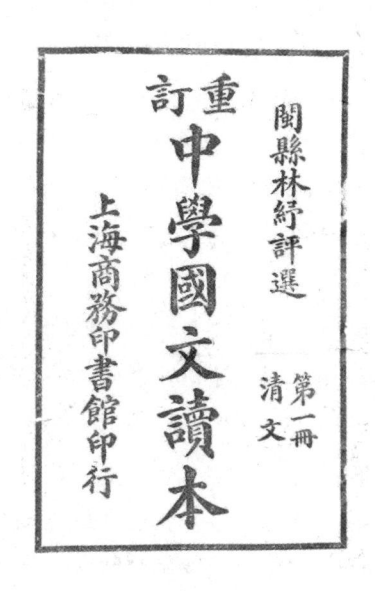

现上看，近世文的分量也越来越重，如1913年商务印书馆出版的《共和国教科书国文读本》的"编辑大意"中说，"中学国文程度高于小学，故宜授以适当之作文法理，且使略知本国古今文章规范，以期共保国粹，但昔贤选本多不适教科之用。矧值共和建设，一切文学应用时异势殊，非复篡改涂抹所能供给，兹编特创新例，斟酌分量。既不泥于时代之世降，亦不囿于门类之分科，虽同为选录名家之文，而要以中学教科适用为准则，且不背于部定法程。由近世文以进于近古及远古，惟生存人之文不录"。中华书局1914年出版《新制国文教本》，"编辑大意"也说："部定中学国文教旨宜先授近世文渐及于古文。兹选分为四册。第一册录近世文至宋之文。第二册录近世文至唐之文。第三册录近世文至汉之文。第四册录宋唐至三代之文。皆由后世渐及于古文，期与部令相符。亦使学者收循序渐进之益。"从选文可以看出，中学国文教材仍是桐城派诸家的天下，不过这时变化已经在北京大学里出现了，章太炎的弟子开始入主北京大学，林纾、姚永朴、姚永概等桐城派人物相继被逐出北大。但是，章门弟子对中小学国文的关注显然不如林纾，因此，直到文学革命前，中学国文教材仍是"以经为文，以子史为文"（这或许也是文学革命后钱玄同等人非常重视初等教育教材的原因之一）。直到1916年文学革命前夕，林纾还一口气为高小学生编选了六本《浅深递进国文读本》，同时写了一篇"夫子自道"式的序言：

> 纾为教员二十有二年矣。自小学至于高等，及分科大学，皆效力焉。或五年，或九年，统计生徒可一千七百余人。文学分科中，颇有成就之人，惟小学最难启悟。童子摊书，仰视教员讲解，虽竭尽精力与语之，彼视教习，若老优之粉墨登场。以为观剧也。迨叩以书中之一义，则茫然一无所解，故纾之课徒，列为三等，以极笨拙者为第一等，列前；中材为第二等；聪颖为第三等。日挈笨拙者，一一为之讲解，至十余问，咸不之厌。聪颖之士，恒引以为怪。纾曰：凡文宗主试，凭文取士，则佳者应选矣。无如余职则教习也。教员之任，不能黜笨拙之学生而不教，专教其聪明者。果尔，则笨拙之父母，托其子弟于我，将何望邪？须知吾曲曲指示此笨拙之人。中材者入耳既熟，亦足领悟，聪颖者，尤能由甲悟乙。是教一人，而三种人均获益矣。时余但选古文之浅近者为课本，尚未成是书也，既而自念如是教法，殊费心力，不如编为浅深递进之法，使读者有阶级可循，或易为力，因以此法，商之吾友张菊生高梦旦，咸以为然。竭九月之功，始脱稿。夫以学究，僭拟周秦汉唐之作，不无狂谬，然以启导童蒙之苦心，不获已而出于僭。识者其或谅我乎。

林纾似乎也看到了对童子当采"浅深递进之法"，而且也意识到"小学国文，苦无恰好之作"。不过在实际操作时，他虽然在例言中批判了自拟课文的做法，仍然坚持从《战国策》《庄子》《孔子》《列女传》《史记》《汉书》中选材，但为了降低难度，他在每篇文章前先写一"拟作"，"拟作"是用比较浅显的文言文去"翻译"原先深奥的文言文，并声明是为了让学生"悟出行文变换之法"，不过最根本的目的还在于用"桐城笔法"灌输儿童。

曹聚仁先生曾说："一部近代中国文学史，从侧面看去，又正是一部新闻事业发展史。"①这句话表明了出版界和文学界的紧密联系。作为出版业中重要品种的语文教材，似乎更受到三个学科领域力量的牵制——教育界、文学界和出版界。制作一套能行销市场的教材，编者必须平衡这三者的互动关系，一方面教材首先要符合教育行政部门的相关规定和审查要求，还要充分反映文学观念的变革；另一方面从出版竞争角度考虑，它必须"出新"，这个"新"可以是编排方式的"新"，也可以是选文的"新"。如果单从文学角度看，也可以觉察到国文教育给文学革新带来的变化。这些变化有可能发生在微小的字、词、句的学习上。例如，清末民初的小学国文教材，在识字上各书局都能达成一致，即要从笔画最少、结构最简单的字开始学。商务印书馆的《最新国文教科书》，选字的原则是"限于通常日用者，不取生僻字"，它的第一课是"天地日月"，第二课是"山水土木"。中华书局的《新制初等小学国文教科书》，在选字上"力求深浅合宜，一义有数字者，先见最浅之字；一字有数音者，先见本音；一字一音而有数义者，先见常见之字"，其第一课是"人手"两字，第二课是"刀尺"两字。此种编排，暗含了对传统文学观念的颠覆。晚清学者历来最强调训诂学，强调阅读要先打好"小学"的底子。而教材编者却从儿童的学习规律上，强调要从最简单的字开始学，这使得文学与文字的联系少了，因为古文中最富于表现力的字往往不是最简

---

① 曹聚仁：《文坛五十年》，东方出版中心，1997年，第8、83页。

单的字,特别不是文言文中最常用的字。①再如,清末民初的教材虽然用的都是浅近文言,但在课文中已经出现了大量的欧化词汇(因为要向学生介绍新知识,这些新词绕不开),它们已经让"纯洁"的文言变得不那么"雅驯"了。这些欧化词汇可以分为物质性的名词和思想性的名词,前者如"火车""轮船""火柴",后者如"科学""民主""逻辑""理性"等,新词是新观念的中介,学生通过教材习得了各种新观念。

另外,教材是强制性阅读的出版品,而商务印书馆和中华书局又占据了绝大部分的教材市场,学生的阅读更加集中,相似的知识结构使得学生容易形成某种社群②,他们具有了把社会意识和民族主义情绪符号化的能力,并最终成为一种新的文化势力。据研究者统计,1902—1911年十年间,学潮最少发生了五百次,遍及二十个省,涉及各级各类学堂,无可怀疑"反映了学生普遍持续的不安与躁动"③,这充分反映出学生社群的崛起之力。而现代文学的发生,和这一兴起的新兴阅读阶层有关,学校形成了一个阅读场域,而教科书就是这个阅读空间的消费品。学生阶层比市民阶层更有影响力,可以说改变了学生的阅读风尚,也就改变了未来的阅读风尚。

第三节　言文一致:语文教育界对文学革命的"赞助"

陈子展先生在《中国近代文学之变迁》一书中,在第九章"十年以来的文学革命运动"曾将"文学革命运动"发生的原因归结为四点:一、

---

① 张之纯在他编的《中国文学史·绪论》里说:"文学与文字,一而二也,吾国旧时学说,往往混合言之,无所区别","近世教育家截然分为两事也"。商务印书馆,1915年。
② "社群是一个拥有某种共同的价值、规范和目标的实体,……社群不仅仅是指一群人,它是一个整体……社群有许多个基本的向度,如地理的、文化的和种族的。"参见俞可平:《社群主义》,中国社会科学出版社,1998年,第55页。
③ 桑兵:《晚清学堂学生与社会变迁》,学林出版社,1995年,第5页。

文学发展上自然的趋势；二、外来文学的刺激；三、思想革命的影响；四、国语教育的需要。

对于前三点，研究界颇多认同并多有阐发，而独于第四点"国语教育的需要"，一直少有论者言及。就是陈子展先生本人，对此点的论述亦不及前三点详备，只是把国语运动的过程简单地回顾了一下，然后说："文学革命运动到了这个时期因国语教育的需要，取得政治上的保障，取得教育界的赞助，取得舆论界的提倡，基础已经不可动摇，进行更为顺利了。"①近来已有学者注意到了陈子展的这一见解，认为"这一点是现今研究文学史的人关注相对要少的，其实又是新文学运动之所以能在较短时间内站稳脚跟的重要原因"②。陈子展先生作为近现代文学的亲历者和研究者，指出了"教育界"对文学革命的"赞助"，使我们感觉到了"国语教育"同"文学革命运动"确有不可分割的联系。但是，这种联系是什么呢？"国语教育的需要"何以成为"文学革命"的内在原因呢？这一切都还需要做更细致、更深入的探讨。

"言文一致"的呼声起源于民间，是知识分子意识到了国家现代化和知识普及化的重要性后，在语言领域和教育领域的普遍吁求。不过，需要注意的是，"教育"一词在他们的文章中常包括两层含义，一层是学校教育，一层是民众教育，即裘廷梁把白话的长处归结为"便幼学""便贫民"③。民众教育即是"开启民智"，本书暂且不论。但学校教育的重要性也是晚清的文字改革运动者一开始就注意到了的，而只要涉及语言文字教育，当然就会归到语文教育中。在《官话合声字母》的序言中，王照提出了言文一致、教育普及的主张，"今欧美各国，教育大盛，政艺日兴，以及日本号令之一，改变之速，固各有由，而初等教育言文为一容

---

① 陈子展：《中国近代文学之变迁》，上海古籍出版社，2000年，第102页。
② 温儒敏：《从学科史考察早期几种独立形态的新文学史》，《中国文化研究》2003年春之卷。
③ 裘廷梁：《论白话为维新之本》，见郭绍虞主编：《中国历代文论选》（第四册），上海古籍出版社，1980年，第169页。

易普及其至要之原,余今奉告当道者,富强治理,在各精其业、各扩其识、各知其分之齐氓,不在少数英隽也"①。王照这段话值得注意的是,他是从教育角度来考虑言文一致的重要性,另外他"奉告当道者"实际上是希望这场运动是自上而下的政府行为,希望国语教育由"民间"向"体制"内过渡。这一思路有其正当性,因为如果不借助政府颁行的各种法规,推行官话字母也罢,推行切音字母也罢,几乎是不可能的。于是,在晚清的语言工具变革中,便出现了以下现象:从1892年《中国第一快切音新字》(卢戆章)问世到1910年的《切音字教科书》(郑东湖)发布,不到十年内有十几种拼音方案和推行办法出台。每个发明者都认为自己的方法是解决"言文一致"问题的"灵丹妙药",都希望由政府出面推行。他们或上呈学部,或私下通过"议员"发表咨询案,或直接上达朝廷。而这时朝廷也知道"言文一致"的重要性,但无法判断哪种方法更好,于是各种改革呈文和政府下达的实施方案也互相交叉,如《呈学部大臣张百熙为推广官话字母文》(1902)、《上直隶总督袁世凯书》(1903年)、《奏请于简易识字学塾内附设简字一科并变通地方自治选民资格折》(1909年)、《质问学部分年筹办国语教育说帖》、《陈请资政院颁行官话简字说帖》(1910年)、《学部中央教育会议议决统一国语办法案》(1911年)。既然哪种改革方案更好无法判断,那么最后就演变为比赛谁的方案最受强势人物的重视。晚清的语文改革,以王照的"官话字母"和劳乃宣的"合声简字"影响较大,前者受到直隶总督袁世凯的支持,后者因慈禧太后召见劳氏而更有力。

不管什么改革方案,都集中反映了语文工具改革的要求,阐明了语言工具改革是智民强国必由之路的观点,显然,改革者思考的出发点仍然是普及教育。劳乃宣《上直隶总督袁世凯书》中说:"窃思国之强不

---

① 王照:《〈官话合声字母〉原序》,见《小航文存》,民国二十年刻本。

强,视民之智不智,民之智不智,视教育之广不广。……我中国自文言分离以来,口音日杂一日,而读书识字之人愈少一日,此今日所万不容不补救者矣。各省府州县大中小各学堂纵能遍立,学生之数不能占户口千分之一,则以上等之人服上等之科,虽抡才有资,而于亿万众下等之人风马牛不相及也。质而言之,无高深之教育无以待贤豪,无浅显之教育无以化庸众,二者缺一不可。方今名儒硕彦,坐论于朝,不患无上等教少数人之教育,所患者,无教多数人之教育耳。所谓教少数人之教育,汉文西文也。何谓教多数人之教育,以语言代文字以字母记语言是也。"①而裘廷梁在《论白话为维新之本》一文中,首次提出了用"白话文"来达成"言文一致"的目的,他在历数了"文言之害"后,得出一个鲜明的结论:"愚天下之具,莫文言若;智天下之具,莫白话若。……吾今为一言以蔽之曰:文言兴而后实学废,白话行而后实学兴;实学不兴,是谓无民。"②陈荣衮于1900年发表的《论报章亦改用浅说》,也认为,"大抵今日变法,以开通民智为先,开民智莫如改革文言"。胡适后来曾注意到:"当时也有一班有远见的人,眼见国家危亡,必须唤起那最大多数的民众共同担负这个救国的责任。他们知道民众不能不教育,而中国的古文字是不配做教育民众的利器的。"③

在晚清的语文变革运动中,"言文一致"产生的运动有两个——白话文运动和拼音化运动,这两者的发展有着深刻的联系,它们的思考出发点都是普及教育。拼音化运动使中国知识界第一次把眼光投向当代的活语言,重新调整了语言和文字、口语与书写的位置,把长期以来传统的对文字的崇拜和迷信,转向对当代语言的重视和关注。它们或者强调"文字者,语言之所出也",或者提倡拼音文字和"切音新字"。谭嗣同说:

---

① 转引自韩立群:《中国语文革命》,中央编译出版社,2003年,第28—29页。
② 裘廷梁:《论白话为维新之本》,《中国官音白话报》(《无锡白话报》)第19、20期,1898年8月。
③ 胡适:《中国新文学大系·建设理论集·导言》,良友图书印刷公司,1935年。

  文字即语言、声音，今中国语言、声音变既数千年，而犹诵写二千年以上之文字，合者由是离，易者由是难，显者由是晦，浅者由是深……而读书识字者所以戛戛而落落焉。求文字还合于语言、声音，求改象形字体为谐声，易高文典册为通俗。①

  劳乃宣则认为，"文字趋而愈简，自然之势也……今日而图自强，非简易其文字不为功矣"②，他在1910年创立了简字研究会。王照则在《官话合声字母》序里说：

  世界各国之文字，皆本国人人通晓，乃其言文一致，拼音简便……吾国古人造字，以便其民，所命之音必与当时语言无异，此一定之理也。而语言代有变迁，文亦随之，故孔子之文较之夏殷之文，则改变句法，增添新字，显然大异，可知就当时俗言肖声而出，著之于简，欲妇孺闻而即晓，凡也已焉乎等助词为夏殷之书所无者，实不啻今日之白话文增入呀吗哪咧等字，孔子不避其鄙俚，固圣人之心专以便民为务无文之见存也。后世文人欲借文以饰智惊愚，于是以摩古为高，文字不随语言，二者日趋日远，文字既不足当语言之符契，其口音即迁流愈速，百里或岁不相通，千里或世不相通，异者不可复同，而同国渐如异域，妨害多端，误尽苍生，无人觉悟矣。③

  改革者们对语言文字的新看法，也反过来改变了口语与白话文的地

---

① 谭嗣同：《管音表自序》，《谭嗣同全集》增订本，中华书局，1981年。
② 劳乃宣：《〈简字全谱〉序》，《桐乡劳先生遗稿》卷2，台湾艺文印书馆，1964年。
③ 王照：《〈官话合声字母〉原序》，见《小航文存》，民国二十年刻本。

位。梁启超曾说:"古者妇女谣诼,编为词章,士夫答问,著为词令,后皆以为极美之文字,而不知当时之语言也。"①从历史中挖掘口语的重要性,是为白话文寻找正当性理由。

"言文一致"的要求使晚清掀起了广泛的白话文运动,而与此同时,国语教育中的"国语统一"问题也凸显出来,这一领域更需要借助政治力量特别是教育力量。《学务纲要》即要求"各学堂皆学官音",其论据是"各国言语,各国皆归一致。故同国之人,其情易洽",而目前"中国民间各操土音,致一省之上彼此不能通语,办事动多扞格。兹拟以官音统一天下之语言,故自师范以及高等小学均于中国文内附入官话一门"②。到清朝立宪时期,"国语教育"已经正式列入学部分年筹办的清单当中。1910年资政院成立,江谦在《质问学部分年筹办国语教育说帖》中分年安排如下:"宣统二年,编订官话课本,编辑各种辞典,行各省学司所有省城师范学堂及中小学堂兼学官话;宣统三年,颁布官话课本,京师设立官话传习所,行各省设立官话传习所;宣统四年,行各省推广官话传习所;宣统五年,行各省学司所有府直隶州厅初级师范学堂及中小学堂兼学官话;宣统八年,行各省学司所有厅州县中小学堂兼学官话,是年检定教员章程内,加入考问官话一条。初级师范学堂中学堂高等小学堂各项考试,均加官话一科。"其中国语教材也放到考虑之列,"英之小学读本用伦敦语,法之小学读本用巴黎语,日之小学读本用东京语。……学部既谋全国之统一,编订此项课本时,是否标准京音"③。1911年,清政府学部的"中央教育会议"通过了王邵廉的《统一国语办法案》,为统一国语提出了非常具体的措施:由学部在京师设立国语调查总会,负责

---

① 梁启超:《沈氏音书序》,《清末文字改革文集》,文字改革出版社,1958年,第8页。
② 《新定学务纲要》,《东方杂志》1904年第3期,第84页。
③ 江谦:《质问学部分年筹办国语教育说帖》,《清末文字改革文集》,文字改革出版社,1958年,第117页。

在调查基础上"订定语词语法程式,及假定音标",编纂国语课本及语典方言对照表,审定音声话之标准等;由学部设立国语传习所,各省会也设国语传习所培训国语人才,并规定:"凡各学堂之职教员不能官话者,应一律轮替入所学习,以毕业为限,各学堂学生,除酌添专授国语时刻外,其余各科,亦须逐渐改用官话讲授。"①不过在同年,清政府即遭覆灭,该提案无法贯彻实施,但晚清许多参与的学者仍然活跃,许多具体的实施办法仍然具有很大的影响。

1912年,民国建元,作为新政权建设的一部分,第二年教育部召开了"读音统一会",开始构建民族共同语的框架。经过会上的一番争论,在"章门弟子"如胡以鲁、周树人、朱希祖、马裕藻及许寿裳等人的联合提议下,最后选定了章太炎所拟的"纽文""韵文",略作改动后成为"注音字母"。②同时,会议以投票表决方式决定了6500多个汉字的标准读音,并通过了七条"国音推行办法",其中有"请教育部将初等小学'国文'一科改作'国语',或另添国语一门"的建议。③不过,在民初的政治动荡中,这些建议虽获通过,但都没有得到认真执行。

与"国语运动"联系最紧密的语文教育界,对言文不一致给教学带来的不便早就不满,借助"国语运动"的开展,对此也多有批判。近代倡导白话文教学的陈子褒指出,传统语文教学有使人虽能熟读四书五经而无一字能解的弊病,提倡训蒙要以解字为本,解字要以口头语言为基础,"若因他已晓之话,教以已晓之话之字,童子必大有乐趣。且所解之字,触目即是,开口即有,分外易记,此于数年前实验而得者也"。④民国之初,时任教育总长的蔡元培非常赞成"国语统一"的主张。他在

---

① 转引自韩立群:《中国语文革命》,中央编译出版社,2003年,第29页。
② 许寿裳:《章炳麟》,胜利出版公司,1946年,第95页。
③ 黎锦熙:《国语运动史纲》上卷,商务印书馆,1934年,第57页。
④ 《论训蒙宜先解字》,转引自郑国民:《从文言文教学到白话文教学》,北京师范大学出版社,2000年,第12页。

《全国临时教育会议开会词》中提出：新教育发展所面临的一个大问题，就是国语统一问题。他说："现在有人提议：初等小学宜教国语，不宜教国文。既要教国语，非先统一国语不可。"①政府的态度无疑也鼓励了民间人士在此问题上发表更激烈的意见。1912年3月，庚冰在《言文教授论》中提出了"教授语言"的重要性，而"教授语言"不可回避的就是语文教学中的言文一致问题，庚冰提出在作文的教学中"当先教授白话体，而后教授文言体"②。1912年8月，潘树声发表《论教授国文当以语言为标准》一文，从儿童学习心理的角度提出语文教学中要"顺乎语言之自然"：

> 吾人欲教儿童，当知儿童之本能，就本能而扩充之，此教育之原理也。人生而有口舌，自其牙牙学语，以至就傅，其语言已无蹇涩不通者矣。道其语言于文字，当必有迎刃而解之乐；舍语言而教文字，徒苦儿童耳。向者塾师之不知教授，与国文典之未尝发明，人所同病也。然今年齿稍长者，幼皆受塾师教育，而亦未尝不能文。则何以故？盍回忆儿时学文之状况乎：在塾师讲授时，聆其语气，察其离合抑扬之故，积久经验，乃始有悟。今学校教师用塾师之长，而去其短，积以数年，必有成效。③

民间的讨论影响了政府的决策，因此教育部在规定小学和中学国文课的任务时，提出"国文要旨在于学习普通的语言文字"。不过，从语文界的讨论可以看出，他们对言文不一致的解决方案更倾向于使用白话文

---

① 蔡元培：《全国临时教育会议开会词》，参见《蔡元培教育论著选》，人民教育出版社，1991年，第17页。
② 庚冰：《言文教授论》，《教育杂志》第4卷第3期。
③ 潘树声：《论教授国文当以语言为标准》，《教育杂志》第4卷第8期。

教学，不主张"国语运动"中出现的否定汉字系统而另外创制的"切音新字""注音符号"。因为中国汉字虽然难认难写，但却是在方言繁杂的中国最有效的沟通工具，如果绕过汉字之难，以拼音文字直接作为大众口语的声音记录，虽然是更直接彻底，但却容易造成文化上的"断裂"与"分裂"，不同方言区的人互相看不懂对方文字的情况。因此，庚冰认为"欲普及教育，当先统一国语"。但是，统一国语是非常困难的事情。

在语言的现代化上，"国语教育运动"普遍有一种"语音中心主义"的倾向，这种语音中心主义建立在传统／现代的背景之上，它扭转了将语言（口语）等同于俗、文字（文言）等同于雅的传统观念，并且在进化论的理论背景下，建立了一种新的价值结构：汉字是野蛮落后的，拼音文字是现代进步的。谭嗣同在其《仁学》中，认为汉字阻碍了自由交流，"又其不易合一之故，语言文字，万有不齐；越国即不相通，愚贱尤难遍晓。更苦中国之象形字，尤为之梗也。故尽改象形为谐声，各用土语，互译其意，朝授而夕解，彼作而此述，则地球之学可合而为一"①。围绕巴黎《新世纪》，吴稚晖等人提出了废除汉字、采用世界语的激进主张，这一思路还延续到后来的拉丁化改革运动。与"国语运动"中的激进派不同，教育界似乎更"稳重"一些，潘树声反对将教育不普及归结为汉字太难，认为"文字无论中外皆难也"，批评拼音文字提倡者是"盲从西说"，"吾国事事效颦，乃并数千年相传之文字，有统一全国之功，无流动不居之弊（吾国自近世上溯至唐虞三代，无不可通之文；西文源出希腊拉丁，今非习其专科，不能读矣。即此可知标音文字当采与否），国人不急图教授改良，使日以光大，而反立说摧坏之"②。胡适认为汉字拉丁化运动失败的原因是没有产生伟大的文学，现在看来，没有得到教育界的足够"赞助"也应该是原因之一。教育界的态度使得"言文一致"

---

① 谭嗣同：《仁学》，《谭嗣同全集》增订本下册，中华书局，1981年。
② 潘树声：《论教授国文当以语言为标准》，《教育杂志》第4卷第8期。

的要求没有走拼音化道路，而回到白话文上来。

在白话文领域，教育界的"赞助"可谓多矣。除了在舆论上协同鼓吹外，最重要的就是编写白话文教材。作为晚清白话文运动的重要一环，白话文教材影响重大。近年来，对清末民初白话文运动的研究不少①，但是，作为白话文重要一支的白话教科书，却少有人提及。事实上，由于教科书传布的广泛，其实际效能并不亚于白话报刊和白话小说。早在1903年，施崇恩在主持上海彪蒙书室编印教科书时期，就出版了《绘图识字实在易》，包括白话解说和文言解说两部分，把字分为实字和虚字两大类。编者施崇恩又把之、乎、者、也等虚字，集拢在一起，编成《速通虚字法》一书，他在"缘起"中说："我现在且列出几种名目，将一切虚字，集拢在一处，每一类先用白话做几句解说，随即举例作为练习，把虚字嵌在俗语里面，要小孩子练习得熟，练习熟了，遇着文言中的虚字，也自然而然能领会了。我做这种书的主意，想把十年八载、三年五载难通的虚字，在一年半载，便得尽通。"②1905年，彪蒙书室又编《绘图习字实在易》，分六章，每章都冠以白话解说，如第一章《造字的源流》：

> 上古时代，没有文字，凡百事件，都用草绳打结做记认。就是易经里所说的结绳而治。后来黄帝的史官，有一个叫仓颉氏，始造文字，后人称他的字为古文，又叫蝌蚪书。蝌蚪就是虾蟆子。那时仓颉虽造出字来，还未有笔墨，但用漆写在竹片上，竹是硬的，漆是腻的，字画不能匀称，往往头粗尾细，写成虾蟆子的样子，就叫蝌蚪书。

---

① 如陈万雄《五四新文化的源流》中统计，五四运动前有大量的白话报刊被创办，白话小说被创作出版，共有140份白话报刊，1500种白话小说。参见陈万雄：《五四新文化的源流》第六章，三联书店，1997年。
② 转引自郑逸梅：《书报旧话》，学林出版社，1983年，第82页。

> 繪圖習字實在易
>
> 造字的源流
>
> 上古時代，沒有文字，凡百事件，都用草繩打結做記認，就是易經裏所説的結繩而治。後來黄帝的史官，有一個叫倉頡氏，始造文字，後人稱他的字爲古文，又叫蚪書。蚪蚪就是蝦蟆子，那時倉頡雖造出字來，還末有筆墨，但用漆寫在竹片上。
>
> 〔上海彪蒙書室印行〕

这样的白话文现在读来都十分顺畅。施氏还出版了中国第一部最通俗的白话字典《绘图白话字汇》，以及《绘图中国白话史》《绘图幼学白话句解》。彪蒙书室的书行销二十余版，各地小学都有采用，可见它的影响之大。但这种变法触犯了清政府，被认为利用白话译经书，是传播维新思想，因此被学部下令禁止。

随着清末国语运动的开展，国语教科书慢慢也取得了学部的认可。1910年，商务印书馆在《教育杂志》的广告页刊登了由林万里等人编辑的《国语教科书》的广告，"我国文言，各有歧出。近来学堂中，多设有官话一科，为统一语言之计。本书取材于学部审定之各种教科书，演为通行官话，以供初等小学之用，且以收各科联络之效，洵一举两得也"。学部对此书做了批语,"编辑大意,以国语为统一民众之基,又注意于语法,并准全国南北之音而折衷之。全编大致由浅入深,虽异文言,却非俚语"①。民国建立以后,国语教科书的编制反而比清末沉寂一些,究其原因,一方面是政局的动荡,使人无心顾及国语教育运动;另一方面是"国语教育运动"自身的裹足不前,黎锦熙批评说,"民元二间,比清末倒退了一步:清末朝野已提倡国语统一,而民元设会,只敢定名为'国音统一'"②。

1916年,袁世凯的皇帝梦破灭,给当时的知识界莫大的震动和反思的契机,他们把袁世凯称帝的原因归结为"大多数国民以不通文义之故,于国家政治绝无所知",致使一二人操纵民意。于是教育部里的几个人开始重新酝酿"国语运动"的高潮:

> 那时正当"洪宪皇帝"袁世凯驾崩于新华宫,帝制推翻,共和回复之后,教育部里有几个人们,深有感于这样的民智实在太赶不上这样的国体,于是想凭藉最高教育行政机关的权力,在教育上谋几项重要的改革。想来想去,大家觉得最紧迫而又最普遍的根本问题还是文字问题,便相约各人做文章,来极力鼓吹文字底改革,主张"言文一致"和"国语统一";在行政方面,便是请教育长官毅然下令改国文科为国语科。③

为了解决共同语统一问题,教育界86人组成的中华民国"国语研究会"宣布成立,该研究会的宗旨就是"研究本国语言,选定标准,以备教育界之采用"。至此,一个统一的国语运动逐渐形成了,其目标就是推行标准语,统一民族的语言,配合白话文运动。国语运动与白话文运动

---

① 转引自郑国民:《从文言文教学到白话文教学》,北京师范大学出版社,2000年,第88页。
② 黎锦熙:《国语运动史纲》上卷,商务印书馆,1934年。
③ 黎锦熙:《国语运动史纲》上卷,商务印书馆,1934年,第66页。

成为五四时期中国语文变革最重要的两个部分,但它们却有所区别:前者重在口语,后者重在书面语;前者主要是由语言学界和文化教育界共同推行的,直接促发了"国语"学科的产生,后者则主要由文学界发起,进而影响到国文教育。但由于"言文一致"是他们共同的主张,因此,晚清延续至民国的"国语运动"又给了新文化运动很大的支持。

随着"国语运动"的"回暖",国文改国语的呼声重新高涨,一些南方的小学,如江苏省立第一师范附小已经自编白话教材进行教学,据当时的参与者吴研因回忆,"民国成立后的1915年左右,由俞子夷发起,我们在江苏苏州的省立第一师范附属小学才私自实行了真正白话文自编教材,油印了教学初级小学的低年级生"①。随后,中华书局出版了《新式国文教科书》,每册国文后均附有四篇白话课文,这些课文,低年级大都是一些语言材料,还谈不上文学,到中高年级后,附的白话文就越来越长,也越来越有文艺性了,例如第五册除了连载《阿剌伯马》外,还有《保护妹妹》一文:

> 士雄同妹妹在空场上玩耍,忽然来了一匹溜缰的马,好象要踢人。妹妹吓得哭起来,眼泪流满面。士雄说,不要怕,不要哭,就慌忙把手里的伞撑开来,对着马乱舞。马看见了一吓,就快快地跑开去了。妹妹又大笑起来。

这样一种把白话文附在文言课文后的做法,虽然很不彻底,但在当时却产生了很大的影响。教育部在审定《最新国文教科书》的批词中说:"查该书最新颖处,在每册后各附四课。其附课系用官话演成,间有于本册各课相对者。将来学校添设国语,此可为先导,开通风俗,于教育前

---

① 吴研因:《以自编教材为主的旧小学语文的回顾与批判》,引自陈学恂主编:《中国近代教育史教学参考资料》中册,人民教育出版社,1987年,第447页。

途殊有裨益。至各册所用文句,其次序大约均与口语相同,令教员易于讲授,儿童易于领悟。在最近教科书中洵推善本。"①政府的评价对白话教科书的编写无疑是一个有力的推动。白话教科书也借助教育之力,改变着学生的文言阅读习惯,为更大规模的五四白话文运动埋下了种子。

1916年,也是远在美国的胡适集中思考"文学改良"的一年,翻阅胡适在1916年的日记,几乎一半都记叙着和梅光迪、任鸿隽和杨杏佛等人争论的书信往来。关于这点,胡适本人多有叙述②,后来的研究者也颇有研究,但我觉得有一点为多数研究者所忽略,即语文教学问题是胡适对文学改良问题思考的起点,而且国内的"国语运动"也影响了他的思考方向。1915年8月26日,胡适在康奈尔大学所写的《如何可使吾国文言易于教授》即是直接对语文教学的思考。此文是有感于当时"极力诋毁汉文,主张采用字母"的讨论而发,认为"今之文言,终不可废置,以其为各省交通之媒介物也,以其为仅有之教育之具也",汉文不易普及,原因不在汉文,而在教学之法不当:

> 汉文乃是半死之文字,不当以教活文字之法教之。活文字者,日用语言之文字,如英法文是也,如吾国之白话是也。死文字者,如希腊、拉丁,非日用之语言,已陈死矣。半死文字者,以其中尚有日用之分子也。③

可以看出,胡适文学观念中的二分法和西方参照体系已在此时萌芽,只是不像后来那么绝对而已。如何能使汉字传声达意,胡适的设想是教

---

① 《中华教育界》第5卷第1期。
② 参见《胡适口述自传》,安徽教育出版社,1999年;《逼上梁山》,《中国新文学大系·建设理论集》,上海良友图书公司,1935年。
③ 见《胡适留学日记》(1915年8月26日),台湾远流出版公司,1986年,第174页。

授国文时一定要注意文法,而且要辅之以西方的标点符号,以求文法明显易解,另外还有几条救弊之法,如"当鼓励说文学(字源学)","当以字之古体与今体同列教科书中","中学以上,皆当习字源学"。①胡适在教科书中如此强调字源学,是想让学生"有兴趣记忆字义,则其记忆也,不劳而易能,庶几稍复吾国文字既失一长云尔"。这一设想无疑是从传统中来,但他后来却几乎不提,而西方文法的益处,他却特加提倡,大有以新方法来取代旧"小学"研究之意:

> 吾国文本有文法,而古来从未以文法教授国文。今《马氏文通》出世已近廿载,而文法之学不治如故。夫文法乃教文字语言之捷径。今当提倡文法学,使普及国中;又当列"文法"为必须之学科,自小学至于大学,皆当治之。②

胡适此时的思考还没有到对整个语言工具彻底改革,而是希望通过良好的语文教学方法"修补"古文大厦的漏洞。这篇文章在留美中国学生会上宣读后,胡适似乎没有更多思考这一问题。直到1916年1月24日,胡适读到了章太炎1908年发表的《驳中国用万国新语说》,针对章太炎驳斥吴稚晖"其视万国新语之以二十八字母含孕诸声音,繁简相去,至悬远也"的说法,胡适认为,"太炎先生此论,可谓无的放矢矣。万国新语之长处,正在其声简易通",不过,他对章太炎文章中汉字教授的方法倒是颇为赞同③;紧接着又在1月31日抄写了民国二年颁布的"注音字母",然后就将思考重点转向了文学,也希望"朋友们留意中国文学的发展",结果因为作诗送梅光迪去哈佛"这件意外的小事"引起了一场大的争

---

① 《胡适留学日记》,《胡适全集》第28卷,安徽教育出版社,2003年,第244—247页。
② 《胡适留学日记》,《胡适全集》第28卷,安徽教育出版社,2003年,第177页。
③ 《胡适留学日记》,《胡适全集》第28卷,安徽教育出版社,2003年,第300页。

论①，而胡适关于文学改良的部分观点已经形成了：

> 今欲救此文胜之弊，宜从三事入手：第一，须言之有物；第二，须讲文法；第三，当用"文之文字"（觐庄书来用此语，谓 Prose diction 也。）时不可避之。三者皆以质救文胜之敝也。②

而此时，在万里之外的北京，"国语研究会"内部，关于"国文科"改"国语科"的争论也相持不下，按黎锦熙的说法，"当时做文章鼓吹的人，有陈懋治、陆基、董瑞椿、吴兴让、朱文熊、彭清鹏、汪懋祖、黎锦熙等。而反对最烈的却还不是闽侯林纾先生，乃是吴县胡玉缙先生"③，1916年9月至1917年4月间，新旧两派往返辩驳的文章有十来篇之多。改革派更多关注的是，国语是语文教育改革乃至政治改革之"利器"，如同黎锦熙所言：

> 我国教育宗旨中，所谓实用主义、美感教育者，于此盖两失之。其弊之尤甚者，大多数国民，以不通文义之故，于国家政治，绝无所知。一二人操纵之，虽有亡国败家之祸，弗能喻也。犹幸是非利害，人类尚有直觉之本能，真正民意，终难湮没。然共和回复之后，不图其本，一任大多数之国民，聋盲如故，则"民意"二字，又将为少数人所僭夺，真正之共和政治，亦终不可得而见。此其机括，悉在义务教育之四年，悉在此四年间所学之本国文字能应用与否而已。④

---

① 《胡适口述自传》，安徽教育出版社，1999年，第163页。
② 《胡适留学日记》，《胡适全集》第28卷，安徽教育出版社，2003年，第317页。
③ 黎锦熙：《国语运动史纲》上卷，商务印书馆，1934年，第67页。
④ 黎锦熙：《论教育之根本问题》，参见《黎锦熙语文教育论著选》，人民教育出版社，1996年，第2—3页。

而胡玉缙虽不反对在初级教育中增授国语,但反对以国语代国文,认为教授国文与教育不能普及没有关系。"各国教育之盛于百年间者,由于强迫",所以当前亟务在于"多设学校,改良校风,慎选老师,一切设备务求完具"①。就教育的强迫性而言,这个观点是正确的。但是,胡玉缙却过分强调了汉语的特殊性,以为西方字母文字,言文可以合一,而"我国文字主乎形义,故言文万不能合一"②,进而又认为国语是"杜撰官话""集成官话"③。胡玉缙认为国语不能代替国文,除了"拼音字可一致,形义字万不能一致"之外,还有一个更深的认识背景,他举"吴楚闽粤人"言语虽不一致,而无所谓"吴楚闽粤文字"为例,说明汉语书写语言跨时空的稳定也正是中国"秦汉以来统一已久"的原因,"故中庸曰书同文不曰言同文"④。这种看法初看有一定道理,但细究却经不起推敲。因为所谓"国语"云者,其目的在于造就一种全民族使用的共同语,一旦建立合法性,它就具有强制作用,就能把方言限制在合理的范围内。

在双方争论不休之时,胡适的《文学改良私议》(后改为《文学改良刍议》)已经写就,刊发在1917年1月1日《新青年》第2卷第5号上,一场轰轰烈烈的文学革命拉开了序幕。不能说文学革命起源于国语教育改革,但两者之间的联系不可分割,因为两者都涉及语言工具的变革,这是文学界和教育界共同关注的问题。例如,《文学改良刍议》既吹响了文学革命的号角,也宣告了语文教育现代化的开始,因为文章的核心是文学工具革命论。作者提出文学革命"须从八事入手"的所谓"八事",均属于文体范畴,根据作者自己的归纳,其中"不用典""务去滥调套

---

① 胡玉缙:《正告今之教育家》,《北京日报》1917年3月28日。
② 胡玉缙:《今之所谓教育家之供词》,《北京日报》1917年3月28日。
③ 胡玉缙:《正告今之教育家》,《北京日报》1917年2月5日。
④ 胡玉缙:《正告今之教育家》,《北京日报》1917年1月31日。

语""不讲对仗""不避俗字俗语""须讲求文法结构"五项可归为"形式上之革命",其实质是反对"言文分离"而实行"言文一致"。而"言文一致"也正是国语教育界思考的出发点,从晚清的白话文运动、拼音化运动到国语统一运动时期,"言文一致"一直是两大口号中的一个。①而这两者的统一,归根结底是教育的平民化、普及化要求,如同胡适所说:"向来教育是少数'读书人'的特别权利,于大多数人是无关系的,故文字的艰深不成问题。近来教育成为全国人的公共权利,人人知道普及教育是不可少的,故渐渐地有人知道文言在教育上实在不适用,于是文言白话就成为问题了。后来有人觉得单用白话做教科书是不中用的,因为世间决没有人情愿学一种除了教科书以外便没有用处的文字,这些人主张:古文不但不配做工具,并且不配做文学的利器;若要提倡国语教育,先须提倡国语的文学。"②如果把这段话结合陈子展先生在《中国近代文学之变迁》中的论述,就更能看出国语教育运动同文学革命之间的深层联系。

第四节 小学语文教育改革与现代儿童文学的诞生

长期以来,儿童文学被排除在"主流叙述"之外,中国现代文学史通常只可称为中国现代成人文学史。这种缺失不能说是故意"遗忘",而通常是文学叙述者的"集体无意识",这种"集体无意识"往往比有意的"遗忘"更无奈。但是,儿童文学天然属于现代文学的一部分,诞生于五四时期的现代儿童文学,不仅有丰富的创作,也有深刻的理论探索,缺乏儿童文学研究的现代文学史是不完整的。因此,本书将把儿童文学纳

---

① 黎锦熙言,"三十多年以来,国语运动的口号不外两句话:'国语统一''言文一致'"。见黎锦熙:《国语运动史纲》(上),商务印书馆,1934年,第10页。
② 《新思潮的意义》,《胡适全集》第1卷,安徽教育出版社,2003年,第691页。

入论述当中。而且，如果从现代儿童文学的发生看，它和小学语文教育改革联系紧密。

关于中国儿童文学产生的原因，儿童文学界已经有很深入的研究，例如，有从思想层面分析"人的发现—儿童的发现—儿童文学的发现"的历史逻辑[①]；有从文学本体层面梳理的"晚清儿童文学被大量译介"的发生学意义[②]；有从政治层面考察的"中国儿童文学与现代化进程"的紧密联系[③]。这些研究都从外部和内部两个方面阐释了中国儿童文学产生的原因，即如陈独秀所言，"'儿童文学'应该是'儿童问题'之一"[④]。不过，在清末民初兴起的"儿童教育问题"，也同属于"儿童问题"的一部分，特别是同儿童阅读紧密联系的小学语文教育，更是中国儿童文学产生的重要原因。此节所举的材料，大多来源于教材中的儿童文学作品，它们的风格和发展，同以往儿童文学史中分析的作品很不相同。

"儿童文学的发现"取决于"儿童的发现"[⑤]。不过，中国"儿童的发现"并非从五四时期才开始，在晚清的大量文献中都能找到相关的论述。仔细分析起来，晚清时期"儿童的发现"，是西方儿童学的输入和中国积弱的现状对儿童期待的结果。1896年，严复翻译的《天演论》把进化论引入中国，正是在"世道必进，后胜于今"的历史进化观指导下，晚清知识界把目光投注到了儿童的身上。谭嗣同在《仁学》一文中抨击了"父为子纲"的伦理观念，大声疾呼："子为天之子，父亦为天之子，父非人所得而袭取也，平等也。"[⑥]1901年，梁启超在《清议报》上连载《卢梭学案》，把卢梭的《民约论》详细地介绍进来，认为天赋人权，人生而平等，就是父子间也无权剥夺，"彼儿子亦人也，生而有自由权，而

[①] 参见王泉根：《现代儿童文学主潮》第一章，重庆出版社，2000年。
[②] 参见胡从经：《晚清儿童文学钩沉》，少年儿童出版社，1982年。
[③] 参见朱自强：《中国儿童文学与现代化进程》，浙江少年儿童出版社，2002年。
[④] 转引自王泉根：《现代儿童文学的先驱》，上海文艺出版社，1987年，第7页。
[⑤] 参见王泉根：《现代儿童文学主潮》，重庆出版社，2000年。
[⑥] 引自中国近代资料丛刊《戊戌变法》第1册，神州国光社，1953年。

此权，当躯自左右之，非为人父所能强夺也"①。1902年，刘师培根据《民约论》的精神，把中国历代思想家们的言论辑成《中国民约精义》一书②，鼓吹人权平等思想。不过作为"西学"一部分的西方儿童学被介绍进中国的目的，主要还是为了让儿童担负起救国的重任，"中国之少年，赖尔立身保种解倒悬"③。"国将亡矣，不闻有一人能兴之也，吾谓此责任尽在吾童子。……二十世纪之世界为吾童子之世界。"④可见，儿童的被发现并不是出于儿童身心特殊性的"被发现"，而是出于国家需要的"被发现"，从中掺杂着"重振帝国雄风"的想象。不过，这一"发现"的直接影响就是对儿童教育的关注。1898年梁启超的《变法通议·论幼学》、1897年林纾的《闽中新乐府》，以及严复的《论世变之亟》、康有为的《万木草堂〈幼学〉编辑体例》、黄遵宪的《日本国志》等文章都从儿童角度出发论及儿童教育。1901年，林獬等人创办的《杭州白话报》刊文呼吁，"少年乃国之宝，儿童教育休草草"，1902年该报还刊登署名为黄海锋郎的《儿童教育》一文，强调"儿童天真烂漫，总要顺他自然的性，总能够养成活泼的天机"⑤。

儿童的重要性被发现，并不意味着现代儿童文学立即就能产生。实际上，在晚清的翻译热潮中，儿童文学并不鲜见：林纾翻译的170多种小说中，与儿童文学相关的作品就有13种，如《黑奴吁天录》（《汤姆叔叔的小屋》，1901年）、《英国诗人吟边燕语》（兰姆兄弟：《莎士比亚故事集》，1904年）、《鲁滨逊漂流记》（1905年）、《海外轩渠录》（《格列佛游记》，1906年）；鲁迅翻译的儒勒·凡尔纳的科幻小说《月界旅行》（1903

---

① 梁启超：《卢梭学案》，刊《清议报》第98、99期。
② 转引自方卫平：《中国现代儿童文学理论批评史》，江苏少年儿童出版社，1993年。
③ 《最新妇孺唱歌书·少年歌》，1904年。
④ 《童子世界·论〈童子世界〉》，1903年。
⑤ 黄海锋郎：《儿童教育》，原载《杭州白话报》，引自王泉根编选：《中国现代儿童文学文论选》，广西人民出版社，1989年，第5页。

年)和《地底旅行》(1906年);周桂笙《新盦谐译初编》(包括《一千零一夜》《青蛙王子》《公主》等译自《伊索寓言》《格林童话》《豪夫童话》的外国民间童话,1903年)。不过,这些儿童文学是混杂在成人文学中被译介,而且有着明确的政治目的和教育目的:林纾在翻译法国作家沛那"鼓荡童子之心"的爱国题材小说《爱国二童子传》时说:"……存名实之衣冠礼乐,节义文章,其道均不足以强国。强国者何恃?曰:恃学,恃学生,恃学生之有志于国,尤恃学生人人之精实业。"①他在译作中已经认识到,"学生基也,国家堉也,学生先之为基,基已重固,堉何由颠?所愿人人各有国家二字载之脑中,则中兴尚或有冀"②。换句话说,他翻译爱国儿童形象的作品是为了"国家的中兴",是时代的需要。鲁迅在《〈月界旅行〉辨言》中强调的是科学小说"能于不知不觉间获得一斑之智识、破遗传之迷信,改良思想,补助文明"③的作用。在《新盦谐译》的《自序》中,周桂笙申述了他借翻译做桥梁输入西方文明以拯救祖国于贫弱的意愿:"朝廷既下变法之诏,国民尤切自强之望,而有志之士眷怀时局,深考其故,以为非求输入文明之术,断难变化固执之性,于是而翻西文、译东籍尚矣,日新月异,层出不穷,要皆觉世牖民之作,堪备开智启慧之助,洋洋乎盛矣哉!不可谓非翻译者之与有其功也。"④在"译书交通公会"宣言中,周氏还这样阐述他翻译的目的:"……吾国开化虽早闭塞已久,当今之世,苟非取人之长,何足补我之短!……欲利用其长,非广译其书不为功!"不难看出,和晚清大多数翻译家一样,翻译外国儿童文学作品的目的仍是为了救国。可见,中国社会的特殊性决定了翻译外国儿童文学作品的独特视角:即儿童的重要性表现为对国

---

① 《爱国二童子传》卷首"达旨"篇,见《晚清儿童文学钩沉》,少年儿童出版社,1982年,第168页。
② 同上。
③ 《鲁迅全集》第10卷,人民文学出版社,1981年,第151页。
④ 转引自胡从经:《晚清儿童文学钩沉》,少年儿童出版社,1982年。

家前途的忧思,翻译作品中的儿童形象自然是"拯国家于瓜分之厄",负民族纾难之重任的"未来的拯救者"。翻译家辛勤劳动时并没有意识到儿童有文学的心理需求,或者说有自己独特的审美观,而是定位于激励儿童"血气",是"为国家"而不是"为儿童"的翻译。

不过,外国儿童文学作品(有的也不能算严格意义上为儿童创作的作品,如《鲁滨逊漂流记》和《格列佛游记》等,只是被儿童喜爱而逐步被认定为儿童文学作品)被翻译时,虽然带有很强的政治目的,但儿童阅读时却有自己的兴趣关注点。郭沫若回忆小时候读林译小说时的感受说,"Lamb 的《Tales from Shakespeare》,林琴南译为《英国诗人吟边燕语》,也使我感受着无上的兴趣。它无形之间给了我很大的影响。后来我虽然也读过《Tempest》《Hamlet》《Romeo and Juliet》等莎氏的原作,但总觉得没有小时候所读的那种童话式的译述来得更亲切了"[①]。不过,这些儿童文学作品却很少被选入晚清的语文教材中。究其原因,有篇幅太长的缘故,更关键的还在于清末民初语文教育中的实用主义倾向。而本土儿童文学就诞生于对实用主义教育的反抗中。

晚清民初内忧外患的严峻形势,让知识分子阶层认识到教育需要培养经世致用的人才,而不是空谈"内圣外王"的学究,所以《奏定学堂章程》中的教育宗旨认为"尚公、尚武、尚实"是"中国民质之所最缺,而亟宜箴砭以图振起者"。这里的"尚实"就是学以致用,"人人有可农可工可商之才,斯下益民生,上裨国计"[②]。这种尚实的教育宗旨到了民国时期,就演变成为实利主义教育。1912年,蔡元培在出任教育总长时就曾说,中国的最大问题是"人民失业至多而国甚贫",因此,他把"实利主义"列为教育宗旨之一,"实利主义之教育,以人民生计为普通教育之中坚。其主张最力者,至以普通学术,悉寓于树艺、烹饪、裁缝及金、

---

① 郭沫若:《我的童年》,见《郭沫若选集》第1卷,四川人民出版社,1982年。
② 舒新城编:《中国近代教育史资料》(上),人民教育出版社,1961年,第197页。

木、土工之中"①。紧随其后,黄炎培也提倡"实用主义"教育。1913年,黄炎培发表《学校教育采用实用主义之商榷》一文,主张今后教育应以"实用"为旨归:"所谓德育者宜归于实践;所谓体育者,求便于运用;而所谓智育者,其初步一遵小学校令之规定,授以生活上所必需之普通知识技能而已。"②在"实利主义"思想的指引下,蔡元培还对各门学科进行了具体的规定,对于语文学科来说,"国语国文之形式,其依准文法者属于实利,而依准美词学者,属于美感。其内容则军国民主义当占百分之十,实利主义当占其四十,德育当占其二十,美育当占其二十五,而世界观则占其五"③。如果把美育算成文学教育的话,那么文学在语文教育中所占比例之低是显而易见的。黄炎培对语文教育更是提出了以下主张:"国文:读本材料,全取应用的。作文力戒以论人论事命题,多令作记事记物记言等体(记物,置实物于前为题,或令写实景),尤多作书函(正式书函、便启、通告书均备),或拟电报(书函兼授各种称谓及邮政章程。电报兼授电码翻译法、电报价目表等。旧时《宦乡要则》,今之《官商快览》,以及坊间印售之日记册,附载各种,实包有无数适于应用之好材料),习写各种契据式。书法注重行书。"④在杜威来华讲学后,实用主义教育的内涵发生了一些变化,但在教学实践中却达到高潮。

注重教育的实用性,是对传统语文教育"虚空而无实质内容"的反拨,而科举考试正是形成这一现象的根源,"吾国之旧教育以养成科名仕宦之材为目的。科名仕宦,必经考试,考试必有诗文,欲作诗文,必不可不识古字,读古书,记古代琐事。于是先之以《千字文》《神童诗》《龙文鞭影》《幼学须知》等书;进之以四书、五经;又次则学为八股文,

---

① 蔡元培:《对于教育方针之意见》,高平叔编:《蔡元培全集》第2卷,中华书局,1984年,第131页。
② 《教育杂志》第5卷第7号,1913年10月。
③ 蔡元培:《对于教育方针之意见》,高平叔编:《蔡元培全集》第2卷,中华书局,1984年。
④ 《教育杂志》第5卷第7号,1913年10月。

五言八韵诗；其他若自然现象，社会状况，虽为儿童所亟欲了解者，均不得阑入教科，以其于应试无关也"①。按此方式培养出来的人，虽能写出洋洋千言的八股文，却常常无法写出寻常的记事文和通顺家信，"现在学校中的生徒，往往有读书数年，能做'今夫''且夫'，或'天下者天下人之天下也'的滥调文章，而不能写通畅之家信，看普通之报纸杂志文章者"。因此，刘半农决定在北京大学预科进行应用文教授的实验时，其目的是"只求在短时间内使学生人人能看通人应看之书，及其职业上所必看之书；人人能作通人应作之文，及其职业上所必作之文"②。可以看出，"实利主义"既是教育界对"教育强国"的需要，又是平民对谋生的要求，本身是无可厚非的。但是，在这种上下一致的吁求中，语文学科的文学性却几乎被搁置，教材中大量的都是单纯的识字课，或者是关于自然、地理、气候、国家关系的内容，而且几乎都是介绍说明性的文字。例如，商务印书馆在晚清发行量最大的《最新国文教科书》，这套书的第一册没有课文标题，几乎都是生字和词语，略有句子的排列，也很难说它是文章，例如第二十九课："一年四季 曰春曰夏 曰秋曰冬 一月孟春 二月仲春 三月季春。"这种编排很难谈上趣味性，但符合老百姓对上学念书就是"认字"的一般想法。从第二册开始，课文有了标题，但除了像《孔融》《司马温公》《守株待兔》等历史故事和成语故事有情节外，其他多限于事物的一般介绍，如《笔》与《荷》：

  笔类不一，中国以毛为之，外国或以钢、或以铅，其用最广。今学堂，有粉笔，用于黑版，有石笔，用于石版，取其便也。

---

① 蔡元培：《新教育与旧教育之歧点》，引自高平叔编：《蔡元培教育文选》，人民教育出版社，1980年。
② 刘半农：《应用文之教授》，《新青年》第4卷第1期。

引泉成池，种荷其中。先后开花，或红或白。荷梗直立，高二三尺。叶上承水，流动如珠。根横泥中，其名曰藕。藕有节，中有孔，断之有丝。[原文无标点，为作者所加]

随着年级的增加，说明性文字亦更多，介绍的知识也愈复杂。高小第四册的课文分别是：《孔子》《希腊三哲》《辨志》《外交》《战争与和平》《蔺相如》《文字》《活版》《鲸》《捕鲸》《秦始皇》《汉高祖》《汉武帝》《郑和》《通商》《物价》《日光七色》《奈端》《海市蜃楼》《龙门》《黄山》《登高之病》《班超》《勇少年》《广濑武夫》《体育》《人满》《立业》《善动善游》《勤惰》《童子恤狗》《火之功用》《火柴》《侯失勒维廉》《格白的》《自力》《说剑》《珊瑚岛》《两极界》《狮》《驯狮》《西门豹》《相术》《论葬》，可以看出，大部分课文都是介绍各种知识。编者在介绍知识的同时，往往还加上自己的一番议论，如第一课《孔子》：

世界最大之宗教三，曰佛曰回曰耶。佛教盛行于日本，回教盛行于土耳其，耶教盛行于欧美。我国人民，虽难奉三教，但人人尊崇孔子。即至乡僻之妇孺，无有不知孔子者。孔子盖我国之大圣人也。

孔子之行教也，以仁义道德为本，治国平天下为用。其宗旨与各教不同，宗教家以未来祸福范围一世之人心，故有轮回之说，有天堂地狱之说。而孔子则不语怪、不语神，此其异一也。宗教家排斥外道，耶言一神，佛言不二法门，至回教且以兵力诛灭异己。而孔子则问礼老聃，问官郯子，未尝以异端狄夷而拒绝之，此其异又一也。

我国至汉代以来，历代帝王无不尊祀孔子。内而京师，外而孔府县，皆建立孔庙。其曲阜之陵庙，则置吏守护，历久不废。今者朝廷复升孔子为大祀,各学堂中亦以岁时展谒。其所以若是者,非藉礼拜祈祷,以求福利。实以孔子之圣,足为万世师表故耳。凡我青年之士,苟人人服膺孔子之言行,身体而力行之,则孔道其大光矣。[原文无标点,为作者所加]

编者在编这套书时,在"编辑大意"中,曾反复申明考虑了儿童的接受能力,"夫聚七八岁未经受教之儿童,脑力薄弱,思想简单,忽授以与言语毫不相涉之文字,其困苦万状,殆不可以笔墨尽"。因此,在编写的时候处处照顾到儿童的学习兴趣,"本编虽纯用文言,而语意必极浅明,且皆儿童之所习知者"。的确,课文在文字上浅白得多,但内容上却很少考虑到儿童对文学的需要,而灌输以大量的实在知识。而儿童面对类似讨论三大宗教的课文,即使文字再浅显,恐怕也很难提起阅读兴趣。民国建立以后,只是去掉了类似《大清帝国赞》这样与新思想和新政体不吻合的课文,整个编写思想并没有改变。例如,中华书局的"开门"之作——《新制中华国文教科书》,在"编辑大意"中言明"本书材料亦力求切于实用,其分类如下":

甲、修身 选用古人事实可以取择及日常事件合于道德者,与修身科联络而不重复。

乙、历史 选用代表各时代之人物及国民必知之大事。尤注重近世史。

丙、地理 自街市乡村推及本国之都会、山川、要塞并及世界地理之大略,地面自然之现象。

丁、理科 以天然物及自然现象直接关于人之生活者为主,并及简单器械与生理卫生之大略。

戊、实业 如农工商之大要,吾国之特产,经济之势力,世界实业之趋势等，务养成儿童实业知识，以立谋生之基础，并使具乐用国货之观念。

己、人事　如居家处事之道，及袪迷信、矫弊俗等事，皆述其当然之理。

庚、游戏　举儿童在家庭在学校之普通游戏，述以明浅之文，以鼓儿童之兴趣。

辛、国民知识　举凡关于法律、政治、经济、军事、国防等要义，俱一一述其概要，以养成国民之常识。

壬、世界知识　凡世界有名之事实、著名之胜迹，亦略述其概，以扩学生之世界观念。

癸、国耻　凡丧师、辱国、割地、赔款之事，撮要胪举，以励卧薪尝胆之志，振雪耻图强之心。

洋洋十大类，各方面知识都考虑到了，唯独文学被搁置一边，这一现象非常有意味：一方面可以看出，新式教育非常强调知识的实用性，显得有些矫枉过正；另一方面，教科书编者根本没有意识到儿童有文学上的需要，也没有关于"儿童文学"这一文学样式的概念，自然也就谈不上有意识的创作。因此，有了"儿童的发现"并必然导致"儿童文学的发现"，这中间关键问题还是"儿童"作为"什么"被发现，当儿童作为"救亡保种"的人群被"发现"时，很难产生现代意义上的儿童文学，所以归根结底还是"儿童观"的问题，有了相应的儿童观，才有儿童文学观。①而本土儿童文学的兴起，在晚清民初首先来自对实用主义语文教育的不满。

1909年，孙毓修编辑中国第一套儿童文学丛书《童话》，在阐述编辑

---

① 关于"儿童观"的详细论述，参见王泉根：《儿童文学的审美指令》，湖北少年儿童出版社，1991年，第79—97页。

意图时，首先指出的就是坊间教科书与儿童兴趣的不合，"吾国旧俗，以为世故人事，非儿童所急，当俟诸成人之后，学堂听课，专主识字。自新教育兴，此弊稍稍衰歇，而盛作教科书，以应学校之需。顾教科书之体，宜作庄语，谐语则不典；宜作文言，俚语则不雅。典与雅，非儿童之所喜也"。这里的"庄语"并非单指语言，还指教科书的内容过于庄重，而儿童的兴趣在于"爱听故事，自天然而然"，欧美人"推本"儿童心理所作"儿童小说"，"感人之速，行世之远，反倍于教科书"，因此"乃刺取旧事，与欧美诸国之所流行者，成童话若干篇"，"意欲假此以为群学之先导，后生之良友"①。可见，孙毓修已经认识到了儿童心理同儿童文学的关系，而教科书自身的这一缺陷又是很不容易弥补的，因此孙毓修把"童话"列为校外读物。在介绍《童话》的广告中，这样说道，"然则欲教育进步，民德高尚，不能不有待于校外读物矣。孙氏此书，为我国校外读物之嚆矢"②。事实证明孙氏的这一做法成功了，他编辑的《童话》丛书共77册，受到儿童的普遍欢迎。赵景深说孙毓修编辑的《童话》"差不多好几万小孩读过"③，其中第一集第一编《无猫国》发行达几十万册。冰心曾回忆说，"在我10岁左右，我的舅舅从上海买到的几本小书，如《无猫国》《大拇指》等，其中我尤其喜欢《大拇指》"。张天翼在《我的幼年时代》中也提到第一次在学校体育比赛中拿到的奖品就是《无猫国》和《大拇指》，这两本书影响了他日后走上童话创作的道路。在稍后创办的综合性月刊《少年杂志》中，孙毓修也在"缘起"中谈到创刊的目的是"为教育之辅助"，内容以配合"小学校所教各科课程

---

① 《〈童话〉序》，原载《教育杂志》第1卷第2期，转引自王泉根评选：《中国现代儿童文学文论选》，广西人民出版社，1989年，第17—18页。
② 《清末的三种儿童少年书刊》，原载《教育杂志》创刊号，1909年，转引自王泉根评选：《中国现代儿童文学文论选》，广西人民出版社，1989年，第716页。
③ 参见赵景深：《孙毓修童话的来源》，赵景深、周作人关于童话的讨论，见王泉根评选：《中国现代儿童文学文论选》，广西人民出版社，1989年。

为标准"。这样的宣告当然也可以看成是出版商的营销广告,但由其受欢迎的程度也可以看出,《童话》和《少年杂志》的确起到了"补教科之不足"的作用。

同样,周作人对儿童文学的关注也是从教育开始的,他的童话研究和儿歌研究虽然是以人类学、民俗学为理论背景,但出发点和结论却是落脚到教育上的。周作人《童话略论》中开篇即说,"儿童教育与童话之关系,近已少有人论及,顾不揣其本而齐其末,鲜有不误者"。在经过一番论述后,他在"结论"部分说,"上来所述,已略明童话之性质,及应用与儿童教育之要点,今总括之,则治教育童话,一当证诸民俗学,否则不成为童话,二当证诸儿童学,否则不合于教育,且欲治教育童话者,不可不自纯粹童话入手,次所以于起源及解释不可不三致意,以求其初步不误者也"[①]。在《儿歌之研究》的篇末,周作人也阐明自己的写作目的,"今人多言幼稚教育,但徒有空言,而无实际,幼稚教育之资料,亦尚缺然,坊间所为儿歌童话,有荒谬不可用。故略论儿歌之性质,为研究教育者之一助焉"[②]。事实上,《童话略论》(1913年)和《童话研究》(1913年)的发表,虽说是《中华教育界》杂志退稿和乃兄鲁迅推荐的结果,但刊登在北洋政府教育部主办的《教育部编纂处月刊》上,本身就说明教育界对儿童文学的逐渐重视。直到1920年10月,周作人在孔德学校演讲《儿童的文学》时,仍是从小学语文教育上立论:

> 今天所讲的儿童的文学,换一句话便是"小学校里的文学"。美国的斯喀特尔(H.E.Scudder)、麦克林托克(P.L.Maclintock)诸人都有这样名称的书,说明文学在小学教育上的价值,他们以为儿童应该读文学的作品,不可单读那些商人杜撰

[①] 周作人:《周作人自编文集·儿童文学小论》,河北教育出版社,2002年,第4—11页。
[②] 周作人:《周作人自编文集·儿童文学小论》,河北教育出版社,2002年,第36页。

的读本。读了读本,虽然说是识字了,却不能读书,因为没有读书的趣味。

所谓"商人杜撰的读本",正是指各种语文教科书,以往关于周作人与儿童文学的研究对此点颇有忽视,因此常常误解周作人下面的话,"以前的人对于儿童多不能正当理解,不是将他当作缩小的成人,拿'圣经贤传'尽量的灌下去,便将他看作不完全的小人,说小孩懂得甚么,一笔抹杀,不去理他",认为这是周作人对封建儿童教育的批判。实际上,周作人此处批评的重点其实不是业已式微的封建儿童教育,而恰好是把"儿童"作为救国力量的新式教育。因为周作人接下来还说,"教育家"们在"诗歌里鼓吹合群,在故事里提倡爱国,专为将来设想,不顾现在儿童生活的需要的办法","以前所说多偏重'儿童的',但关于'文学的'这一层,也不可将它看轻;因为儿童所需要的是文学,并不是商人杜撰的各种文章,所以选用的时候还应当注重文学的价值"[1]。出于对教育中的实用主义和枯燥无味的语文教科书的厌恶,周作人以后又曾多次撰文批判:在《儿童的书》里,周作人先引用了美国斯喀特尔在《学校里的儿童文学》中的一段话,然后说,"凡被强迫念那书贾所编的教科书的儿童,大都免不掉这个不幸,但外国究竟要比中国较好,因为他们还有给儿童的书,中国则一点没有,即使儿童要读也找不到","向来中国教育重在所谓经济,后来又中了实用主义的毒,对儿童讲一句话,眨一眨眼,都非含有意义不可,到了现在这种势力依然存在,有许多人还把儿童故事当作法句譬喻看待"[2]。在《妇女运动与常识》和《阿丽思漫游奇境记》两篇文章中,他又说:

---

[1] 周作人:《儿童的文学》,《周作人自编文集·儿童文学小论》,河北教育出版社,2002年,第37—45页。
[2] 周作人:《儿童的书》,《周作人自编文集·儿童文学小论》,河北教育出版社,2002年,第57页。

> 平常说起常识,总以为就是所谓实用主义的教育家所提倡的那些东西,如写契据或看假洋钱之类,若是关于女子的那一定是做蛋糕和绣眼镜袋了。我的意思却是截不相同的。①

> 我们不要误会,这只有顽固塾师及道学家才如此,其实那些不懂感情教育的价值而专讲实用的教育家所种的恶因也并不小……②

周作人在文中提到的"实用主义的教育家所提倡的那些东西",在清末民初的新式语文教材中屡见不鲜,如1920年商务印书馆《新教育教科书国语读本》第六册,就是通过《银元说话》来讲述金融知识,包括识别假钱。而1911年商务印书馆出版的《女子国文教科书》中,更有许多女红的介绍。在第八册最后所附白话"演说稿"中,甚至还有这样"有趣"的内容:

> ……但是我还有几句话要告诉诸生,我们中国从前的女子虽然没有进学校,天天在家里帮着娘做针线,弄饭菜,却不失女孩子的本分。不过没有进学校,智识总觉有限,现在的女学生知识自然比他们好点,却是有一种毛病,自己看得太高,什么针线饭菜等事情都不肯去干,诸生要晓得家里的事情是要女子做的,就是东洋西洋,无论哪一个顶文明的国,他们教女子的方法都是要能够料理家事的。

---

① 周作人:《妇女运动与常识》,参见高瑞泉编选:《理性与人道——周作人文选》,上海远东出版社,1994年。
② 周作人:《阿丽思漫游奇境记》,参见王泉根评选:《中国现代儿童文学文论选》,广西人民出版社,1989年。

这里虽是易懂的白话文，但充满训诫的语气，很难为儿童所接受，而且是如此直接的性别角色的"塑造"，也可视为思想上的实用主义。同样，郑振铎在创办《儿童世界》时，也在序言中表达了对实用主义教育的不满：

> 以前的儿童教育是注入式的教育，只要把种种的死知识、死教训装入他头脑里，就以为满足了。现在我们虽知道以前的不对，虽也想尽力去启发儿童的兴趣，然而小学校里的教育，仍旧不能十分吸引儿童的兴趣，而且这种教育，仍旧是被动的，不是自动的，刻板庄严的教科书，就是儿童的唯一的读物。教师教一课，他们就读一课。儿童自动的读物，实在极少。
> 我们出版这个《儿童世界》，宗旨就在于弥补这个缺憾。①

在反拨实用主义教育的过程中，儿童观发生了从群体转向个体、从儿童的社会学意义转向儿童对文学的需求上。有了上述的理论铺垫，中国现代儿童文学的诞生就呼之欲出了，而这一任务是由叶圣陶来完成的。

叶圣陶早期的儿童文学创作除了受外国童话特别是安徒生童话的影响外，与语文教学改革也有很大关系。叶圣陶很早就开始把外国儿童文学引入教学中，用故事激发学生的兴趣，这在他早年的教学日记中有具体记载：

> 1912年6月10日记　第二课修身，讲"独立性质"，为述鲁滨逊绝岛漂流事，诸生聆之笑口咸开。闻所未闻，趣味弥永，固普通之心理，而于儿童尤为加甚，……

---

① 郑振铎：《〈儿童世界〉宣言》，原载于《时事新报·学灯》（1921年12月28日），参见王泉根评选：《中国现代儿童文学文论选》，广西人民出版社，1989年，第65页。

> 1914年1月8日记　晨课修身，为述野事一则，小儿女同遇沉舟之难，而儿则救女而没己。其事见于某小说家之著作，情趣斐然，可生爱意慈心。①

1917年，叶圣陶应中学同学吴宾如邀请，到甪直任吴县县立第五高等小学国文教员，同事中还有同学王伯祥。他们志同道合，认为改革社会必须从培养孩子做起，于是在"五高"试验教学改革，自己编写教材，改进教学方法，全面培养孩子们的品德和智力。在此期间，叶圣陶注意到了学生对儿童文学的需要，他通过自己在国文课上的教学实践，认为"儿童心里无不有一种浓厚的感情燃烧似的倾露。他们对于文艺、文艺的灵魂——感情——极热望地要求，情愿相与融合混合为一体"。他此时看重的是儿童文艺（或儿童文学）的感情熏陶功能，"儿童所酷嗜的文艺品中苟含有更进步的思想，更妙美的情绪，他们于不知不觉之间受其熏染，已植立了超过他们父母的根基"。因此，叶圣陶呼吁，"为最可宝爱的后来者着想，为将来的世界着想，赶紧创作适于儿童的文艺品"②，"又愿当世的教育家不要给儿童设障碍物，愿你们为他们的引导者，于教授方面选材方面力求改革，导他们向艺术之路"③。1921年冬，叶圣陶和朱自清任教于浙江第一师范学校。此时，商务印书馆创刊《儿童世界》，由郑振铎任主编。在郑的鼓励下，叶圣陶在这一年的11月15日写了第一篇童话《小白船》，到1922年6月7日写《稻草人》止，在七个月里共写了二十三篇童话，陆续在《儿童世界》周刊上发表。可见，叶圣陶创作儿童文学最内核的原因，还是因为"我是个小学教员，对这种适宜儿童阅读的

---

① 引自商金林：《叶圣陶传论》，安徽教育出版社，1995年，第87页。
② 叶圣陶：《文艺谈·七》，发表于《晨报副刊》（1921年3月12日），参见王泉根评选：《中国现代儿童文学文论选》，广西人民出版社，1989年，第49—50页。
③ 叶圣陶：《文艺谈·十》，发表于《晨报副刊》（1921年4月4日），引自韦商编：《叶圣陶和儿童文学》，少年儿童出版社，1990年。

文学形式当然会注意，于是有了自己来试一试的想头"①。而二十世纪二十年代《稻草人》的出版，标志着中国现代儿童文学的诞生。

现代儿童文学的诞生同国语教育运动也有不可分割的联系。国语运动在追求"言文一致"的目标时，小学生是其中最重的"砝码"，因为改革者可以儿童的接受心理为由，要求政府推行注音符号，或推行白话文，但是，由于涉及国家教育体制的变革，再加上各种政治力量的角力和人事纠葛，一时很难得到改变。因此，大量适合儿童阅读的作品还是存在于课外的各种刊物中。

晚清引进的外国儿童文学大都是用文言翻译，这丝毫不奇怪，因为译者的本意就不是"为儿童"而翻译的，不过偶尔也能发现白话文，而且比教材中的白话文更为自然舒展。1903年1月出版的《湖南教育》杂志，刊登了法国作家都德的儿童小说名篇《最后一课》，采用的就是白话，如第一段：

> 今天早晨，我要上学读书去，但时候已很迟了，我先生一定要骂我何以不早来，迟延到这时候，所以心里很怕的。况且昨天汉麦先生说过，今天他要试验我们所学疏状字的文法。现在差不多我一个字都不记得了。我想到这个处所，格外的心怕。我想还是逃学去玩一天，免得受先生骂，岂不好吗。你看今天的天气，如此的清明温暖。那边竹篱上两个小鸟儿啾啾的叫。野外的草地上，普鲁士的兵士，正在用心的操演。我看了几乎把我所学的疏状字的文法，都丢在脑后了。幸亏我胆子还小，怕了我先生骂我，怕了我的父母打我，不敢真的逃学，不如赶急跑上学去，还好一点呢。

---

① 叶圣陶：《我和儿童文学》，选自韦商编：《叶圣陶与儿童文学》，少年儿童出版社，1990年，"代序"，第1页。

简洁明畅的白话文和现在的译文也相差无几，译者在"解题"时说，此作"言虽鄙俚，含有精意"，又在"译者后记"中说，"是篇佳处，在设想之奇，出语之妙"。译者从原作的特点来考虑译文的语言，所以用生动的白话文来传达原文之妙。有趣的是，《中华小说界》第2卷第5期也刊登过文言翻译的《最后一课》，当时署名为《小子志之》，但译者的目的是用此文唤起儿童的爱国心："回首故国，荆棘铜驼，瓜分之危，为奴之惨，近在眉睫，社会腐败，已达极度，欲施针砭，着手无从，尚有一线之希望者，惟吾辈少年同胞之兴起耳。"可见由于翻译的目的不同，同一原作选择的译文的语言方式也会截然不同。

语言方式的选择不仅仅是工具的选择，更是内在精神世界的选择。从根本上讲，儿童文学这一适应儿童阅读心理的文学形式，是排斥文言系统的。用文言来创作或翻译的儿童文学，都常有"不逮"之处，无法深入儿童审美世界。周作人最早发现了文言与儿童心理是不相容的，他曾通过对安徒生童话《火绒箧》两种译本的比较，来说明文言文是不能充分体现儿童文学的特点：

又如《火绒箧》也是Brandes所佩服的——

一个兵顺着大路走来——一，二！一，二！他背上有个背包，腰边有把腰刀；他从前出征，现在要回家去了。他在路上，遇见一国老巫；她很是丑恶，她的下唇一直挂到胸前。她说，"兵阿，晚上好！你有真好刀，真大背包！你真是个好兵！你现在可来拿钱，随你要多少。"

再看《十之九》中，这一节的译文——

一退伍之兵。在大道上经过。步法整齐。背负行李。腰挂短刀。战事已息。资遣归笈。于道侧邂逅一老巫。面目可怖。未易形容。下唇既厚且长。直拖至颊下。见兵至。乃诱之曰。汝真英武。汝之金何其利。汝之行李何其重。吾授汝一诀。可以立地化为富豪。取携甚便。……

误译与否，是别一问题，姑且不论；但 Brandes 所最佩服，最合儿童心理的"一二一二"，却不见了。把小儿的言语，变了大家的古文，Andersen 的特色就"不幸"因此完全抹杀。①

看似啰唆的"一二一二"，却是文言文和白话文的区别，也是儿童文学与成人文学的区别，就如同民间童话中重复的"三段式"，不能嫌其重复而合并成一段。当年古文家们批评白话文的"不经济"，有时恰好是儿童文学所需要的重复，它反而符合儿童的阅读心理。现代儿童文学的诞生与现代汉语的建立有很大关系，因为儿童文学要表现的是儿童的心灵世界，而文言系统却是和儿童的心灵世界相隔绝的。晚清民初持续推动的国语教育运动，为处于萌芽期的儿童文学使用白话文做了很好的铺垫。中国第一套儿童读物《童话》丛书，在宣传广告中即宣布"纯用白话最便阅者"，表明了对文言形式的舍弃。该套书的第一本《无猫国》虽是改编自国外的《泰西五十轶事》，采用的却是边叙边议的白话形式。书的开头是："从前有一座古寺，傍在大河北岸，那河的南岸，有个高台，问起此台的名字，却也奇怪，人人都称它做鼠台。我今先把鼠台的故事说明，作为引子，再讲那无猫国的奇闻。"茅盾在帮助孙毓修改编后续的《童话》时，采用的同样是白话，例如《海斯交运》的结尾：

---

① 周作人：《安得森的〈十之九〉》，原载《新青年》第5卷第3期。

>   海斯这段故事,编书人讲完了。编书人却有几分感触,不晓得看官们有否,姑且说来与诸位一听:第一,编书人不怪海斯愚笨,只怪他贪心不足,见异思迁。第二,天下的事,终没有十全十美的。只要自己有见识的,有耐心,无事不可做到。这两层意思,不知看官们以为怎样?

不过,这段白话没有忠实于原文,为译者所加,而且刻意模仿旧说书人的腔调,也让人颇觉不适应。到了二十世纪二十年代,随着国语运动的推进,儿童文学的语言也洗去了陈腐的方巾气,显得更加雅洁,叶圣陶创作的第一篇童话《小白船》是这样开头的:

>   一条小溪是各种可爱东西的家。小红花站在那儿,只顾微笑,有时还跳起好看的舞来。绿色的草上缀着露珠,好像仙人的衣服,耀得人眼花。水面上铺着青色的萍叶,矗起一朵朵黄色的萍花,好像热带地方的睡莲——可以说是小人国里的睡莲。小鱼儿成群地来来往往,细得像绣花针,只有两颗大眼珠闪闪发光。青蛙老瞪着眼睛,不知守在那儿干什么,也许在等待他的好朋友。

茅盾、叶圣陶两人同为文学大师,也是语言大师,但在儿童文学作品的语言上却有如此大的差距,恐怕最主要的原因还在于经过了五四运动后,儿童文学界对白话文认识的逐渐深入。国语教育运动不仅培养了欣赏儿童文学的读者,而且还培养了能用优美白话文创作儿童文学的作者。因此,作为清末民初语文改革一部分的国语教育运动,对中国现代儿童文学的诞生起到了推动作用。

第二章 现代文学在语文教育中的初步确立

新文学革命的特点是先有理论的倡导,后有创作实践。以一种新的书面语言创作的文学,去和有上千年丰厚积累的"旧"文学相比,显得非常孱弱。因此,新文学要取得胜利,就不能光靠文学实绩的比拼,它更需要教育界的继续"赞助",借助强大的教育之力在国民中,尤其是在学生中"养成信仰新文学的国民心理"(胡适语),为新文学争取更大的"地盘"。因此,起于民间知识分子呐喊的新文学运动,最终依靠自身的"制度化",取得了对文言文的最终胜利。现代文学在语文教育中确立的过程,就是现代文学不断扩大战果、取得"正宗"文学地位的过程。

第一节 "双潮合流":国语的文学与文学的国语

1917年,胡适的《文学改良刍议》发表,提出"白话文学"为"中国文学之正宗"的主张。随后有陈独秀的《文学革命论》、刘半农的《我之文学改良观》等文章跟进。现代文学这时还限于理论上的倡导,除了和林纾等人有一些论战外,新文学在社会上似乎并没有引起很大的注意,以致钱玄同和刘半农不得不演出一场"双簧戏",来博得知识界的关注。①在创作上,由于"言文一致"的倡导已经深入人心,都认识到要用白话文来表情达意,但具体写作时又往往不知怎样才是"规范"的表达。

另外,国语教育运动中也存在不知向哪个方向前行的问题。国语运动者都在撰文"请教育长官毅然下令改国文科为国语科"②,但究竟何为国语,谁也说不清楚。1917年1月,国语研究会召开第一次大会,选举蔡元培为会长,公布了《中华民国国语研究会暂定章程》,并附"征求会员书",其中说道:

> 同一领土之语言皆国语也。然有无量数之国语较之统一之国语孰便,则必曰统一为便;鄙俗不堪书写之语言,较之明白近文,字字可写之语言孰便,则必曰近文可写者为便。然则语言之必须统一,统一则必须近文,断然无疑矣。③

这份文件值得注意的是,里面提到了"国语"需要"近文"。也就是说,必须以某种书写语言作为基础,否则根本无从"统一"。这与晚清白话文运动的思路已经有了根本不同,晚清白话文目的是让"贩夫走卒"也能看懂文章,一般来说多是采用尽可能接近口语的白话语体,因此清末民初纷纷创办的白话报刊多限于本地,越过省界便不能阅读。此时提出国语"近文"的要求,是要用书写语言规范口头语言。不过问题在于,"国语"的范本从何而来?应当如何用汉字去书写已确定的"国音"?这些都是问题,因为近代以来的社会转型,口语表达已经发生了很大的变化,而当时

---

① 以前的现代文学研究常常从1917年迅速滑到1919年五四运动前,对这两年内的关注相对较少。我以为这两年是新文学由观念提出到创作实践至为关键的两年,而国语教育运动在其中起了相当大的作用。
② 黎锦熙:《国语运动史纲》上卷,商务印书馆,1934年,第66页。
③ 《中华民国国语研究会暂定章程》,见《新青年》第3卷第1号,1917年3月。

正式的书写语言都是文言,尽管已经是浅明易懂的文言,但仍然是旧文言的"浅化",同口头语无关。因此,就是国语研究会的会员写文章鼓吹国语教育,用的仍是"之乎者也"的古文,这是颇具讽刺意味的。

两个运动似乎都陷入无法突破的困境中,这时谁也没有意识到这两个运动有联合的可能。究其根本原因,在于民间和官方之分。文学革命是民间知识分子的摇旗呐喊,是和禁锢思想的旧文化唱反调,在民初相对宽松的舆论环境下,不存在要谁批准的问题;而国语研究会则属于官方,它一直是从属于教育部的一个机构,总是希望"凭藉最高教育行政机关的权力"来推行某种业已定好的方案。

实际上,这两个运动完全存在联合的可能,一方面国语运动和文学革命都有"言文一致"的要求,另一方面国语的推行需要新文学提供范本,而文学革命若能取得制度化的保障,推进起来当更有"势力"。此时还在美国的胡适,发表《文学改良刍议》后,虽有不少支持的声音,但攻击反对声似乎更多。当他知道国内"国语研究会"的存在后,非常高兴,"知国中明达之士皆知文言之当废而白话之不可免,此真足令海外羁人喜极欲为发起诸公起舞者也"[①]。胡适不但找到了精神上另一个领域的支持者,还隐约意识到了这两个运动联合的可能性,于是他寄了一张白话写的明信片,要求加入国语研究会。白话明信片对已经在试验白话诗的胡适来说,似乎是天经地义的事,但在国语研究会内部却引起轩然大波,因为这是他们收到的第一封白话信,对平常虽提倡白话、自己却用文言写作的国语研究会会员们,"自从有了这一个明信片的暗示,我们才觉得提倡言文一致非'以身作则'不可。于是在京会员中,五六十岁的老头儿和二三十岁的青年,才立志用功练习作白话文,从唐宋禅宗和宋明儒家的语录、明清各大家的白话长篇小说,以及近年来各种通俗讲演稿和白话文告之中搜求"[②]。这看起

---

① 胡适致陈独秀,《新青年》第3卷第4号,1917年6月。
② 黎锦熙:《国语运动史纲》上卷,商务印书馆,1934年,第68—69页。

来是书写方式的转变,但实际上却意味着国语运动者思想的重大转变,因为它从本质上和以前的国语运动区别开来。以前的国语运动,不管是切音运动、简字运动还是白话文运动,其目的是使人们能尽快地掌握一种语言工具,而作为提倡者的知识阶层,本身是不屑于用这些工具的,文言仍是他们保持社会精英地位的象征,用胡适的话说,就是"把社会分成两个阶级,一种是愚妇顽童稚子,其他一种是智识阶级,如文人学士,绅士官吏。作白话文是为他们——愚夫愚妇,顽童稚子——可以看而作,至于智识阶级者,仍旧去作古文"①。而现在国语运动者肯俯身下来研习白话文,本身就说明了他们态度的转变。有趣的是,他们模仿的文本正是几年后胡适在《白话文学史》中提到的那些古代白话作品。

在国语运动会内部,关于"国语"怎样才能"近文"的研究也在进行中,钱玄同认为应从"应用之文"开始。1917年7月的《新青年》3卷5号,发表了钱玄同给陈独秀的"通信",后来收入《中国新文学大系·建设理论集》时,被加上《论应用文亟宜改良》的标题,钱玄同这封信共有"改革之大纲十三事",涉及行文应用普通常用字、规范字义、制"语典"、简化称谓、禁用典、注音字母、标点符号、印刷字体、改用横排等等问题,包括了应用文的方方面面。但其中最重要的是第一条:"以国语为之。"②在此文中,钱玄同还提出"凡两等小学教科书,及通俗书报、杂志、新闻纸,均旁注'注音字母',仿日本文旁注'假名'之例"③。这是《新青年》同人第一次专门讨论文学以外的书写语言的改革问题,可以看作是"文学革命"的拓展,这也表明国语运动和文学革命至少有了合流的基础——本来新文学就离不开文学工具和文学精神、文学思潮两个层次。不过,新文学自身的缺陷也被国语运动者看得很清楚,例如,《新青年》同人仍是用文言

---

① 胡适:《新文学运动之意义》,姜义华主编:《胡适学术文集·新文学运动》,中华书局,1993年,第170页。
② 钱玄同致陈独秀,《新青年》第3卷第5号,1917年7月。
③ 同上。

在提倡白话，而"讲到文艺的创作，只有胡适的白话诗和白话词，然而还是因袭旧诗的五七言和词牌"①。钱玄同的文章受到了陈独秀的鼓励，于是他马上就要求《新青年》也要"以身作则"来推行白话文：

> 我们既然绝对主张用白话体做文章，则自己在"新青年"里面做的，便应该渐渐的改用白话。我从这次通信起，以后或撰文，或通信，一概用白话，就和适之先生做"尝试集"一样的意思。……
>
> 有人说，现在"标准国语"还没有定出来，你们用不三不四半文半俗的白话做文章似乎不很大好。我说：朋友！你这话讲错了。试问"标准国语"，请谁来定？难道我们便没有这个责任吗？……则这个"标准国语"，一定是要有我们提倡白话的人实地研究"尝试"，才能制定。我们正好借这《新青年》杂志来做白话文章的试验场。②

钱玄同这里提出的用白话文的写作来推行"标准国语"的想法，和胡适后来在《建设的文学革命论》中提出的看法很相似，不同之处是钱玄同这时所指的文章还是指"通信"等应用文，而胡适却是要把白话文提到"文学"层面，即用白话来创作"美术文"。

从1918年起，《新青年》基本上全用白话，较高的发行量也说明它得到了社会特别是青年的认可。此时，胡适已经回到国内，被当时国语研究会会长蔡元培介绍到国语统一会。胡适发现，这时候国语研究会的诸君正在为一个问题苦恼，"这苦恼便是中国缺少一个标准白话。他们希望能有个在学校教学和文学写作都可适用的标准白话——他们叫它做'标

---

① 黎锦熙：《国语运动史纲》，商务印书馆，1934年，第68—69页。
② 钱玄同致陈独秀，《新青年》第3卷第6号，1917年8月1日。

准国语'"①。而胡适在回国前，集中思考的就是"国语"与"文学"的关系问题，他借镜的是文艺复兴时期意大利和法国的国语文学，在1917年6月19日阅读完Edith Sichel的《再生时代》（*Renaissance*）一书后，他联想到国内的文学革命，在日记中记道，"'俗语'之入文学，自但丁始""法国国语文学之发生，其历史颇同意大利文学"，但是，"吾国之俗语文学，其发生久矣。自宋代之语录，元代之小说，至于今日，且千年矣。而白话犹未成为国语。岂不以其无人为之明白主张，无人为国语辩护，故虽有有价值的著述，不能敌顽固之古文家之潜势力，终不能使白话成为国语也"②。这些思考再加上回国后亲历其境，使胡适意识到国语运动和文学革命两个运动存在着很大的一致性，于是他向这些国语运动的"老学者"进言说：

> 要有"标准国语"，必须先有用这种语言所写的第一流文学。所谓字典标准是不可能存在的。没有人会去先查国语字典，然后才去动笔写作——去写故事、小说、催眠曲或情歌。标准原是一些不朽的小说所订立的；现在和将来也还要这些伟大作品来加以肯定。
>
> ……我们不可能先有"标准"然后才有"国语"；相反的是先有"国语（白话）文学"，其后才会产生"标准国语"的。③

可以看出，胡适实际上是承继了钱玄同的观点，而且明确了"国语文学"是产生"标准国语"的前提。随后，胡适在1918年春季发表《建设的文学革命论》一文，副标题就是"国语的文学——文学的国语"，进一步阐明了自己的看法："我们所提倡的文学革命，只要替中国创造一种国

---

① 《胡适口述自传》，安徽教育出版社，1999年，第188页。
② 《胡适全集》第28卷，安徽教育出版社，2003年，第573—574页。
③ 《胡适口述自传》，安徽教育出版社，1999年，第188—189页。

语的文学。有了国语的文学，方才可有文学的国语。有了文学的国语，我们的国语才可算得上真正的国语。"他认为"国语不是单靠几位言语学的专门家就能造得成的；也不是单先靠几本国语教科书和几部国音字典就能造得成的。若要造国语，先须造国语的文学"，"所以国语教科书和国语字典，虽是很要紧，决不是造国语的利器。真正有功效有势力的国语教科书，便是国语的文学"，"国语的小说、诗文、戏本通行之日，便是中国国语成立之时"。因此，新文学的作者大可不必为缺乏国语的标准发愁：

> 所以我认为我们提倡新文学的人，尽可不必问今日中国有无标准国语。我们尽可努力做白话的文学。我们可尽量采用《水浒》《西游记》《儒林外史》《红楼梦》的白话；有不合今日用的，便不用他；有不够用的，便用今日的白话来补助；有不得不用文言的，便用文言来补助。这样做去，决不愁语言文字不够用，也决不愁没有标准白话。中国将来的新文学用的白话，就是将来中国的标准国语，造中国将来白话文学的人，就是制定标准国语的人。①

胡适在文中还详细探讨了白话文学创作的工具和方法。工具就是多读模范的白话文学和作各种体裁的白话文，既然白话是文学的利器，有志于创造新文学的人，就都该发誓不用文言作文。方法包括收集材料和结构、描写等，他特别指出要赶紧多"翻译西洋的文学名著做我们的模范"，然后才谈得到创造新文学。

胡适的见解为国语的创立找到了唯一正确的道路，也解决了新文学的创作工具问题，使得文学革命和国语运动两大运动颇有"柳暗花明"之感。如现在通行的现代汉语教材都陈述说，现代汉语是"以典范的现

---

① 胡适：《建设的文学革命论》，《胡适全集》第3卷，安徽教育出版社，2003年，第57页。

代白话文著作为语法规范",即证明了胡适当年提出"国语的文学,文学的国语"的正确性,它从根本上解决了标准国语来源的困惑,使其从少数学者的狭小圈子一下子扩大到所有人民大众。胡适后来说:"我们当时抬出'国语的文学,文学的国语'的作战口号,做到了两件事:一是把当日那半死不活的国语运动救活了;一是把'白话文学'正名为'国语文学',也减少了一般人对'俗语''俚语'的厌恶轻视的成见。"①在胡适提出"国语的文学,文学的国语"的观点后,也得到了新文学阵营同人的支持,钱玄同曾说,"原来这国语既然不是天生的,要靠人力来制造,那就该旁搜博取,拣适用的尽量采用。文学里用得多了,这几句话便成了一句有价值有势力的国语了"②。

　　胡适的这一提法也加快了新文学创作的步伐。在次年发生的五四运动中,借助政治运动,新文学取得了长足进步,各种语言风格的新文学作品开始出现。试想如果没有胡适倡导解放文学创作的"语言工具",恐怕很难出现像茅盾描述的新文学"好比是尼罗河的大泛滥"的出版和创作景象,同《国故》派等人的论战也就不会这么快取得胜利。当年章士钊曾这样描述文学革命的发展态势:"今之贤豪长者,图开文运,披沙拣金,百无所择,而惟白话文学是揭。如饮狂泉,举国若一。"③恰好从反面说明了语言工具的解放,给创作带来的巨大推动。国民政府要员廖仲恺在致胡适的信中,也强调了这一变革的意义,"我辈对于先生鼓吹的白话文学,于文章界兴一革命,使思想能借文字之媒介,传于各级社会,以为所造福德,较孔孟大且十倍"④。由此可见,胡适的主张对当时创作生产力的解放有很大影响,使白话文一改清末民初以来的二流地位,一跃而成为"国语"。

---

① 《中国新文学大系·建设理论集·导言》,良友图书印刷公司,1935年。
② 钱玄同致钜猷,《新青年》第6卷第1号,1919年1月15日。
③ 章士钊:《评新文化运动》,《中国新文学大系·文学论争集》,良友图书印刷公司,1935年,第198—199页。
④ 《胡适来往书信选》(上),中华书局,1979年,第64页。

《建设的文学革命论》加快了国语运动的步伐，也标志着文学革命和国语运动的合流。黎锦熙认为"这是要大书特书的一件大事"，因为"'国语运动'和'文学革命'两大潮流，在主张上既有'言文一致'的'白话文学'作了一个有力的媒介，而联合运动的大纛'国语的文学，文学的国语'已打出来了……于是两大潮流合而为一，于是轰腾澎湃之势愈不可遏"[①]。从晚清进行国语运动以来，国音字母和国音字典已经确定，但如何确定国语的书写标准却是一大问题。殊不知国语的标准就在作品之中，"未要政府破费一文"就能推行——当然政府的代价便是民众将同时接受寄寓于白话文学中的新思想，而这些新思想将对政府的权威形成挑战。确定了以新文学来推行国语标准的原则后，用新文学来进行国语教育当然也是顺理成章的事了，正如唐德刚在《胡适杂忆》中所说，"他在距今60年我国的'文字改革'运动和'推行国语'以及'拉丁化'运动中的影响是至深且巨的，因为语文改革运动在近代中国原来也就是白话文运动的附庸"[②]。事实也是如此，整个教育系统推行国语，正是在白话文运动迅速发展的情况下，才有较大的突破。胡适的理论设计，更是以他最拿手的白话文作为突破口，改变了过去推行"官话""国语"从音标、注音符号方面入手的蜗牛式改革。

　　近来有学者指出，《新青年》同人当年的理论口号有天生的"缺陷"，因为"他们只是从现代化的历史叙事中直观地看待文学语言，把文学语言的功能仅只归结为现实实用性，并用快刀斩乱麻的方式迅速地建立白话的语言形式，粗暴地革除了文言文的一切合理性，结果只能使白话文丧失了对语言的丰富性的追求，进而导致了新文学语言形式的简单化、粗浅化、缺乏深度追求"[③]，这样的观点有一定的道理，但如果还原历史语境，可以发现当时的白话文遭到文言文和拼音化运动的双重"压迫"，推行白话

---

① 黎锦熙：《国语运动史纲》，商务印书馆，1934年，第71页。
② 唐德刚：《胡适杂忆》，台湾传记文学出版社，1987年，第127页。
③ 参见仲立新：《试论五四文学革命中的语言现代性问题》，《文艺理论研究》2000年第4期。

文学仍然是普及国语的最好途径。因为当时钱玄同等人已经希望通过"废灭汉字",改用"世界语"来达到国语统一的目的,1918年4月15日,钱玄同在致陈独秀的信中说,"中国文字,论其字形,则非拼音而为象形文字之末流,不便于识,不便于写;论其字义,则意义含糊,文法极不精密;论其在今日学问上之应用,则新理新事新物之名词,一无所有;论其过去之历史,则千分之九百九十九为记载孔门学说及道教妖言之记号。此种文字,断断不能适用于二十世纪之新时代",因此建议采用"文法简赅,发音整齐,语根精良之人为的ESPERANTO(即世界语)"[①]。钱玄同的主张招来包括《新青年》同人的众多反对声,当钱玄同发信向胡适寻求支持时,胡适却宣布保持"中立",并在同一天的《新青年》上表明自己的观点,"我以为中国将来应有拼音的文字。但是文言中单音太多,决不能变成拼音文字。所以必须先用白话文字来代文言的文字;然后把白话的文字变成拼音的文字"[②]。可见,胡适实际上是反对这种激进的做法,这一点钱玄同也承认,"适之先生对于ESPERANTO,也是不甚赞成的(此非亿必之言,适之先生自己曾经向我说过),所以不愿大家争辩此事"[③]。胡适在《建设的文学革命论》中的主张,实际上避开了汉字本身的改革问题,避免了国语运动重蹈当年"切音文字"等方案的覆辙,而努力把白话文往文学上引导,虽然这样丧失了文言文的部分美感,但却保留了汉字书写的传统,并为新文学的逐步完善打下了基础。从这个意义上讲,这是必要的丧失。

两大运动的合流对语文教育的影响更为深远,它使得自民间开始的新文学革命进入体制化轨道(这其实也埋下了新文学阵营内部最终决裂的因子),语文教材可以更大胆地通过新文学作品来推行国语,而不用像以前只教授注音符号。作为新文学"擎旗健儿"的胡适,对代表制度之

[①] 钱玄同致陈独秀,《新青年》第4卷第4号,1918年4月15日。
[②] 胡适:《〈中国今后之文字问题〉的跋语》,《新青年》第4卷第4号,1918年4月15日。
[③] 钱玄同致孙国璋、陈独秀信跋,《新青年》第5卷第2号,1918年8月15日。

力的语文教育也投入了更多关注。

第二节 "国文"改"国语":国语文学的制度确认

　　1920年,北洋政府教育部训令小学"国文科"改成"国语科",不但是教育史上的一件大事——它使得数千百万的儿童开始接受与白话密不可分的国语教育,而且在现代文学史上也是值得大书特书的——它让新文学的成果通过权力体制加以确认,并通过这一改革极大地传播了新文学作品。不过,黎锦熙在分析这一成功的因素时,仅仅将其归结为"国语统一筹备会"诸君的努力。在我看来,这一"胜利"是文学界、教育界和语言学界在新文化运动整体氛围的影响下,合力取得的成功。

　　胡适在思考与写作《建设的文学革命论》的同时,就开始认识到新文学要长久立足,必须依存于一个认可白话文的社会环境,否则,"现今大总统和国务总理的通电都是骈文体做的;就是豆腐店里写一封拜年信,也必须用'桃符献瑞,梅萼呈祥,遥知福履绥和,定卜筹祺迪吉'……等等刻板文字。我们若教学生'一律做白话文字',他们毕业之后,不但不配当'府院'的秘书,还不配当豆腐店的掌柜呢"[①]。胡适是回答一位名叫盛兆熊的教师的来信时写下这段话的,盛兆熊写信向胡适请教白话文改革的步骤,因为他觉得现在白话文学"经这先生和独秀,玄同,半农许多先生竭力提倡,国中稍有世界观念的人,大约有一大半赞成了。那么,如今就要想实行改革的法子了"[②]。显然,盛兆熊对新文学的影响估计过高,但他在信中陈述的语文教育中的保守现象却是实际存在的。语文教育可以说是营造白话文环境的最重要一环,而当时的语文教育却

[①] 胡适:《论文学改革进行的程序》,参见姜义华编:《胡适学术文集·新文学运动》,中华书局,1993年,第55页。
[②] 盛兆熊致胡适信,参见姜义华编:《胡适学术文集·新文学运动》,中华书局,1993年,第56—57页。

是落后于新文学发展的。这使得新文化阵营必须要全盘考虑新文学的推进策略,因为《建设的文学革命论》发表后,引来了保守者更大的反对,如果不寻求更强有力的支持,新文学很难往下发展。在具体的推行策略上,胡适面临两种选择,一种是通过新文学的创作,在社会上逐步扩大影响;另一种是运用政府的力量强力推进。胡适在理性上认可的是前者,认为不能用"专制的手段来实行文学改良"。但是,要在民众中养成"信仰新文学"的心理,哪里是一朝一夕的工夫,而且以当时新文学的创作成绩,实在很难堵住反对者的嘴。因此,胡适在潜意识中,还是希望借助教育行政之力推行新文学,否则新文学极有可能被反对力量扼杀,林纾在1919年2月发表的《荆生》《妖梦》不就寄希望于"伟丈夫"吗?因此,关于语文教育改革的程序,胡适是这样构想的,"进行的方法,在一律用国语编纂中小学校的教科书。现在所谓'国文'定为古文,须在高等小学第三年以上始开始教授。'古文'的位置,与'第一种外国语'同等"。接着,胡适又在文章中强调,"编纂国语教科书,并不是把现有的教科书翻成国语就可完事的",因为这样就达不到在学生中通过语言工具革命进行思想革命的目的,所以,"如先生信中所举的'留侯论','贾谊论','昆阳之战'之类,是决不可用的",但这样让学生看什么呢?胡适也意识到新文学并没有太多作品可以贡献于语文教育,于是他认为"救急的方法只有鼓励中小学校的学生看小说","读一千篇古文,不如看一部《三国志演义》"。[①]可以看出,如何借助教育的权力来巩固新文学的地位,胡适有明晰的设计:要养成信仰新文学的心理,还是用教育的手段最有效。在写完《论文学改革进行的程序》几个月后,在回答黄觉僧的信中,胡适的想法更加明晰:

(一)现在的中国人应该用现在的中国话做文学,不该用已

---

① 胡适:《论文学改革进行的程序》,参见姜义华编:《胡适学术文集·新文学运动》,中华书局,1993年,第56页。

死了的文言做文学。

（二）现在的一切教科书，自国民学校到大学，都该用国语编成。

（三）国民学校全习国语，不用"古文"。（"古文"，指说不出听不懂的死文字。）

（四）高等小学除国语读本之外，另加一两点钟的"古文"。

（五）中学堂"古文"与"国语"平等。但除"古文"一科外，别的教科书都用国语的。

（六）大学中，"古文的文学"成为专科，与欧美大学的"拉丁文学""希腊文学"占同等地位。

（七）古文文学的研究，是专门学者的事业。但须认定"古文文学"不过是中国文学的一个小部分，不是文学正宗，也不该阻碍国语文学的发展。[①]

从胡适的设计中可以看出，从大学到小学，古文的"阵地"逐步缩小，其主要目的是为"国语文学的发展"清道。胡适的见解得到"同道"钱玄同的支持，不过，钱玄同认为胡适的设计只是"过渡时代暂行之办法"，他的最终的目的还是灭汉字，倡世语，"期以三五年工夫，专读新编的'白话国文教科书'，而国文可以通顺。凡讲述寻常之事物，则用此新体国文；若言及较深之新理，则全用外国文字教授；从中学起，除'国文'及'本国史地'外，其余科目，悉读西文原书。如此，则旧文字势力，既用种种方法力求减杀，而其毒焰或可大减；——既废文言而用白话，则在普通教育范围之内，断不可读什么'古文'"[②]。在钱玄同的

[①] 胡适：《答黄觉僧君〈折衷的文学革命论〉》，参见姜义华编：《胡适学术文集·新文学运动》，中华书局，1993年，第72页。

[②] 钱玄同致陈独秀，《新青年》第4卷第4号，1918年4月15日。

论述中,普通教育改用国语(即此文中的白话国文和新体国文),并非从学生接受便利的角度出发,而是为了清除古文中的"毒素",因此,语文教育本身也成了"减杀""旧文字势力"的工具。

钱玄同不光是理论上倡导,还身躬其行,着手国语教科书的编写。他认为,"改良小学校国文教科书,实在是'当务之急'。改古文为今语,一方面固然靠着若干新文学制造许多'国语的文学';一方面也靠小学校改用'国语教科书'"①。在1918年,钱玄同已经着手编写国语教材了,"去年(即1918年)蔡孑民在北京办了一个孔德(Comto)学校。先把那国民学校第一年级改用国语教授,由我们几个人编了一本《国语读本第一册》;据教的人说比用坊间出版的国文教科书,学生要容易领会得多了"②。钱玄同所说的这本实验教材,目前已经遍寻不得。但在1918年春,蔡元培曾召集孔德学校全体评议员和部分教员举行教育研究会,专门讨论修改教科书的问题。他主持会议,并亲自做会议记录。参加者有张崧年、徐悲鸿、马幼渔、钱玄同、胡适、沈兼士等人,从会议记录来看,虽然大家对小学教科书用白话仍有争论,但最后大体达成一致,"至小学教科书,当以言近旨远、词约趣丰为贵,……小学国文既以此八字为准,当由文学家全用国语编之"③。钱玄同在编写教材的过程中,一方

---

① 钱玄同致公展,《新青年》第6卷第6号,1919年11月1日。
② 同上。
③ 《教育研究会讨论修订教科书问题的记录》(1918年春),参见《蔡元培教育论著选》,人民教育出版社,1991年,第146—151页。关于这次修订国语教科书,有另外不同的史料记载,据王晓明《北京高师——国语运动的发祥地》一文介绍:1918年,北京高师校长陈宝泉在校内丽泽楼主持召开了全国第一次国语教科书编辑会议。与会者公推高师国文系教授钱玄同担任编辑主任,黎锦熙称这次会议是"第一次破天荒"的编辑会议,是中国创编"国语教科书"的开始,后经全国高等师范校长会议决定,各校分别附设国语训练科,训练国语师资。接着,钱玄同加入由国文系教授黎锦熙发起组织的"中华民国国语会",向教育部提出试行注音音符教育的建议。教育部很快批准实行,经费由会员捐助。教科书由钱玄同、马裕藻、陈大齐、沈尹默合编,插图由徐悲鸿绘制。内容为白话文,每一个字都加了注音,这是小学语文教学的革新(参见《北京师范大学学报》2002年第5期),这套教材是否和钱玄同说的为孔德学校编订的教材为同一种,尚无更多史料证明。

面坚定了废除汉字的想法,"近日与朋友数人编小学教科书,更觉中国文字之或杂汗漫,断难适用"①;一方面钱玄同又觉得在语文教材中可用来代替古文的新文学作品实在太少,"至于白话文学,自从《新青年》提倡以来,还没有见到多大的效果,这自然是实情"②。面对各地的来信,特别是教育界来信询问用何种作品教学生,钱玄同一方面希望大家"不要自馁灰心",一方面极力推荐已经取得的新文学成果,"《新青年》里的几篇较好的白话论文、新体诗和鲁迅君的小说,这都算是同人做白话文学的成绩品。'模范'二字断不敢说,不过很愿供大家做讨论批评的材料罢了"③。谦虚之中略带窘迫,不过新文学在当时就是此等现实。即便是新文学作品不足敷语文教材之需,钱玄同也反对用古白话文做暂时的替用材料,"若就较近于今日之白话而论,惟有明清以来之小说,小说中较有价值者,不过《红楼梦》《儒林外史》两部书。然要在这两部书中选他几十节,却不容易。《水浒》《元曲》,与现在的现实不相近,若宋儒语录,在现在看来,和苏东坡的策论一样的难懂。这两种,我以为都不当入选"④。陈独秀也在《新青年》中提出:"白话文学之推行,有三要件。首要比较统一之国语。其次则须创造国语文典。再其次国之闻人多以国语著书立说。兹事非易,未可一蹴而就者"⑤,当读者来信问及"至学校课本宜如何编纂,自修书籍宜如何厘定"时,陈独秀也表明,"鄙意欲创造新文学,'国语研究'当与'文学研究'并重"⑥。这些观点都促进了新文学的创作。

黎锦熙也很关注小学国文改国语的问题,但出发点却是语文教育本身,不同于胡适、钱玄同是用白话文学去抢占教育"阵地"。黎锦熙把整

---

① 钱玄同致朱我农、胡适信跋,《新青年》第5卷第2号,1918年8月15日。
② 钱玄同致时敏,《新青年》第6卷第2号,1919年2月15日。
③ 钱玄同致公展,《新青年》第6卷第6号,1919年11月1日。
④ 同上。
⑤ 《新青年》第3卷第2号,"通信"栏编者附记。
⑥ 《新青年》第3卷第3号,"通信"栏编者附记。

个教育甚至语文教育的"沉冥之象",归结为教材的落后,"我国教育,久无效果,原因虽多,而总原因实为教材之不适宜。……而其中又以国文一科为最,尤以初等小学所授之国文为最",因为"初等小学之国文一科,上之既无优美之趣,不足树文学之根柢;下之又违应用之旨,无救于国民之聋盲",造成这种情况的原因何在呢?还是由于"语""文"不统一,"原我国语文既歧,文体又杂,欲以四年之力,令十龄上下之儿童,通其大概,措诸实用,诚恐责望太奢",因此,改革的办法还是要"谋根本上之更张。更张之道,在改用相接近者,以为教材而已。革去旧名,当称'国语'"①。可见,此时黎锦熙还是停留在"言文一致"阶段,就是在教育部已经改"国文"为"国语"后,他仍然不愿把这件事和新文化运动联系在一起,唯恐因为政治变化失去了业已取得的国语运动成果,"近来还有一班人,把改用语体文看作一切新文化运动的前驱,以为语体文通行以后,如所谓过激主义,共产主义都从此布满国中;将来的'洪水猛兽'便从此发轫了。这是把新文化运动和小学改用语体文两件事混为一谈。……我们要认为一种'救济儿童的天职'。这种改革,是根据全世界公认的教育原理而来的,不管什么新文化与旧文化"②!如果分析到胡适、钱玄同言论背后的文化目的,不能不慨叹黎先生之"迂",不过,他的解释却意外地有降低舆论压力和官方压力的良好作用。和黎锦熙一样,蔡元培也是从教育角度来理解"国文之将来"问题的,他认为白话文最大的优点就是省时省力,学生可以腾出时间来进行其他科目的学习,"所以我敢断定白话派一定占优胜",在教育改革上,"高等师范学校的国文,应该把白话文作为主要。至于文言的美术文,应作为随意科,就不必人人就学了"③。蔡元培以北大校长的身份作

---

① 黎锦熙:《论教育之根本问题》,《黎锦熙语文教育论著选》,人民教育出版社,1996年,第2页。
② 黎锦熙:《国语教育上应当解决的问题》,《黎锦熙语文教育论著选》,人民教育出版社,1996年,第16—17页。
③ 蔡元培:《国文之将来》,高平叔编:《蔡元培教育论著选》,人民教育出版社,1991年,第243页。

出如此判断，无疑是给"国文"改"国语"奠定了更坚实的舆论基础。

除了理论倡导，在实证研究和教学实践上，各界亦有成果。黎锦熙拟订了《国语研究调查之进行计划书》，认为"国语与国文之问题，须作一串解决，不能尽效欧美，亦不能悉循旧章。因革之间，权衡至当，则非有精确之研究调查不能也"，希望语法界对音韵、词类、语法等各个方面进行研究。①教育家王风喈通过白话文和文言文阅读的对比研究，表明中国学生阅读白话文比文言文更经济，速率和理解，白话文均优于文言文。②1917年，刘半农在写完《我之文学改良观》后，到北京大学预科当了国文教员③，他把这里当成了试验场，写了《应用文之教授——商榷于教育界诸君及文学革命诸同志》一文，刘半农把教授"应用文"作为自己的目标，在阅读的选材上确定了12条标准，其中有"凡骈俪文及堆砌典故者，不选""凡违逆一时代文笔之趋势，而极意模仿古人者——如韩愈《平淮西碑》之类——不选""凡思想过于顽固，不合现代生活，或迷信鬼神，不脱神权时代之习气者，均不选"，此外，那些"卑鄙龌龊的应酬文、干禄文"以及"诔墓文"等也"一概不选"，他要选的是"文笔自然，与语言之辞气相近者"，"思想学说，适于现代生活，或能与西哲学说互相参证者"以及"文章内容与学生学习之科目有关系者"④。刘半农的看法与蔡元培的见解颇为相似，都是在实用之名下把应用文和美术文分开，但看其选文的标准，仍可看出刘氏的"醉翁之意不在酒"，目的仍是倡导新文学，因为他提到的应酬文、干禄文其实是古文中的应用文，它们的"落选"并非因为文体的陈旧，而是因为思想的陈旧。其他教育

---

① 黎锦熙：《国语研究调查之进行计划书》，《黎锦熙语文教育论著选》，人民教育出版社，1996年，第37页。
② 郭一岑：《八年来中国教育心理之研究》，《教育研究》第66期，国立中山大学主办。
③ 按朱自清的说法，大学预科的国文研究当纳入中学国文的研究。
④ 刘半农：《应用文之教授——商榷于教育界诸君及文学革命诸同志》，《新青年》第4卷第1期，1918年。

改革还有叶圣陶的《对于小学作文教授之意见》①，陈华文的《我之改革中学国文教授底实验》②，这些从语文教育界掀起的改革浪潮，进一步动摇了文言文教学的根基。

尽管上述诸君的见解不完全一致，但却是从文学界、教育界、语言学界等不同领域为"国文"改"国语"做了良好的铺垫，"双潮合一"的猛烈趋势掩盖了各自的分歧，推动了国语运动向前发展。不过，最终的改革成功，还需要人事上的因缘际会——这一点，是一项改革成功的偶然因素，但却是必要因素。

国语研究会从1916年成立后，发展非常迅速，从1918年有会员1500多人，1919年增至9800多人，到1920年则达到12000余人，1921年就设分会于上海了。在他们的推动下，1918年11月23日教育部正式公布了注音字母。从晚清拼音化运动到民初"国音"制定再到"注音字母"的公布，历时三十多年的"国语运动"总算有了第一块基石。1919年9月又编制出版了《国音字典》，固化了"国音"成果。也许是国语运动的核心人物都在教育部，因而他们对官方的权威总是特别看重：

> 中国向来革新的事业，不经过行政方面的一纸公文，在社会方面总不容易普及的；就算大家知道了，而且赞成了，没有一种强迫力也不会实行……③

注音字母的公布，显然增强了他们这方面的意识。他们将目光投向了"比公布注音字母更难办到的事"——改学校"国文科"为"国语科"，而此前的人事铺垫至关重要：1919年3月成立了教育部附属的"国

---

① 《新潮》第1卷第1号，1919年1月。
② 《平民教育》第18号，1920年2月。
③ 黎锦熙：《国语运动史纲》上卷，商务印书馆，1934年，第75页。

语统一筹备会",而会员大部分都是"国语研究会"的成员,这样就形成官方、民间遥相呼应的局面,即黎锦熙所谓"宫中府中,俱为一体"了。

国语统一筹备会开第一次大会的时候,刘复、周作人、胡适、朱希祖、钱玄同、马裕藻等提出了《国语统一进行办法》的议案,其中"第三件事"即为"改编小学课本":

> 统一国语既然要从小学校入手,就应当把小学校所用的各种课本看作传布国语的大本营;其中国文一项,尤为重要。如今打算把"国文读本"改作"国语读本",国民学校全用国语,不杂文言;高等小学酌加文言,仍以国语为主体,"国语"科以外,别种科目的课本,也该一致改用国语编辑。①

此议案在大会通过,并组织委员会整理呈交教育部。与此同时,第五次全国教育联合会在山西召开会议,决议通过推行国语的六条办法,其中第四条就是:"国民学校国文教科书,应即改用国语;高等小学国文教科书,应言文互用。"

教育部根据国语统一筹备会和全国教育联合会的两个决议案,认为"体察情形,提倡国语教育实难再缓",遂于1920年1月训令全国的国民学校"自本年秋季起,凡国民学校一二年级,先改国文为语体文";又以教育部令修正《国民学校令》,将有关条文中的"国文"改为"国语";再以教育部令修正《国民学校令施行细则》,明确规定了国语要旨:"在使儿童学习普通语言文字,养成发表思想之能力,兼以启发其智德。"修正后的"施行细则"实际上确定了初等小学四年间只用语体文,并正其科目名称为"国语"。经过一系列复杂的制度层面的操作,"国文科"改

---

① 黎锦熙:《国语运动史纲》上卷,商务印书馆,1934年,第109页。

"国语科"在法规上已经没有问题了,但当时坊间出版的小学教科书,还没有一本是全部使用语体文的。教育部要让语体文有所发展,就必须强令将已审定的文言教科书分期作废,禁止采用。为此,教育部在1920年4月又发了一个通告:

> 查本部《审查教科图书章程》第二条:"审定图书,系认为合于部令学科程度及教则之旨趣,堪供教科之用者"。现在坊间出版国民学校所用各种教科书,曾经本部审定者,自经此次部令公布以后,其教材程度,即不免多所不符。兹特依据部令,酌定办法如下:"凡照旧制编辑之国民学校国文教科书,其供第一第二两学年用者,一律作废。第三学年用书,秋季始业者,准用至民国十年夏季为止;第四学年用书,秋季始业者,准用至民国十一年夏季为止;春季始业者,准用至十一年冬季为止。"[①]

一项拖延多年、谁都认为极难实施的改革,居然就这样成功了,出乎很多人的意料。从当时的情况看来,这项涉及面很大的教育改革,并不具备外部和内部条件。从外部环境看,五四运动在各地掀起高潮,北大学生被逮捕又被释放,蔡元培离职又复职,都表明政府面临相当大的压力。在政治运动尚应接不暇之时,"小小"的教育改革本应无暇顾及;从内部环境看,国语运动内部也是意见歧出,国音标准中的"京国问题"弄得"统一会"的数次大会不欢而散,江苏省师范附属小学联合会甚至通过一个议案,不承认国音定京音为标准。但是,正是在如此复杂的情况下,"国文"改"国语"的提案居然能获通过,个中奥妙,全在"朝中有人":"教育部部务照例是分司主办的,那时普通教育司司长是张继煦,

---

① 黎锦熙:《国语运动史纲》上卷,商务印书馆,1934年,第113—114页。

就是统一会的总干事；主管师范教育的第一科科长是张邦华，主管小学教育的第三科科长是钱家治，都是统一会的成员。修改法令是要经由参事室和秘书处的。那时三参事汤中蒋维乔邓萃英和秘书陈任中，也都是统一会的成员。"①

改"国文"为"国语"，是文学革命和国语运动合流的最大成果，这一成功使得"白话文作为新思想的载体进入课堂，成为青少年思维、表达、交流的工具，而且这是一次空前的精神大解放"②。而且就文学界方面看来，收获更多，因为在注音字母尚需推广、国音教师尚需培训的情况下，"国语教育"就变成了"语体文教育"，自然，新文学作品就成为"语体文教育"的首选了。因此，黎锦熙在介绍"与国语教育有很密切关系"的三种出版物时，第一个就是"新文艺类"：

> 自从民国六年（1917年）《新青年》《新潮》等杂志提倡文学改革以来，白话文在学术上渐渐盛行。文艺界的创作和翻译（定期刊，如《小说月报》《文学周刊》《创造》等专集，创作的如《呐喊》《隔膜》《尝试集》《女神》《阔人的孝道》等，翻译的如短篇小说集《点滴》《易卜生集》《少奶奶的扇子》等，又或汇集为丛书，如《俄国文学丛书》等），哲学、社会思潮，及其他科学的论著和译述，大都是使用国语的。③

作为改革设计者的胡适，对这样的结果自然十分满意，因为他的目的就是要将新文学运动"搭"上国语教育改革的"车"。至于"国语统

---

① 黎锦熙：《国语运动史纲》上卷，商务印书馆，1934年，第114页。
② 钱理群：《五四新文化运动与中小学国文教育改革》，《语文教育门外谈》，广西师范大学出版社，2003年，第105页。
③ 黎锦熙：《中国国语教育进行概况》，《黎锦熙语文教育论著选》，人民教育出版社，1996年，第2页。

一"中的"口头语统一"部分,在胡适看来,"一万年也不到的!无论交通便利了,政治发展了,教育也普及了,像偌大的中国,过了一万年,终是做不到国语统一的……言语不只是人造的,还要根据生理的组织,天然的趋势,以及地理的关系,而有种种差异,谁也不能专凭一己的理想,来划一语言的"①,在口头语尚不能统一的情况下,便只有用新文学来担当书面语统一的任务了。不过,胡适仍然认为主要的"受益者"还是教育:"这个命令是几十年来第一件大事。他的影响和结果,我们现在很难预先计算。但我们可以说:这一道命令,把中国教育的革新,至少提早了二十年。"②在随后的一次演讲中,胡适对政府在本次改革中的作用给予了高度评价,"数年前曾主张白话,假如止是这样在野建议,不借政府的权力,去催促大众实行,那就必须一二十年之后,才能发生影响"③。

改革的成功解除了语文教育的桎梏,同时又进一步解放了新文学的创造力。如同罗家伦认为的那样,"小学全部,和初中一部分的采用国语为课本,不知道减少多少幼年和青年的痛苦"④。黎锦熙曾经把文言文教学比喻成"缠脑",极力主张用语体文编写教材,"从前女子用布来'缠足',我们可怜她伤害了天然的肌肤,不得不设法解放她;现在儿童用文言文来'缠脑',我们可怜他伤害了天然的性灵,所以也要设法解救他"⑤。如今这"缠脑"的"布"解开了,对学生的创造力是一次空前的释放,如同胡适所说,短短的几年中,"全国的青年皆活跃起来了,不只是大学生,纵是中学生也居然要办些小型报刊来发表意见。只要他们在任何地方找到一架活字印刷机,他们都要利用它来出版小报。找不到印

---

① 胡适:《国语运动与文学》,姜义华主编:《胡适学术文集·语言文字研究》,中华书局,1993年,第307页。
② 胡适:《〈国语讲习所同学录〉序》,《胡适教育论著选》,人民教育出版社,1994年,第122页。
③ 胡适:《好政府主义》,《胡适文集》第12卷,北京大学出版社,1998年,第717页。
④ 罗家伦:《从近事看当年(为五四作)》,《世界学生》1卷6期,第3页。
⑤ 黎锦熙:《国语教育应当解决的问题》,1921年3月,参见《黎锦熙教育论著选》,人民教育出版社,1996年,第13页。

刷机，他们就油印。在一九一九至一九二〇两年之间，全国大小学生刊物总共有四百多种，全是用白话文写的"①。

　　权力机构推动的成功改革，使新文学作品最终能走入教科书并得以固定。同时，这也是确立白话地位最关键的一环，因为，让白话文进入教材，就等于承认它有正式书写语言的资格——而这一资格正是胡适等新文学运动者极力想达到的目标。在此之前，梁启超、黄遵宪、蔡元培等都曾提倡使用白话文，但几乎没有人真正把它与文学联系起来。他们用白话写作，主要是为了普及教育。他们对于白话的文学性还缺乏一种必要的认识，还没有把白话文作为文学表现的工具和媒介。因此，在清末民初，白话文并不能真正对文言文构成一种有力的挑战，白话文和文言文并不处于一种对等的地位。文言和白话并行不悖，文言文不仅是作为一种古代的书面语而存在，而且实际上是作为文学语言而存在的。文言与白话明显地存在着一种等级的对立关系。这一次胡适则是要创造一种新的书写语言。正如汪晖所说的，"实际上现代语言运动首先是在古／今、雅／俗对比的关系中形成的……即白话被表述为'今语'，而文言则被表述为'古语'，今沿'俗'，古沿'雅'，因此古今对立也显现出文化价值上的贵族与平民的不同取向。……现代汉语的主要源泉是古代的白话书面语，再加上部分的口语词汇、句法和西方语言及其语法和标点。在中国的书面语系统中，已经存在着文言与白话的对峙。以白话书面语为主要来源的现代白话的基本取向不仅是反对文言，而且也是超越方言，创造出普遍语言"②。这说明语言工具革命解放了新文学创作，反过来新文学又巩固了语言工具的存在价值。

　　随着新文学创作的不断发展，以周氏兄弟的作品为代表的新的书写

---

① 《胡适口述自传》，安徽教育出版社，1999年，第190页。
② 汪晖：《地方形式、方言土语与抗战时期"民族形式"的论争》，《汪晖自选集》，广西师范大学出版社，1997年。

语言，已经代表了雅文学而非俗文学的文学语言，新的文学观念慢慢地在学生心中扎下了根，用钱玄同的话说，新文学作品"原是给青年学生看的，不是给'初识之无'的人和所谓'灶婢厮养'看的"①。这一事实既意味着一个新的文学传统的建立，又意味着一个新的书写语言体制的产生。"五四"后，传统的白话小说仍在流行，正式书写语言比如公文、应用文、报章文字等绝大部分还是文言，真正推动语言发展的是新文学。而"国文"改"国语"的成功，为新文学争得了至关重要的合法地位。从某方面讲，它是新文学运动在短短几年内便获成功的重要原因。

这项改革的影响还远不止在新文学和语文教育领域，从长远看，它对一代人甚至几代人的思维方式和言说方式都产生了深刻影响。从改革后出版的大量国语教科书可以看到，不光是古文，就是古诗也很难再见到，古典文学开始急速退出学生的阅读视野。自然，与古典文学相联系的传统精神也急速退出学生的精神世界。从现代语言学看，语言不仅是思维的工具，还是思维的全部。文言和白话作为两种异质的语言（虽然两者之间仍有若干联系），对学生的"塑造"是完全不同的。如果说文学革命之初，新文学还局限在一个很小范围的话，这一次在小学的"国文"改"国语"，范围扩展到整个民族的后代。从这个意义上讲，这一次改革是更深刻的文化转型。

第三节 从"纲要"到"课标"：新的文学秩序的建立

小学的"国文科"改"国语科"成功后，中学国文的改革便迫在眉睫。胡适看到了改革的连动性，"教育制度是上下连接的；牵动一发，便可动摇全身。第一二年改了国语，初级师范就不能不改了，高等小学也

---

① 钱玄同：《英文SHE字译法之商榷》，《新青年》第6卷第2号，1919年2月。

多跟着改了。初级师范改了,高级师范也就不能不改动了。中学校也有许多自愿采用国语文的"①,这种由下至上的连动改革,也很符合胡适当年设计的"文学改革的进行程序"。因此,在1921年"国语统一筹备会"第三次大会上,会员又向教育部提出了《请部规定中等以上学校国语课程的议案》,要求把高等小学、中学也渐次改为国语科。而那时教育部正在进行学制改革,对此议案一直没有答复。

另外,虽然白话已经成为正式的文学语言了,但人们的观念改变却并不像想象的那么快,社会上的普遍看法仍然是,"白话文很浅近,容易懂得,对于初级教育和通俗教育是很适宜的,因为受初级的教育和通俗的教育的人们,知识很浅短,那高古精深的古文,不是他们所能了解的"②。钱玄同对这种流行看法很是警惕,认为"这种议论,从表面上看,似乎并没有反对新文学,而且是赞助新文学的。其实大不然,彼对于新文学,不是良友而是蟊贼",他从语法角度将古文大贬一通后,申论"我们主张文学革命,不是嫌古文太精深,乃是嫌古文太粗疏;不是单谋初级教育和通俗教育的方便,乃是谋中国文学的改良。我们不仅主张用白话文来做初级教育和通俗教育的教科书,尤其主张用彼来著学理深邃的书籍"③。此外,还有更多基层教育人士认为,在国语标准还没有定出来之前,教育部改"国语"的这项改革"太鲁莽",无异于"坐在黄鹤楼上看翻船"④,奉天教育厅甚至直接就拒绝执行部令。于是,当初的改革推动者如黎锦熙等人不得不四处演讲,把"推行国语就是定国语标准"的理论反复申说。可见,国语运动要继续推进,新文学要在民众中建立起"信仰",还有很长的路要走。

对来自各界巨大的反抗声浪,胡适心里很清楚,必须"只认定这一

---

① 《文学革命运动》,《胡适作品集》第2卷,台湾远流出版公司,1986年,第216页。
② 钱玄同:《国文的进化》,《国语月刊》1卷9期,1922年10月20日。
③ 同上。
④ 胡适:《国语讲习所同学录序》,《胡适教育论著选》,人民教育出版社,1994年,第122页。

个中心的文学工具革命论是我们作战的'四十二生大炮'",毫不犹豫地再将新文学观念向更广泛的学生群体推行——毕竟在小学国语教学中,由于要解决注音符号和识字问题,给新文学留的阅读空间相当有限。而且,进一步的改革还必须依靠政府,因为"我是主张有政府的,政府是一种工具。就把国语来讲,政府一纸公文,可以抵得私人几十年的鼓吹。凡私人做不到的事,一定要靠政府来做"①。胡适在小学"国文"改"国语"后三个月,就写了一篇《中学国文的教授》,以民国初年政府颁布的《中学校令施行细则》关于中学国文的目标为批评的靶子,阐述自己关于中学国文的见解。《中学校令施行细则》第三条曾说:"国文要旨在通解普通语言文字,能自由发表思想,并使略解高深文字,涵养文学之兴趣,兼以启发智德。"②胡适指出这个标准是理想的,并不曾实行,这个理想的标准虽不算高,但照这八年的教学成绩看,却是完全失败了,其原因是方法大错了。"标准定的是'通解普通语言文字',但是事实上中学校教授的并不是普通的语言文字,乃是少数文人用的文字,语言更用不着了!标准又定'能自由发表思想',但是事实上中学教员并不许学生自由发表思想,……事实上的方法和理想上的标准相差这样远,怪不得要失败了!"因此,胡适根据当时的情况,提出中学国文应达到的标准细化为:"(一)人人能用国语自由发表思想,——作文,演说,谈话,——都能明白通畅,没有文法上的错误;(二)人人能看平易的古文书籍,如《二十四史》《资治通鉴》之类;(三)人人能作文法通顺的古文;(四)人人有懂得一点古文文学的机会。"③

---

① 胡适:《国语运动的历史》,姜义华主编:《胡适学术文集·语言文字研究》,中华书局,1993年,第307页。
② 胡适:《中学国文的教授》,姜义华主编:《胡适学术文集·语言文字研究》,中华书局,1993年,第46页。
③ 胡适:《中学国文的教授》,姜义华主编:《胡适学术文集·语言文字研究》,中华书局,1993年,第47页。

具体到课程改革，胡适撤掉了一些陈旧无益的课程，增设国语文及演说、辩论，减少总课时。从原部定的如下课程：

第一年：讲读，作文，习字。共七①

第二年：讲读，作文，习字，文字源流。共七

第三年：讲读，作文，习字，文法要略。共五

第四年：讲读，作文，文法要略，文学史。共五

改为：

第一年：国语文一，古文三，语法与作文一。共五

第二年：国语文一，古文三，文法与作文一。共五

第三年：演说一，古文三，文法与作文一。共五

第四年：辩论一，古文三，文法与作文一。共五

他认为课程设置应强调实用，第三、四年以演说和辩论代替国语文，因为"这两项是国语与国语文的实用教法。凡能演说，能辩论的人，没有不会做国语文的。做文章的第一条件只是思想有条理，有层次。演说辩论最能帮助学生养成有条理系统的思想能力"，演说和辩论的指导选题要具体，不可选笼统抽象的题目，应当如"肥皂何以能去污垢？""松柏何以能冬青？""本村绅士某某人卖选举票的可耻"一类的题目。

至于语文教材，胡适把它分为"国语文教材"和"古文的教材"。前者须多看白话小说和戏剧，"看二十部以上，五十部以下的白话小说。例如《水浒》《红楼梦》《西游记》《儒林外史》《镜花缘》《七侠五义》

---

① "共七"意为周课时数。

《二十年目睹之怪现状》《恨海》《九命奇冤》《文明小史》《官场现形记》《老残游记》《侠隐记》《续侠隐记》等等。还有好的短篇白话小说，也可以选读"；戏剧虽然"此时还不多，将来一定会多的"；后者则要从近人的文章读起，"例如梁任公，康长素，严几道，章行严，章太炎等人的散文"和"林琴南早年译的小说"，后三年则要"多读古人的古文"，"不分种类，但依时代的先后，选两三百篇文理通畅，内容可取的文章"，"从《老子》《论语》《檀弓》《左传》，一直到姚鼐、曾国藩，每一个时代文体上的重要变迁，都应该有代表。这就是最切实的中国文学史，此外中学堂用不着什么中国文学史了"。在教学上，胡适认为国语文的教学可以指定读本和范围先要求学生阅读，然后进行课堂演练和讨论，教师只作些点拨指导。古文教学也提倡让学生大量阅读代替讲解，从浅近文言入手，由易到难。由于学生已有小学七年的国语文基础，已经能作通顺的国语文，又学了国语文法，学古文已有相当的基础，故应多让学生自己翻查字典，自己阅读，教员只少量讲解、答疑、指导讨论，提供参考材料。

　　胡适以"立法者"（legislator）身份，"安排"了新文化运动时期的中学国文教学，除了整个理论底子仍是其师杜威的实用主义外，还加入了很多个人研究心得甚至个人学习经验。例如，他少年时期读古白话小说把"文字弄通顺了"[1]，他在康奈尔大学时经过的"讲演"训练[2]。胡适的文章主要是为国语文进入中学课程"开道"，但却有两点值得注意，一是他给学生推荐"教材"时，没有提到一篇新文学作品，固然在当时新文学的成绩不大，但并非不值一提，如他最初的"支持者"陈衡哲的新诗与白话小说，《新青年》同人刘半农的白话诗，还有已经广受好评的鲁迅的短篇小说。二是他对古文相当地重视，同他早先的偏激态度大

---

[1]　曹伯言选编：《胡适自传》，黄山书社，1986年，第25—27页。
[2]　唐德刚译注：《胡适口述自传》，安徽教育出版社，1999年，第60—61页。

有不同，胡适的理由是"我假定学生在两级小学时已有了七年的国语，可以够用了"。这一方面反映出胡适在中学语文教育领域持有更加审慎的态度，另一方面也隐约可以看出胡适文化思想的转变，"整理国故"的思想已经逐渐形成（比起1923年3月胡适给清华学生开《一个最低限度的国学书目》，这里算是更早的开书目了，其中有很多书都是相同的）。当然，这也可以说是胡适更富于策略性的一面。毕竟，像钱玄同将古文全部"打翻在地"的态度更难被社会接受——"因为古文贫乏、浮泛、浅陋、幼稚，不足以传达高深绵密的思想和曲折复杂的情感，所以要对彼革命，将彼推翻，另外建立丰富、精密、深奥、进化的国语文学"，"至少教育法令上说国民学校一律要用国语，意思是说：今后进民学校的学生，应该从初步起就改读国语的文学，并无'只限定'的意思。对于高小和中学，也没有'言文互用'和'专用文言'那样的不通的话。假使法令上竟有那样不通的话，我们就绝对的不应该去遵守彼，而且应该反抗彼！我们只有服从真理的必要，绝对的没有服从不同的法令的必要"①！不过或许钱玄同没有想到，这"不通"法令的拟订有一大半是胡适的功劳！

胡适写完《中学国文的教授》的两年多里，学术关注点主要还在白话文学和国语运动。他一方面为白话文学的"正统性"寻根溯源，开始撰写《国语文学史》和《白话文学史》；一方面又继续将这两个运动联系在一起，将自己的学术研究所得推行到普通教育中。这一点，仅从胡适日记（1920年4月—1922年12月）中记载的有关国语文学的演讲便能看出：

---

① 钱玄同致黎锦晖，《国语月刊》1卷10期，1922年11月20日。

时间	题目	地点
1920年4月	国语文学史（共15次）	教育部北京国语讲习所
1920年8月4日	白话文法	南京高等师范学校
1921年8月5日	国语运动与国语教育	安庆
1921年11月12日	国语运动的历史	教育部北京国语讲习所
1921年11—12月	国语文学史	教育部第三届国语讲习所
1921年12月31日	国语运动与文学	教育部国语讲习所同乐会
1922年7月6日	再论中学的国文教学	中华教育改进社济南年会
1922年7月31日	国语文学史，国语文法	天津南开大学
1922年8月11日	国语教学的兴起	小学女教员讲习会
1922年11月12日	国语文学史	教育部第四届国语讲习所

如此频繁地宣讲国语运动、国语文学与国语教育，目的只有一个——把大学中的专深研究同中小学语文教育联系起来，为新文学提供更坚实的制度保障。1922年7月6日，胡适在中华教育改进会第一次年会期间写了《再论中学的国文教学》，对自己两年前的观点做了一些修改，把第二条标准"人人能看平易的古书"修改为"国语文通顺之后，方可添授古文，使学生渐渐能看古书，能用古书"；第三条"人人能作文法通顺的古文"，根据黎锦熙等人的建议，修改为"作古体文但看作实习文法的工具，不看作中学国文的目的"，同时从国语文与古文的衔接角度，分别"在小学未受过充分的国语教育的"，"宜先求国语文的知识与能力"，"四学年内，作文均应以国语文为主"；"国语文通畅的"，则"宜注重国语文学与国语文法学"，"古文钟点可稍加多，但不得过全数三分之二"①。这个主张在年会分组讨论时，胡适修改黎锦熙的议案中表述得更加清楚，"现制高小国文科讲读作文均应以国语文为主；当小学未

---

① 胡适：《再论中学的国文教学》，姜义华主编：《胡适学术文集·语言文字研究》，中华书局，1993年，第58—59页。

能完全实行国语教育之时,中等各校国文科讲读作文亦应以国语文为主;要于国语文通畅之后,方可添授文言文;将来小学七年实行国语教育之后,中等各校虽应讲授文言文,但作文仍应以国语文为主。新学制国文课程依次类推",而黎锦熙原议案只是提到"现制高小国文科讲读作文均应以国语文为主;中等各校讲读应以文言文为主,作文仍应以国语文为主"①。显然,胡适的态度更为坚决,而且本文突出了"我们认定一个中学生至少要有一个自由发表思想的工具,故用'能作国语文'为第一个标准"的观点,实际上是更明确地提出要将新文学的文学教学突入中学阶段。颇有意思的是,8月17日,胡适在整理记录的演讲稿时,又加入了《古文的教材和教授法》一节,提出了新看法,"三四年前普通见解总是愁白话文没有材料可教;现在我们才知道白话文还有一些材料可用,倒是古文竟没有相当的教材可用",因此要将古书经过"一番新式的整理",并具体列举了从七个方面修改古书。这篇文章在《晨报副刊》上发表后,被胡适介绍入主商务印书馆的王云五立即给胡适来信,说,"你的中学国文教学,我们都很赞同,……其中关于整理旧书一段,不但裨益教育,并且却是一大利源",并商量要胡适"编著关于经学、史学、诸子、文学、小说、词章各种概论"的丛书②,这就是后来的《学生国学丛书》,也由此引起新文化阵营内部关于"整理国故"的激烈争论。

1922年11月,教育界呼声日炽的学制改革终获成功。胡适作为"学界领袖"深入参与到了此项改革中("学制系统草案"主要就是胡适拟订的,且和正式颁布的区别不大)。这次学制将民初以宗日本为主的"壬子—癸丑学制",变成以宗欧美为主的"壬戌学制",主要变化是:小学

---

① 胡适1922年7月5日日记,参见《胡适全集》第29卷,安徽教育出版社,2003年。
② 王云五致胡适函(1922年9月14日),见王寿南编:《王云五先生年谱初稿》第一册,台湾商务印书馆,1987年,第117—118页。

年限缩短（由七年改为六年），中学年限延长（由四年增加到六年）并实行"三三"分段，取消了大学预科，实行选科制和分科教学。这一学制一直延续到1949年前。中学成为这次改革的重点，它的年限延长意味着国语教育的年限也随之延长，更关键的是加入了"发展青年个性，使得选择自由"这样具有时代气息的内容。

学制改革后，教育部开始着手拟订中小学各科课程纲要，主事者为胡适，《小学国语课程纲要》由吴研因拟订，《中学国语课程纲要》由年仅二十九岁的叶圣陶拟订，高中段国语科、国文科分别由冯顺伯、穆济波负责。从人事安排上就可以看出，"新派"已经在教育体制内占据了主要位置。1923年6月，"中小学各科课程纲要"刊布试行，关于国语的要点是：

（一）小学及初中、高中一律定名为"国语科"。

（二）小学读本取材以"儿童文学"（包含文学化的实用教材）为主。

（三）初中读本，第一年语体约占四分之三，第二年四分之二，第三年四分之一。

（四）高中"目的"之第三项为"继续发展语体文的技术"。

（五）略读书目举例，初中首列《西游记》《三国志演义》；高中首列《水浒传》《儒林外史》《镜花缘》。①

这个课程纲要试行到1928年。1928年5月，南京国民政府的教育部决定重新审订该纲要，小学由吴研因、赵欲仁等负责，初中由孟宪承、刘大白等负责，高中由孟宪承、胡适等负责。1929年8月，教育部颁行《中小学国语课程暂行标准》（简称《标准》）。《标准》中规定中学语文

---

① 黎锦熙：《国语运动史纲》上卷，商务印书馆，1934年，第119—120页。

科的教学目的是：初级中学——（1）养成运用语体文及语言充畅地叙说事理及表达情意的技能。(2) 养成了解平易的文言文书报的能力。(3) 养成阅读书报的习惯和欣赏文艺的兴趣。高级中学——（1）继续养成学生运用语体文正确周密隽妙地叙说事理及表情达意的能力，并依据学生的资性及兴趣，酌量兼使有运用文言作文的能力。(2) 继续培养学生读解古书的能力。(3) 继续培养欣赏中国文学名著的能力。这一表述确认了无论初中还是高中，都以提高用语体文来叙事说理、表情达意的能力为主要目的；至于文言的能力，则不作普遍要求。《标准》无疑巩固了语体文的地位。

《标准》中规定中学语文科的教学内容，其课程安排如下表：

初级中学		高级中学	
1. 精读指导（包括文法与修辞）	3	1. 讨论读物及文法和修辞研究（包括专书精读、选文精读、文法与修辞、读解古书准备）	3
2. 略读指导	1	2. 作文练习及作文评论	1
3. 作文练习	2		

《标准》的教学内容和《纲要》相比，还有以下变化：在肯定初中、高中文白兼教的前提下，初中阶段进一步增大了白话文的比重，规定初中各年级的文白比例依次为：3∶7，4∶6，5∶5；在教材的排列上，初中分为记叙文、抒情文、议论文和应用文教授，高中则要求"有系统地分年选及有关中国学术思想与文学的体制流变之文"，这不但意味着白话文有了进入高中语文教材的可能，还在教材中暗含着文学发展观，而这个观念的"习得"，使新的文学秩序在学生头脑中建立。《标准》在1949年以前又经过了几次修订，但总的说来变动不大。从《纲要》到《标

准》，其主要精神与构想都没有脱离开胡适发表的《中学国文的教授》和《再论中学的国文教授》两篇文章。对比二十多年前《奏定学堂章程》中关于国文教学的课程设计，用"翻天覆地"形容实不为过。这个转变过程，固然是新文学运动的大环境使然，在具体的文化策略上，胡适充分与各派"新"政府合作，借助教育行政力量推行白话文，从"铁板一块"的纯古文教学到小学改"国语"，再到中学语文，整个历程似乎也证明了，"权力需要知识，知识赋予权力以合法性和有效性"①。

从《纲要》到《标准》的改革过程中，并非没有阻力，这些阻力有时来自保守派，有时却来自"新派"内部，皆因为语文科是与思想文化联系最紧密的学科，又处于语文工具革命和思想革命的双重压力下，容易引起各派"文化势力"的"关注"，在此中表达不同的"文化设计"。

在保守派方面，1922年《学衡》杂志创刊，胡适虽以打油诗嘲笑云："老胡没有看见什么《学衡》，只看见了一本《学骂》！"②并认定，"文学革命已过了讨论的时期，反对党已经破产了。从此以后，完全是新文学的创造时期"③。但是，面对《学衡》诸君类似下面的诘问，"胡适们"似乎并没有多少正面回答：

> 且一种运动之成败，除做宣传文字外，尚须出类拔萃之著作以代表之，斯能号召青年，使立于旗帜之下。……至吾国文学革命运动，虽为时甚暂，然从未产生一种出类拔萃之作品。④

当然，作为敌对的双方，《学衡》对新文学作品基本上采取否定态

---

① ［英］齐格蒙·鲍曼：《立法者与阐释者》，洪涛译，上海人民出版社，2000年，第64页。
② 胡适1922年2月4日日记，《胡适全集》第29卷，安徽教育出版社，2003年，第509页。
③ 胡适：《五十年来中国之文学》，《胡适古典文学研究论集》，上海古籍出版社，1988年，第166页。
④ 胡先骕：《评胡适〈五十年来中国之文学〉》，《学衡》18期，1923年6月。

度，但草创期新文学创作实绩不足却是事实。对于此点胡适也承认，他在《胡适口述自传》中历数完白话文在教育改革上的成功后，又说，"当然文学方面的进度是相当缓慢的，不像教育方面，有一纸政府命令便可立见功效"[①]。胡适说的是实情，问题是在新文学创作还不济的时候，语文教育的变革已经为新文学留出了相当的空间，正是在此点上，新文学运动者招致旧派人物的不满。1924年，上海澄衷中学校长曹慕管就正式指控胡适利用政府的力量推广白话文，他认为，清末已有人提倡白话文，但当时士大夫不过偶为之，"以便通俗普及云尔。自适之新文学之一名词出，天下乃大响应。近更联络巨子，改革学制，凭藉部令，益肆推广"，新文学所以能"不胫而走天下"，正靠胡适以"政治手腕助之长也"。[②]曹慕管的话倒是道出了某些实情。

就是对新文学不反对的梁启超，在进行的中学国文的改革中也有不同的看法，而且很多议论是直接针对胡适的文章而发的。梁启超1922年在东南大学暑期学校演讲了《中学以上作文教学法》，对当时语文教育界的"文白之争"发表了自己的看法：

> 我主张高小以下讲白话文，中学以上讲文言文，有时参讲白话文。做的时候文言白话随意。以为"辞达而已"，文之好坏，和白话文言无关。现在南北二大学，为文言白话生意见，我以为文章但看内容，只要能达，不拘文言白话，万不可有主奴之见。[③]

梁启超演讲后，当记录者提出将此讲稿公开刊行时，梁启超在回信

---

① 《胡适口述自传》，安徽教育出版社，1999年，第191页。
② 曹慕管：《论胡适与新文学》，《时事新报·学灯（副刊）》，1924年3月25日。
③ 梁任公讲演、卫士生等笔记：《中学以上作文教学法》，中华书局，1925年，第53页。

中单挑国文教学中的"文白之争",再次表明自己的观点:

> 中学作文,文言白话都可,至于教授国文,我主张仍教文言文。因为文言文有几千年的历史,有许多很好的文字,教的人很容易选得。白话文还没有试验的十分完好,《水浒》《红楼梦》固然是好的;但要整部的看,拆下来便不成片段。①

这里实际是影射两年前胡适发表关于《中学国文的教授》一文。胡适在此文中提及"国语文的教材与教授法",第一要点便是"看小说",至少看"二十部以上,五十部以下的白话小说"。对胡适推荐的《红楼梦》《儒林外史》等白话小说,梁启超也不甚赞成放到正式的语文教学中,他在佚文《中学国文教材不宜采用小说》里,首先声言对《水浒传》《红楼梦》并无偏见,但认为它们是"醉药",对青年害多利少,因为它们"固然是妙文,但总要通看全部,最少也拿十回八回作一段落,才能看出他的妙处。学校既没有把全部小说当教材的道理,割出一两回乃至在一两回里割出一两段,试问作何教法?""小说是大学文科里的主要的研究品,用作中学教材,无论从哪方面看,都无一是处。"②梁启超还认为,近人"叙事文太少,有价值的殆觉无","议论文或解释文中虽有不少佳作,但题目太窄,太专门,不甚适合中学生的头脑","大抵刺激性太剧,不是中学校布帛菽粟的营养资料"。而胡适在《中学国文的教授》一文曾极力推荐梁启超的作品,"第一年专读近人的文章。例如梁任公,康长素,严几道,章行严,章太炎等人的散文,都可选读",而梁启超似乎一点也不"领情",还略带讽刺地"鼓励"新文学创作,"希望十年以

---

① 卫士生、束世澂:《〈中学以上作文教学法〉序言一》,梁任公讲演、卫士生等笔记:《中等以上作文教学法》。
② 梁启超:《中学国文教材不宜采用小说》,相关研究见陈平原:《八十年前的中学国文教育之争:关于新发现的梁启超文稿》,见《中华读书报》2002年8月7日第5版。

后白话作品可以充中学教材的渐多,今日恐怕还不到成熟的时候"。单从语文教育的角度看,梁启超的见解不无道理,但他仅从学生学习角度来看问题。而当年胡适言论背后的文化目的并不是教育本身,而是想尽快将古今白话小说放入中学教材,其还有制造"新经典"的目的,哪里还能等上"十年"?更关键的是,这时民间、官方的位置已经悄然发生了变化,通过胡适、钱玄同、黎锦熙的四处宣讲(而且演讲的地点多是国语讲习所和大学等直接传播新观念的地方),胡适关于中小学国文教学的观点俨然已成为代表政府的"主流"观点。自然,梁启超未及发表的见解也引不起多少注意了。

关于中学国文的改革,在新文化阵营内部也出现了若干抵牾。1924年章士钊即将就任教育总长前,国语运动者就感到"国语方面在政府方面的中流砥柱也怕靠不住了",而且黎锦熙很明确地意识到,"其实章先生所痛心疾首乃是指'斥桐城为谬种,骂选学为妖孽,而自命为文学正宗'的白话文,此外如注音字母之类,乃等诸'自郐以下'"①——大有同文学革命运动"划清界限"之意。但是,自从1918年"文学革命"和"国语运动"两大运动合流后,事实上已经很难分开。为了防止章士钊在"剿灭"白话文学时"殃及"国语运动,于是他们在《国语周刊》上撰文,试图把两个运动区别开,"国语的宗旨,一面是谋全国语言的统一,非教育部定一个标准出来不可;一面是谋文字教育的普及,非教育部容许作浅显的白话文,并将注音字母帮助他们识字不可。总而言之,这都是小学教育和通俗教育的事,只以小孩子和平民为范围"②。分析这段话很有意思,作者尽量想把国语运动和白话文学分开,而且把白话文限定在小孩子和平民,这实际上又回到了两大运动合流前,于是新文化阵营中的"左派"很是责怪黎锦熙,认为这是向章士钊妥协的"城下之盟"。

---

① 黎锦熙:《国语运动史纲》,商务印书馆,1934年,第131—132页。
② 黎锦熙:《国语运动史纲》,商务印书馆,1934年,第133—134页。

但黎锦熙有他自己的理由——他要通过将两大运动区别开,来保护来之不易的国语运动的成果。于是,裂痕开始出现,在中华教育改进社年会草拟改革方案期间,胡适竭力要将国语教育(实际上是白话文教育)推进到中学,并且反对黎锦熙提出的"国民学校初年级应以注音字母代汉字"的议案,两人"辩论甚烈,几乎伤了感情"①。

在语文教育界内部也有很多争执。当叶圣陶把语体文的阅读写进《纲要》,并按文白比例编出《初中国语课本》后,教育家孟宪承就反对初中阅读白话文学作品,"我则以为在初中里,除文典上要讲通语法文法,示例应当并重;与补充读物,当然语文并行外,其文学读本教材,应当以纯粹的中国文言文学为主体,语体文不必选,翻译文更不必选",他认为文艺界尽管可以倡导白话文学,但"决没有因为文艺界盛唱一种思潮,便令全国12岁至14岁的学生,不能尽量享受固有的粹美的文学遗产之理"②。可见,当1918年两大运动合流,并通过制度层面的运作取得一系列成果时,实际上是以相似的目标掩盖了各自的差异,而当政治环境起了变化(依靠政治取得的成功又最容易受政治影响),双方的分歧就会暴露出来。胡适的"文学的国语,国语的文学"虽然给国语运动指了唯一正确的路——国语标准只能在其中产生,但是,国语运动者仍然只想把国语限定在教育工具层面,而新文学运动者则试图提到文学革命层面甚至思想革命层面,而这样却会招致更大的反对力量。两者的分歧还在于,文学革命多少应该是自发的,民间立场的,缓步前行的,而国语运动必须依靠官方力量,是统一的,整体推进的。而文学革命处在和前清完全不同的媒体社会中,必须要争取青年的支持,而其中最迅捷的方式就是通过教育系统,而教育系统又是代表主流意识形态,相对是比较保守(或言"慎重")的部门,新文学必须同教育部门紧密结合,才可

---

① 胡适1922年7月5日日记,《胡适全集》第29卷,安徽教育出版社,2003年。
② 孟宪承:《初中国文教材平议》,载《教育与人生》1924年第28期。

能顺利推展,这对新文学运动者是一个两难选择。自然,上述所有的变革都可以理解为新文化运动影响下的结果,但其中细微的、偶然的因素却不能不详加辨析,由此也可以反观,没有哪一个运动是只通过呼吁和提倡,不通过制度层面的复杂运作就可以成功的。

第四节 "儿童文学化":二三十年代小学语文教材的主流

现代儿童文学的诞生同语文教育的改革密不可分,而语文教育对儿童文学观念的传布和创作亦有很大的作用——1920年教育部训令初小"国文科"改"国语科",同年周作人在孔德学校的演讲提出了"儿童的文学"的概念,1922年郑振铎创刊《儿童世界》,赵景深和周作人在《晨报副刊》上讨论"童话"的问题,1923年商务印书馆出版了第一种《儿童文学概论》(魏寿镛、周侯予合著),在冰心的倡议下,《晨报副刊》创办"儿童世界"栏目。从1920年到1923年,儿童文学成为"最时髦、最新鲜,兴高采烈,提倡鼓吹"的新生事物,"教师教,教儿童文学;儿童读,读儿童文学"[1]。于是,一场轰轰烈烈的"儿童文学运动"(朱自清语)就此展开了。

关于这场"儿童文学运动",儿童文学界已多有著述。[2]但我以为有一点需要注意,当年新文化诸君对儿童文学的关注,多是从儿童教育和儿童语文教育上立论的。1919年杜威来华巡回讲学后,"儿童本位论"思想逐渐在教育界形成共识,1919年10月,全国教育会联合大会甚至以决议案的方式提出,"以前教育只研究应如何教人,不知研究人应如何教。今后之教育应觉悟人应如何教,所谓儿童本位教育是也"[3]。此后,在教

---

[1] 魏寿镛、周侯予:《儿童文学概论》,商务印书馆,1923年,第1页。
[2] 参见王泉根:《现代儿童文学的先驱》,上海文艺出版社,1987年。
[3] 《第五届全国教育会联合大会有关决议案·请废止教育宗旨宣布教育本义案》,《中国近代教育史资料汇编·普通教育》,上海教育出版社,1995年,第503页。

育界兴起了以"尚自然,展个性"和"自动主义"为主要原则的教育方法论,从儿童心理上认定,"儿童不是'小人',儿童的心理与成人的心理不同样,儿童的时期不仅作为成人之预备,亦具他的本身的价值,我们应当尊重儿童的人格,爱护他的烂漫天真"①。在教学方法上,以儿童本位为基础的启发式教学、设计教学法、道尔顿制的实验不断涌现。事实上,儿童文学的伸展发皇很大程度上是由于上述教育思想和教育方法推广、应用到文学领域的结果,两相结合形成了"儿童文学的本位观","儿童文学是儿童的——便是以儿童为本位,儿童所喜爱看所能看的文学"②。从当年的儿童文学研究看,很多论述都是从儿童教育切入的:

> 现在讲儿童教育的,大都知道供给儿童的材料,应当是拿儿童做本位的了;……据我想来:人生在小学的时期内,他的内部生命,对于现世,都没有什么重要的要求,只有儿童的文学,是这时期内最不可缺的精神上的食粮。因此,我以为真正的儿童教育,应当首先注重这儿童文学。③
>
> ——严既澄,1921年

其实,教儿童不比成人,不必顾及实用不实用,不要给得他越多认为越好。新教育发明家法人卢梭有几句话说:"教儿童,不要节省时间,要糟蹋时间。"你们看!种萝卜的,越把萝卜拔长起来,越是不行;应使他慢慢地长大,才是正当的法子。儿童也是如此;任他去看那童话,神话,故事,讲那"一只猫

---

① 陈鹤琴:《儿童心理及教育儿童之方法》,《新教育》3卷2期,1921年。
② 郑振铎:《儿童文学的教授法》,原载宁波《时事公报》1922年8月10—12日,引自王泉根评选:《中国现代儿童文学文论选》,广西人民出版社,1989年。
③ 严既澄:《儿童文学在儿童教育上的价值》,引自王泉根评选:《中国现代儿童文学文论选》,广西人民出版社,1989年,第63页。

和一只狗说话",过了一个时候,他们自会领悟的,思想自会改变自会进步的。——这不是我个人的私意,是一般教育家的公论。①

——胡适,1921年

根据儿童自己需要的文学,便拿来做教材,所谓"因势利导";和杜威博士所说"教育之职,在发见儿童兴趣而利导之"的一句话完全相合。施行之后,因为儿童自己需要,便可以使他"自动就教",不再"被动受教",一方面引入他到"美"的一条路上,使他的人生成"美术化"。②

——魏寿镛、周侯予,1923年

可以看出,关于儿童文学的很多理论,都是从儿童教育领域引来话语资源。但是,教育家眼中的儿童文学同文学家眼中的儿童文学又是不一致的:教育家多是从儿童文学的功用立论;而文学家讨论得更多的则是"儿童文学的本质"——郑振铎即使在面对小学教师演讲时,也不忘记单辟一节来讲解"儿童文学的特质",说明儿童文学和普通文学的区别。③就是文学家之间,看待儿童文学的角度也颇不相同:叶圣陶的呼吁满怀社会责任感,是"为最可宝爱的后来者着想,为将来的世界着想,赶紧创作适于儿童的文艺品"④。郭沫若在《儿童文学之管见》中首先也

---

① 胡适:《国语运动与文学》,引自姜义华主编:《胡适学术文集·语言文字研究》,中华书局,1993年。
② 魏寿镛、周侯予:《儿童有没有文学的需要》,引自王泉根评选:《中国现代儿童文学文论选》,广西人民出版社,1989年,第81页。
③ 郑振铎:《儿童文学的教授法》,参见王泉根评选:《中国现代儿童文学文论选》,广西人民出版社,1989年,第213—214页。
④ 叶圣陶:《文艺谈·七》,发表于《晨报副刊》(1921年3月12日),参见王泉根评选:《中国现代儿童文学文论选》,广西人民出版社,1989年。

说,"儿童文学的提倡对于我国社会和国民,最是起死回春的特效药,不独职司儿童教育者所当注意,举凡一切文化运动家都应当别具只眼以相看待。今天的儿童便为明天的国民",在观点上似乎和叶圣陶很接近,但往后的论述就和其"泛神论"思想相结合,而具有某种"童心崇拜"的性质了,"纯真的儿童文学家必同时是纯真的诗人,而诗人则不必人人能为儿童文学。故就创作方面言,必熟悉儿童心理或赤子之心未失的人,如化身而为婴儿自由地表现其情感与想象"①。这些细微差异,在当时齐心协力发起"儿童文学运动"时,并未被大家认识到(大家同在"儿童本位论"的影响下),也未能形成观点上的交锋——盖凡一种运动,始终是要"求同存异"或"以同遮异"方能形成。但是,不同的儿童文学观却形成了教材中的儿童文学和创作类儿童文学的差别。

教材中的儿童文学是通过教育制度的调整,不断增加分量、调整内容的。在1920年教育部训令初小"国文科"改为"国语科"前,商务印书馆就事先得到了消息,于1919年8月抢先出版了八册《新体国语教科书》。不过,这套教材除编辑了《放羊歌》《时辰钟歌》等儿歌尚可算是儿童文学作品外,其他的只能算是白话语言材料,如第三册第一课《读书》:"哥哥问弟弟道:'你要读书么?'弟弟答道:'我很要读书。'哥哥道:'很好,读书是一件最要紧的事。'"眼见商务用白话教材抢占市场,中华书局当然也不愿坐等,于是迅速在1920年6月推出了《新教育教科书国语读本》,"这本书,先教注音字母,后教最浅的语体文"。而且在内容方面声称,"都是就七岁儿童的心理,选择支配所用材料"②。在一、二两册教完注音符号和简单的词句练习后,第三册开始出现了一些儿歌,如第四课《萤火虫歌》:"萤火虫,萤火虫,飞到西,飞到东,好像

---

① 郭沫若:《儿童文学之管见》,参见王泉根评选:《中国现代儿童文学文论选》,广西人民出版社,1989年,第206页。
② 《新教育教科书国语读本〈编辑大意〉》,中华书局,1920年6月。

许多小灯笼。灯笼小,灯光好,小朋友,你们不要飞远了,陪着我们乘凉好不好?"随着年级的升高,一些沿用至今的语体文章如《文彦博》、《船称象》(即《曹冲称象》)也开始出现在第四册。从课文中可以看出,内容虽然仍旧是以介绍国家社会、历史地理、日常物件等实用性内容居多,但编者力图用更有趣的方式来表述,如第五册三十六、三十七课《煤炭谈话》:

市上有一家煤炭行。某日,炭从外面进来拜会煤,煤连忙招待,互相谈话。煤问炭道:"先生的历史和能力,可以说给我听听吗?"炭道:"可以的。我本是木质,后来被火烧焦,变成黑种。我能够驱除寒气,蒸发水汽,煮熟食物,人叫我做炭,又叫木炭。煤先生,你的历史和能力,也愿意告诉我吗?"

煤道:"能有什么不愿意的呢?"

煤道:"我先前也是木质,就是上古时代的森林。偶然因地面变动,陷进土中,经过长久的时期,也变成黑种。我的能力,也和你一样;并且比你还要猛烈些,蒸汽机简直少不得我。人叫我做煤,又叫石炭。我们同质同种,能力也相同;名称也相像;实在是一家弟兄!"炭道:"我在大火里,烧一两日就成了。你却要经过多年,才能变成,是你的年纪大得多,应该做我的老哥哥。"煤道:"不敢当,不敢当。"说罢,他们相对鞠躬,炭便告辞去了。

课文主要目的仍是教授国语,传授知识,不过拟人手法的运用倒也有些童话色彩。再如第六册用《银元说话》来讲述金融知识,用《胃和身体的关系》来讲述生理知识,采用的都是童话的方式,从"鸟言兽语"扩展到其他器物。在韵文方面,这套教材没有选用一首古诗(也反映出编者对古典文学的态度），却有几首相当不错的儿童诗，如第八册的《微光》，读来颇有几分类似于胡适《尝试集》中新诗的纯朴味道：

> 天怎么还不晓？／我却披衣起床了。／推开窗子望着天上，／月亮已经去休息了，／太阳却没我起得早。／可爱的几点残星，／挂在空中，微微的照耀，／我说：好朋友，／你们的灵光虽小，／你们此刻可算是唯一的神了！／可爱的几点残星，／只是微微的照耀，／好像是对我发愁，／又好像是望着我笑。

翻阅早期的小学国语教材，课文大都同国语教育结合在一起，需要承载注音符号和识字的学习任务，很难说是成熟的儿童文学。这也提示我们思考，判断是白话文还是白话文学，其中的分水岭就是看课文是否具有"文学性"。乔纳森·卡勒的关于文学的见解有助于我们理解这个问题，他认为，"文学是一种可以引起某种关注的言语行动，或者叫文本的活动。它与某种其他种类的言语行动不同，比如与告知信息、与提出问题或者做出承诺的言语行为都不同"①。白话文大抵只能算告知信息的语言，只反映口头语言的状况，同具有精妙构思的文学创作相差甚远。这丝毫不奇怪，虽然小学改"国语科"成功，但教育家关注的更多是口头语言的统一，只是语言上更浅近一些，文学教育并没有特意提出；而文学家则认为枯燥的白话引不起孩子的兴趣，就是教注音符号和识字，也应当融合到文学教育中进行。胡适曾批评早期的国语教科书说：

> 现在有些小学国语教科书说："一只手，两只手；左手，右手。"教员认真地教，对于低能儿可以行得，因为他们资质笨

---

① ［美］乔纳森·卡勒：《当代学术入门·文学理论》，李平译，辽宁教育出版社，1998年，第28页。

了,还得用这种笨教法。可是文字和说话一天接近一天了,教一般儿童,这种方法,千万使不得了!将来诸位去教儿童,第一要引起那儿童们的"文学的兴趣"![1]

基于对儿童文学重要性的认识,当胡适在苏州第一师范学校附小看到教员们编就的教材很"注意儿童文学"时,便欣然答应为其作序。[2]叶圣陶也认为,教师在进行国语教育时要找到"适当的教材",而"所谓适当的教材,无非是儿童所曾接触的事物,然则将儿童所曾接触的事物,尽行记录或说明,就可算是最好的教材么?那也未必。因为儿童的生活,差不多浸渍于感情之中;冷静的理解,旁观的述说,在儿童殊觉无味。要使儿童感觉无味,就不是最好的材料。所以国文教材普遍的标准,当为儿童所曾接触的事物,而表达的方法,又能引起儿童的感情的。换一句话说,就是具有文学趣味的。……文学趣味本是儿童的夙好呢,教师当然要教他们以富有文学趣味的教材了"[3]。

在文学界的呼吁与鼓励下,教科书中的儿童文学作品逐渐增多。1922年6月,商务印书馆出版了供高小用的《新法国语教科书》,这套教材不仅将国语教育推广到高小,而且大大加强了课文的文学性,"编辑大意"中强调,"二、本书以动人感情、发人想像、供人欣赏作主目的;所以实质形式两方面,都取有文学的兴趣作标准。三、本书选材注重儿童生活的、心理的、积极的、想像的四大要点;可以发挥儿童的想像力判断力,以达人生的正鹄"。随着儿童年龄的增加,课文在"儿童文学化"的表达上更加多样,如第一册第二课《三只小蝴蝶》:

---

[1] 胡适:《国语运动与文学》,引自姜义华主编:《胡适学术文集·语言文字研究》,中华书局,1993年。
[2] 参见胡适1921年7月30日日记,《胡适全集》第29卷,安徽教育出版社,2003年。
[3] 叶圣陶:《小学国文教授的诸问题》,《叶圣陶集》第13卷,江苏教育出版社,1992年。

有三只小蝴蝶：一只白的，一只黄的，一只红的。他们亲兄弟三个，欢欢喜喜的在花园中飞舞。

忽然大雨来了，把他们的翅膀弄湿。兄弟三个不得飞回家去，就站在一枝红黄相间的郁金香下，说道："朋友呀！你可以放开你的花瓣，让我们躲躲雨么？"

郁金香道："红的黄的请进来罢！你们的颜色和我一样；白的可是不能。"红的黄的同声说道："谢谢你！如若我们的白兄弟不能进来，我们情愿陪他立在雨中。"

雨愈下愈大，可怜的蝴蝶们愈加潮湿了。他们于是飞到一枝白的百合花上，说道："好的百合花呀！你可以稍稍放开你的花瓣，让我们躲一下么？"

百合花道："白的请进来罢！你的颜色和我一样；可是红的、黄的只好仍旧在雨中等一下了。"

白蝴蝶道："如若你不欢迎我的红兄弟和黄兄弟，我情愿陪他们立在雨中；我们宁可潮湿，不愿分离的。"三只小蝴蝶于是又飞到别处去了。

太阳在云后面，听见他们兄弟这样的有义气，便把面孔从云中钻了出来，顿时把雨收住，晒干了三只小蝴蝶的翅膀，使他们得着和暖。这时候小兄弟三个止了悲痛，仍旧欢欢喜喜的在花丛中飞舞。等到黄昏将近，就飞回到家中去了。

本套教材除了编者自己编写课文外，还有意识地选用了现代文学作家的作品，如陈衡哲的《鸟》，沈尹默的《你何必叫哞哞》，其中陈衡哲的《鸟》在风格上已经很不同于前两年教材中简单的"比拟自述体"了：

狂风急雨,打得我好苦!打翻了我的破巢,淋湿了我美丽的毛羽。我扑折了翅膀,睁破了眼珠,也找不到一个栖身的场所。

窗里一只笼鸟,倚靠着金漆的栏杆,侧着眼只是对我看。我不知道他是忧愁,还是喜欢?

明天一早,风雨停了,和煦的阳光,照着那鲜嫩的绿草。我和我的同心朋友,只只的随意飞去。忽见那笼里的同胞,正扑着双翼在那里昏昏的飞绕;要想撞破那雕笼,好出来重做一个自由的飞鸟。

他见了我们,忽然止了飞,对着我不住的悲啼。他好像是说:"我若出了牢笼,不管他天西地东;也不管他恶雨狂风;我定要飞他一个海阔天空。直飞到筋疲力竭,水尽山穷;我便请那狂风,把我的羽毛肌骨,一丝丝的都吹散在自由的空气中。"

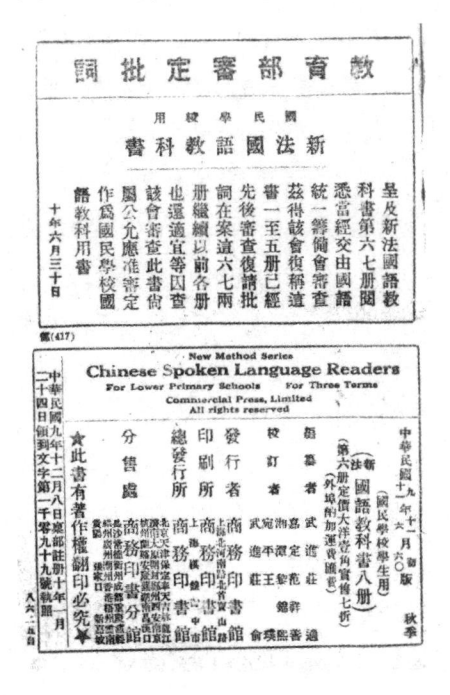

最后几句话出自陈衡哲的新诗《鸟》，表达的是自由的精神和理念，比单纯用"比拟自述"来讲解知识要高明得多。这套教科书在市场上反响良好，仅九个月后的1923年3月，第一册已印了十一版（民国教科书一版通常为5000册）！受到了市场的鼓励，商务印书馆在1922年12月干脆又以《儿童文学读本》为名出版了一套教材，由身兼儿童教育家、儿童文学家的沈百英主编。这套教材选材的范围更为丰富，"我花了半年时间，专在图书馆内搜寻资料，加上过去在苏州创作的低幼读物，特别是一些儿歌、韵文、反复故事、科学童话等等，再请编译所添购了一些外文儿童读物，材料搜到不少"[①]，创作和改编的儿歌也更多地借用民间童话的手法，不仅结构上回环往复，内容也接近周作人所谓的"无意思之意思"，如第三册第一课《独角牛》：

> 两只老牛，在草地上打架。一只老牛，不见了一只角。老牛出去找他的角。老牛看见兔儿。老牛问兔儿说："你拾我的角吗？"兔儿说："我有长耳朵，不要你的角。"老牛看见野猪。老牛问野猪说："你拾我的角吗？"野猪说："我有尖牙齿，不要你的角。"老牛看见猴子。老牛问猴子："你拾我的角吗？"猴子说："我有长脚爪，不要你的角。"老牛看见象。老牛问象说："你拾我的角吗？"象说："我有长鼻子，不要你的角。"老牛找不到角，只好回来了。老牛哭着说："我只好做独角牛了！我只好做独角牛了！"

1922年10月，北洋政府进行学制改革，并在1923年年初公布了由吴研因拟订的《小学国语课程纲要》，将阅读"儿童文学"的要求列入其

[①] 沈百英：《我与商务印书馆》，《商务印书馆九十年》，商务印书馆，1987年，第289页。

中，在初小阶段能阅读"语体的儿童文学等书八册",在高小阶段能"读儿童文学书累计12册以上","能用字典看与《儿童世界》和《小朋友》程度相当生字不超过10%的语体文"。这一举措从制度层面使儿童文学在教材中"合法化",也反击了社会上日渐上升的对儿童文学的非议。于是,"'儿童文学'这一股潮流,自周作人等提倡以来,在民十一新学制公布时达到最高点"①。

书局的竞争促进了儿童文学作品在教材中的呈现方式和篇幅,各书局又相继推出与新学制配套的语文教材,加强了教材"儿童文学化"的程度,特别是商务印书馆的《新学制国语教科书》,1923年6月出版后,当月即再版三十次。这套书几乎全采用"儿歌、童话、寓言、民谣、寓言之类做材料",而且得到了教育部的首肯。教材的第一册第一课是"狗大狗 小狗",第二课是"大狗叫,小狗跳,大狗小狗叫一叫,跳两跳",被保守派大骂为"猫狗教育""贼夫人之子"。还有人以商务的教材作纵向比较,清末《最新国文教科书》第一册第一课是"天地日月",民初《共和国国文教科书》第一册第一课是"人手足刀尺",而现在变成了"大狗小狗",讽刺说这是"从天到人"又"从人到狗"的变化,意思是说教材品位越来越低,但如果反向看这种变化,却是"儿童文学化"的程度越来越高。从全套教材的儿童文学作品看,写作者更加自信,对这一文体特征的把握更加到位。下面是初小第五册的一个文体统计:

课数	课名	体裁
1	红的红	儿童诗
2	采木料	笑话
3	捉亮光	笑话
4	太阳光光	童谣

---

① 黎锦熙:《国语运动史纲》上卷,商务印书馆,1934年,第121页。

(续表)

课数	课名	体裁
5	什么东西可以装满房间？	益智故事
6	猴子拾豌豆	童话
7	蜗牛	童话
8	两个洞	寓言
9	笑	儿童故事
10	互相争论	科学小品
11	互相帮助	科学小品
12	蛇头和蛇尾的分离	寓言
13	变叫花子	寓言
14	查人心	儿童剧
15	马怎么会给人骑	童话
16	天也宽	儿童诗
17	一群恐慌的野兽（一）	童话
18	一群恐慌的野兽（二）	童话
19	骆驼和猪	寓言
20	兔和狗	寓言
21	鹿吓老虎（一）	童话
22	鹿吓老虎（二）	童话
23	月亮高高	儿童诗
24	影子也厉害的狮子	童话
25	小兔救小驴（一）	童话
26	小兔救小驴（二）	童话
27	怎样哄我站起来	益智故事
28	张得庸给李士明的信——还表	应用文
29	李士明复张得庸的信	应用文
30	我的世界	儿童诗

（续表）

课数	课名	体裁
31	客来	儿童故事
32	公鸡蛋	益智故事
33	野鸭带乌龟搬家	童话
34	谁叫你开口的？	童话
35	做好事的善人	故事
36	金篮子	儿童剧
37	朱姓人家	儿歌
38	狡猾的狐狸	童话
39	百灵鸟	童话
40	世界上最聪明的鸟	童话
41	知更雀的窠	童话
42	知更鸟的歌	诗歌
43	好运气	故事
44	留心不要走近他	童话
45	好狡猾的东西	童话
46	大风浪的蛀虫	寓言
47	风不吹	儿童诗
48	微光	童话
49	我的床	儿童诗
50	时辰钟为什么不睡觉	笑话

儿童文学在教材中占如此大的比例是否合适，还需要从教育学、心理学角度加以论证分析。不过，通过教育制度的改革，促进了教材中儿童文学的发展，"儿童文学化"已经逐渐成为小学语文教材的主流。小学教材的"儿童文学化"，也引来了儿童文学界和小学教育界关于"鸟言兽

语"的争论。这场争论已有多位学者分析①,但如果我们结合当年教材来看,可以发现尚仲衣提到的某些"消极标准"在当时的教材中的确存在。最终,这场争论是"新派"人物取得了胜利,其意义在于:既巩固了童话作品在教材中的位置,另外也促进了童话的创作,教材中的作品更多地从民间童话转为作家创作的童话。

二十世纪三十年代是国民党统治逐渐巩固的时期,也是各种矛盾迅速积累的时期。伴随着经济发展带来的教育大发展②,包括国语教学在内的各科教学也逐渐进入正规化。1932年11月,教育部在经过三年的试用后,颁布了由吴研因、赵欲仁等人拟订的《小学国语课程标准》,在"目标"第三点即提出"欣赏相当的儿童文学,以扩充想象,启发思想,涵养感情,并增长阅读儿童文学的兴趣",对教材课文的编选,课程标准又提出,"依据增长儿童阅读趣味的原则,尽量使教材富有艺术兴趣。其条件如下:(1)事实连接一贯而不芜杂;(2)趣味深切隽永而不浅薄;(3)叙述曲折生动而不枯窘呆板;(4)措辞真实恳切而不浮泛游移;(5)描写和事实应'一致的和谐'而不扞格不相称;(6)支配奇特(如鸟与叫相配搭,便是平凡,鸟与唱歌或说话相配搭,并觉奇特),而使儿童不易直接推知;(7)结构严密圆满而不疏散奇零"③。这一点比较有趣的是,课程标准对教材中儿童文学作品的写法做出了细致要求,这是经过二十年代摸索后的经验总结。这些要求能使儿童文学的创作风格更加健朗,也能使编写者更能把握儿童文学的特征。

1932年的课程标准后来又经过了几次修订,但总的来说变化不大。课程标准的规定"固定"了教材内容,使儿童文学化仍是抗战前小学国

---

① 相关争论文章参见王泉根评选:《中国现代儿童文学文论选》,广西人民出版社,1989年,第242—289页;研究文章参见吴其南:《中国童话史》,江苏少年儿童出版社,1992年;方卫平:《中国儿童文学理论批评史》,江苏少年儿童文学出版社,1993年。
② 据统计,1927—1937年间,工业产值平均每年增长率为8.4%,参见商务印书馆《十年来的中国》上册,1938年。
③ 黎锦熙编:《新著国语教学法》,商务印书馆,1933年,第266—279页。

语教材的主流,而且有的课文是非常地道的儿童文学作品,例如中华书局1932年出版的《小学国语读本》第四册第八课《秋虫》:

> 今天晚上,月儿圆又亮,各种秋虫,在草地上开音乐会,丁令令,丁令令,金钟儿的声音好像摇铃。札札札札,叫哥哥的声音好像拍板。唧唧矍,唧唧矍,蟋蟀的声音好像打鼓又打锣。最后,纺织娘出场了,他的歌声一阵高,一阵低,一阵缓,一阵急,很像劳动的女工,在深夜纺纱织布。
> 他们真高兴,真热闹,一直闹到天亮才散会。

课文语言优美纯正,有童话想象,又充满牧歌情调。可以看出,三十年代教材中的儿童文学作品比二十年代更为成熟——这其中又以叶圣陶独力编写的《开明小学国语课本》艺术水准最高。1923年11月,叶圣陶将童话集《稻草人》结集出版后,接编《小说月报》,创作《倪焕之》,编写初中语文教材,几乎没有再写过儿童文学作品。因此,在儿童文学史中,三十年代很少提到叶圣陶。不过,叶圣陶认为自己编写的这套教材也是儿童文学的创作,他说:

> 在儿童文学方面,我还做过一件比较大的工作。在一九三二年,我花了整整一年时间,编写了一部《开明小学国语课本》,初小八册,高小四册,一共十二册,四百来篇课文。这四百来篇课文,形式和内容都很庞杂,大约有一半可以说是创作,……小学生既是儿童,他们的语文课本必得是儿童文学,才能引起他们的兴趣,使他们乐于阅读,从而发展他们多方面的智慧。当时我编写这一部国语课本,就是这样想的。①

---

① 叶圣陶:《我和儿童文学》,见《叶圣陶和儿童文学》(代前言),少年儿童出版社,1990年。

叶圣陶在教材的"编辑要旨"里强调,"本书尽量容纳儿童文学及日常生活上需要的各种文体;词、句、语调力求与儿童切近,同时又和标准语相吻合,适于儿童诵读或吟诵"。这一点并不特出,在三十年代许多小学国语教材都声称要"以儿童文学为中心"。但在艺术表现上,《开明小学国语课本》要比同期其他教材高明一些。例如,同是表达处于列强压迫之下的爱国情绪,世界书局的《新主义教科书前期小学国语读本》第六册第一课这样表达:

  同志们,努力走上前去罢,曙光就在前面啊!
  用我们的气力,去开拓平等国。
  用我们的脑浆,去栽培博爱芽。
  用我们的心血,去灌溉自由花。去去去!
  莫退缩,莫害怕,努力走上前去啊!
  …… ……

《复兴国语教科书》第四册第二十六课这样表达:

  热血滔滔,像江里的浪,像海里的涛,常在我的心头翻搅。只因为,耻辱未雪,愤恨难消。四万万的同胞啊!我们要洒热血去除强暴。
  热血溶溶,像火焰般烈,像朝日般红,常在我的心头汹涌;一心想,复兴民族,为国尽忠!四万万同胞啊!我们要洒热血去争光荣。

文字多是口号式的急呼,而在《开明小学国语课本》中,作者却将笔锋宕开，用更为形象更为迂回的笔法来表现，更能引起儿童的阅读兴趣。下面是第七册第一课《长江》：

> 我们来到吴淞口的岸滩，
> 看长江滔滔滚滚向海里流。
> 中华的大动脉，亚洲第一大水，
> 啊，我们今朝站在你的边头！
>
> 滔滔滚滚的江水呀，
> 你的路程比黄河还长。
> 你经过许多高山和大城，
> 你访问过洞庭和鄱阳。
>
> 你帮助劳苦的农人，
> 灌溉了南北两岸的农田，
> 也帮助全国的大众，
> 流通了货品万万千千。
>
> 但是，你那里有这些商船军舰，
> 来来往往挂着外国的旗！
> 大动脉里怎能容留着病菌，
> 啊，我们得赶快着力地医！

教育家在编写儿童文学作品时，容易出现的问题有两个：第一，把握不准儿童的年龄段，编出的课文常在儿童认知水平之下，从而使课文显得太"甜"太"腻"，如同梁启超曾说的，"近时教科书之深浅，种类之选择，课程之分配，仅是为中材以下之标准；稍聪颖者则虽倍之不为多，此在编者教者或不欲过儿童之脑力，然失之过宽，亦实有不宜之处"①。例如中华书局的《小学国语读本》第二册第十课有一首"摇篮曲"："太阳公公回家去，月亮婆婆出来了。／睡罢睡罢，我的好宝宝。／鸡也睡了，鸽子也睡了。／老鼠出来跑，猫头鹰出来叫。／睡罢睡罢，我的好宝宝。／妈妈拍拍，妈妈抱抱，／合上眼睛，合上眼睛睡罢，好的好宝宝。"这些课文虽然温馨可爱，但让七八岁的孩子来读却不一定有兴趣。第二，喜欢把"意义"夹在童话故事中，徒有"儿童化"的形式，周作人批评这样的作品是"把儿童故事当作法句譬喻看待"②。如世界书局的《新主义教科书前期小学国语读本》第四册第八课《外侮来了》："大小两只青蛙，在草地上打架。／大的不肯息，小的不肯罢。／一条大蛇游过来，不觉笑哈哈。／大蛙抬头一瞧，忙向小蛙下警告。／他说：'外侮来了，我们努力抵抗强暴。'／他们停了战争，齐向大蛇咬。／大蛇受了痛苦，忙向草里逃。"或许是叶圣陶对这两个问题有所意识，或许是作家的艺术功底使然，《开明小学国语课本》对以上两个问题的处理，比其他教材都要好。编者从初小第一册就开始用单元组织法，将较长的文章分成几课连缀成篇。例如，第二册第八至十课：

  小白兔在家里，听得外面敲门。他问："谁敲门？"
  外面的说："家住树林里，身穿羽毛衣，来去像飞机，今天来看你。你猜我是谁？"
  小白兔说："你是小鸟。请进来吧。"
  小鸟进来了，外面又敲门。小白兔问："谁敲门？"

---

① 梁启超：《中国教育之前途与教育家之自觉》，引自舒新城编：《中国近代教育史资料》下册，人民教育出版社，1961年。
② 周作人：《儿童的书》，《周作人自编文集·儿童文学小论》，河北教育出版社，2002年，第57页。

外面的说:"家住河水里,身穿游水衣,来去像小船,今天来看你。你猜我是谁?"

小白兔说:"你是小鱼。请进来吧。"

小鱼进来了,外面又敲门。小白兔问:"谁敲门?"

外面说:"家住叶丛里,身穿竹节衣,来去像火车,今天来看我。你猜我是谁?"

小白兔说:"你是青虫。请进来吧。"

《开明小学国语课本》中也有不少政治色彩较浓的课文,但作者觉得处理不好时,绝不往故事里硬塞"教训",他把目光放远一些,用充满童真的故事来表现更为本质性的儿童"教育观念"。下面这篇课文《"来得太早了"》内核是儿童关于时间的概念,既准确把握了儿童心态,又很有些"儿童哲学"的意味:

上午,母亲对三个孩子说:"下午三点钟,音乐会开会,带你们听去。"

三个孩子都高兴,恨不得立刻是下午三点钟。吃过午饭,他们偷偷地拨动了钟上的针,对母亲说:"现在两点三刻了,我们去吧。"

他们走到音乐会场,一个听客也不见。

母亲说:"来得太早了。我们出来的时候,的确是两点三刻。钟为什么快起来了!"

三个孩子坐在会场里,恨不得立刻听到音乐。过了一会,一个孩子轻轻说:"原来没有用。"

母亲问:"你说什么?"

孩子说:"我们想早一点听到音乐,把钟上的针拨动了。现在知道没有用的。"

母亲说:"看钟要看准的,才有用。你们把钟拨动,想早一点听到音乐,只能骗骗自己罢了。"

这套教材展示了作为儿童文学作家和语文教育家的叶圣陶,在儿童文学创作时表现出来的优秀素质。难怪新中国建设学会的《复兴月刊》曾评论这套课本"形式内容俱足称后起之秀,材料活泼隽趣,字里行间,流露天真气氛,颇合儿童脾胃。材料亦多不落窠臼,恰到好处"①。或许正是这样逐步成熟起来的儿童文学作品,让社会对儿童文学作品进入教材充满了信心。在1931年发生"鸟言兽语"的论争后,教育部曾拟了"小学教科书是否需要儿童文学"的问题,交给各省市小学教育界调查研究,结果,"小学教育界仍旧全国一致地主张国语课程,应当把儿童文学做中心"②。

比较二三十年代教材中的儿童文学作品,可以发现其风格和创作类的儿童文学作品不同。单行本或杂志中的儿童文学作品,经历了一个从"纯美"向"批判"过渡的过程。例如,二十年代叶圣陶创作儿童文学时,最初是想表现"一个美丽的童话的人生,一个儿童的天真的国土"③,《小白船》《燕子》《一粒种子》等就是在此创作理念下的作品;但随后作者开始将目光投向现实社会,思想发生了变化,"在成人的灰色云雾里,想重现儿童的天真,写儿童的超越一切的心理。几乎是个不可能的企图"!因此,"他的著作情调不自觉地改变了方向"④,《大喉咙》

---

① 参见商金林编:《叶圣陶年谱》,江苏教育出版社,1986年,第151页。
② 吴研因:《清末以来我国小学教科书概观》,原载《中华教育界》第23卷第11期,引自王泉根评选:《中国现代儿童文学文论选》,广西人民出版社,1989年。
③ 叶圣陶:《文艺谈·七》,原载1921年《晨报副刊》,引自王泉根评选:《中国现代儿童文学文论选》,广西人民出版社,1989年。
④ 郑振铎:《〈稻草人〉序》,引自王泉根评选:《中国现代儿童文学文论选》,广西人民出版社,1989年。

《瞎子和聋子》《稻草人》完全呈现出另一种风格。叶圣陶这种创作方向的转变，在二三十年代的儿童文学创作中并非特例，郭沫若的《一只手》、赵景深的《红肿的手》、郑振铎的《少年印刷工》、巴金的《长生塔》都是直接用儿童文学的形式来表现或影射现实，这通常被认为是中国儿童文学的现实主义道路。但教材中的儿童文学作品却是另外一种风格，多为纯美纯真的作品，和创作类的儿童文学似乎是两条平行线，偶有交叉点也是像叶圣陶的《一粒种子》《古代英雄的石像》离现实生活较远的作品——这当然是因为国语教材必然受主流意识形态的控制，要反映意识形态的"正确"，因此，批判主流意识形态、揭示社会黑暗的作品不可能选入教材，而只能存在于"课外"。于是，周作人当年提倡的具有"儿童本位"特点的作品，在小学国语教材中更容易看到，教育界受周作人的儿童文学观影响更大。中华书局的《小学国语读本教学法》中这样写道，儿童"常把自然界的一切，与自己混为一体，相信猫狗能够说话，草木能够行动，这因为儿童的精神生活，本与原人相似，他们的思想，常含有野蛮荒唐的因素，所以儿童的日常生活，最喜欢听人讲述故事，尤其对于光怪陆离的故事，最能迎合幼年儿童的口味"[①]，这几乎就是引用周作人《儿童的文学》中的原话。在课文的选材中，很多也是既不承载道德训诫，又不负责观念灌输的儿童文学作品，大量都是搜集的传统儿歌和改编的国外童话。这些分析并不表示笔者的价值判断，觉得教材中的儿童文学作品更好——的确，二三十年代的儿童文学作家，在听从"童心"召唤的同时，还必须听从"现实"的召唤。但是，如果把教材中的儿童文学作品放到整个儿童文学史中去分析的话，我们或许能得出更完整的结论。

[①] 中华书局的新课程标准适用《小学国语读本教学法》初级第一册卷首的《小学国语读本教学法总说明》的第三部分，中华书局，1933年。

第三章 语文教育与现代文学"经典"的建构

通过制度层面的成功运作,新文学作品开始进入语文教学。语文教学则开始了这一领域的"知识生产","经典化"选入教材的新文学作品。而选入哪些作品?为什么选这些作品?编选者(出版者)背后的文化理念是什么?教学中如何阐释这些作品?通过教育"塑形"又使学生形成了什么样的文学观念?这样的文学观念本身有没有可质疑之处?这些问题都需要进一步探讨。

第一节 白话文教材:现代文学的进入与传播

从课程纲要到课程标准,为现代文学作品进入中学国语教材铺平了道路。而实际上,商务印书馆在1920年就出版了洪北平编的《白话文范》,这是现代文学作品第一次进入中学语文教材,比教育部的规定还要早几年。这说明民国时期的出版社不仅受行政意志的支配——民国时期的教材采用的是审定制,按教育部的有关法令审查通过后才准予发行;同时也受产业意志的支配——各书局之间的激烈竞争,也是现代文学进入教材的重要原因。因此,从竞争角度考察现代文学在教材中的呈现过程,是一条有效的途径。

第三章 语文教育与现代文学"经典"的建构

中等学校用 第一册
白话文范
商务印书馆发行

　　教科书是民国时期各大书局的主要市场，其中尤以商务印书馆和中华书局为甚。因此，各种竞争手段也主要在这一领域展开。激烈的竞争态势要求各出版商一方面要对政治文化敏感，一方面要对市场走向敏感。出版社有时要顺政治而动，以避免被政府取缔；有时却要逆政治而动，以博得市场的欢迎。这一点在商务和中华两大书局上表现得更为明显。

　　1911年武昌起义后，清政府已奄奄一息，当时商务印书馆的出版部长、年仅26岁的陆费逵敏感地预料到革命必定成功，教科书也将做相应的变革。于是，他向商务印书馆总经理张元济提出了修订《最新教科书》的计划，但张元济却不相信革命党人会取得政权，拒绝了陆费逵的请求。陆费逵于是自筹资金，暗中与戴克敦、沈朵山、陈协恭（均为商务印书馆员工）等私下编订适合中华民国政体的教科书。1912年1月1日在中华民国宣布成立的同日，中华书局也宣布成立，并出版了"符合共和宗旨"的《中华新教科书》，一下占去了很多商务印书馆的市场。从张元济的记载也可以看出当时竞争的激烈程度，"本日约印（锡璋）、夏（粹芳）、高（梦旦）、俞志贤诸人到编译所，议定新编教科书廉价发售，照定价永远对折"①。《郑孝胥日记》1912年9月18日记录"至印书馆，商教科书减价事"，11月11日又记有"夜，赴张菊生之约，商议初高等小学教科书扩充销路事，将以敌中华书局"②。

　　吃过亏的商务印书馆在新文化运动来临时，不会再固守政治原则。1918—1919年，《新青年》和商务的《东方杂志》发生关于东西方文化的论战③，北大学生罗家伦在《今日之杂志界》中对商务的杂志逐一点名批评后，商务的决策层面临着新文化的极大压力。为了避免有落后于时代之嫌，他们调换了《东方杂志》《教育杂志》《妇女杂志》的主编，茅盾就是在此时参与了《小说月报》的编辑工作，"身兼《小说月报》《妇女杂志》主编的王莼农忽然找我，说是《小说月报》明年起将用三分之一的篇幅提倡新文学，拟名为'小说新潮'栏，请我主持这一栏目的实际编辑事务"④。1920年5月，商务印书馆率先推出了《白话文范》，以表明同新文化阵营的和解之意。第一册第一课即是李大钊的《新纪元》，第二册第一课是蔡元培的《洪水与猛兽》，选文充满了象征意味。整本书多选入胡适、蔡元培、钱玄同、梁启超等人的时论文字，编排比较杂乱，"但总算是第一部纯采用语体文，全用新式标点符号并提行分段的中学教科

---

① 《张元济日记》上册，商务印书馆，1981年，第5页。
② 《郑孝胥日记》第三册，中华书局，1993年，第1433、1435页。
③ 详细情况参见陈独秀：《质问〈东方杂志〉记者——〈东方杂志〉与复辟问题》，《新青年》第5卷第3号，1918年9月；杜亚泉：《答〈新青年〉杂志记者之质问》，《东方杂志》第15卷第12号，1918年12月；陈独秀：《再质问〈东方杂志〉记者》，《新青年》第6卷第2号。
④ 参见茅盾：《我走过的道路》上册，人民文学出版社，1981年，第154页。

书"①。从教材内容可以看出,编选者深受胡适白话文理论的影响,除了上述诸君的文章和翻译文学外,朱熹语录、《木兰诗》、《菜根谭》、《儒林外史》的片段也得以入选,此外几乎没有现代文学作品选入,编选者也承认,"现在选白话文,取材很不容易"②。在当时新旧两派争论还十分激烈的情况下,作为行业"老大"的商务印书馆能出版此教材,一方面是表明了一种文化态度,另一方面当然也获利匪浅,这套书只一年就印刷了六次。中华书局也不甘落后,1920年9月紧接着就推出了由朱毓魁编选的《国语文类选》,并分为文学、思潮、妇女、哲理、伦理、社会、教育、法政、经济、科学十大类,反映了新文化运动对社会各个层面带来的冲击。不过选择的文章也多为学术文和论述文,没有白话文学,就是在"文学"栏下,选入的也是诸如《什么是文学》(罗家伦)、《论短篇小说》(胡适)、《白话文的价值》(朱希祖)等文章,没有一篇新小说和新诗,按学科门类而不是按年级来编排,这种方式显然也不符合教科书的体例。不过,编者的编选意图也许并不在提供新式中学教科书,而是向社会宣布一种"趋新"的精神:

> 自从《新青年》提倡文学革命以来,出版界大为刷新:《新潮》《每周评论》《时事新报》《建设》《解放与改造》等,大都变为"国语文"了,这"国语文"底发达和"新思潮"底膨涨,恰好作个正比例。真是国民自觉的表现,群制改善的先声。
>
> 但是一层:这些新文字,什么杂志,什么日报,东一篇西一篇,要找他一个统系,好不容易。编者斗胆为之,将他来整理一下,"分门别类",使读者易于检阅,名著不至散失;希望是如此希望,不过深恐名不符实罢了。

---

① 黎锦熙:《国语运动史纲》上卷,商务印书馆,1934年,第118页。
② 洪北平:《白话文范》(编辑大意),商务印书馆,1920年。

> 大凡思想习惯制度的改造，有两件事：第一，应当就有的缺陷，择要攻击，是属于"破坏"的；第二，应当从先进国的长处，采择而行，是属于"建设"的。本书所辑文学不外以上两个宗旨。①

1920年10月，商务印书馆的总经理张元济更是离沪抵京，与新文化人士弥合裂隙、建立关系。而此时北京的新文学也是处于上升势头，新文学群体也在紧锣密鼓地筹办，他们对国内商务印书馆这一"要紧的教育机关"（胡适语）寄予厚望。据1920年10月23日《张元济日记》所记：

> 昨日有郑振铎、耿匡（号济之）两人来访，不知为何许人。适外出未遇。今晨郑君又来，见之。知为福建长乐人，住西石槽六号，在铁路管理学校肄业。询知耿君在外交部学习，为上海人。言前日有蒋百里介绍，愿出文学杂志，集合同人，供给材料。拟援北京大学月刊艺学杂志例，要求本馆发行，条件总可商量。余以梦旦附入小说月报之意告之。谓百里已提过，彼辈不赞成。或两月一册亦可。余允俟归沪商议。②

估计此事后来没有结果，因为那时郑、耿二人都名气甚小。1921年5月，郑振铎自己也到商务印书馆工作并主编了一系列杂志。张元济还多次邀请胡适入主商务，并以编译所所长相任。当时商务的编译所所长高梦旦甚至在1921年4月亲自北上，邀请胡适到商务就职，并告诉胡适："我们那边缺少一个眼睛，我们盼望你来做我们的眼睛。"此时在北大做教授的胡适因为新旧两个阵营的论战，舆论压力很大，颇有退隐之意，

---

① 朱毓魁：《国语文类选》（例言），中华书局，1920年。
② 《张元济日记》下册，商务印书馆，1981年，第773页。

而且他也承认,"得着一个商务印书馆,比得着什么学校更重要"①。1921年7月,胡适借着放暑假之机,南下商务印书馆考察,参加了商务印书馆的各种讨论,并拟订了改革建议。胡适对商务的教科书显然是不满意的,"翻看他们的中学教科书,实在有许多太坏的"②。这一段经历,详细地记载在《胡适的日记》中,已有论者提及,但我以为有一条日记并没有引起重视,1921年7月18日胡适在日记里写道:"梦旦问我,若我不能来,谁能任此。我一时实想不出来,他问刘伯明如何,我说决不可。"刘伯明即刘经庶,留美学生,其思想偏于保守,他曾和梅光迪办《学衡》杂志与新文学阵营抗衡。胡适当然对刘伯明的文化态度有了解,因此才会抑刘伯明挺王云五,从而保证了商务以后能操持在新派人物手中——虽然那时王云五在学界毫无名气,商务上下"竟不曾听见过这个名字"。胡适还参加了商务印书馆的教科书讨论,胡适在日记中记载了这次讨论的经过:

> 今日讨论的是中学教科书问题。他们因为教育部审定的五年之期将满,大起恐慌,故要赶紧做出许多"新"的书来代他们。……
> 我对于《中学国文读本》的编制,略有一个计划:"依时代为纲领,倒推上去;以学术文与艺术文(包括韵文)为内容大概。"③

商务印书馆,1923年出版的《新学制国语教科书》(第一册由周予同、范祥善编辑,第二册到第六册由叶圣陶、范祥善、顾颉刚编辑,校

---

① 胡适1921年4月27日的日记,《胡适全集》第29卷,安徽教育出版社,2003年,第218页。
② 胡适1921年7月27日的日记,《胡适全集》第29卷,安徽教育出版社,2003年,第387页。
③ 胡适1921年7月20日的日记,《胡适全集》第29卷,安徽教育出版社,2003年,第372页。

订者为胡适、王云五、朱经农），这套书一方面遵守新学制《国语课程纲要》中文白课文的比例；另一方面"本书所列各文，务以轻浅有趣、兼有文学性质的为主，高深的学术文概不加入"，在文言作品的选择上则深受胡适的影响，"第一二册以当代名人及明清为主，第三四册以唐宋及六朝为主，第五六册以汉魏及周朝为主"①。这使得教材的文学性大大加强，郑振铎的《我是少年》、俞平伯的《夜月》、汪敬熙的《雪夜》、冰心的《笑》、郭沫若的《雨后》、叶圣陶的《阿菊》等早期的新文学作品开始出现在教材中。1924年8月，中华书局也出版了新中学《初级国语读本》（编者为沈星一，校订者为黎锦熙和沈颐），选文全部采用现代文学作品，"国语文的内容，至最近十年间始渐渐地改善充实，所以本部所采各文，除从旧说部采录一部分以外，概是今人的作品"②，可见编者对现代文学的创作充满自信，而一年前商务的《新学制国语教科书》还说，"现在出版物中适切于初中学生诵读的语体文不多，故本书前数册，除选辑相当的课文外，由编者撰著若干篇"③，由此可见不是缺少作品，而是缺少"发现的眼睛"。沈星一的原则是："本书选材，注重下列二要点：（1）内容务求适切于现实的人生。（2）文章务求富有艺术的价值。"④的确，沈星一对新文学的视野要开阔一些，文学思想更"新"一些，鲁迅的《孔乙己》《故乡》，叶圣陶的《江滨》《隔膜》，周作人的《自己的园地》《山居杂诗》，冰心的《去国》《超人》，朱自清的《匆匆》，郭沫若的《天上的街市》等文章都是商务版教科书不曾有的，有的文章甚至从此成为教材的"固定篇目"。

1924年，白话作品开始进入高中语文教材，该年商务出版了《新学制高中国语读本》（吴遁生、郑次川选编，王云五、朱经农审订），这套

---

① 《新学制国语教科书》（编辑大意），商务印书馆，1923年。
② 《新中学国语读本》（编辑大意），中华书局，1924年。
③ 《新学制国语教科书》（编辑大意），商务印书馆，1923年。
④ 《新中学国语读本》（编辑大意），中华书局，1924年。

教材分为《古白话文选》和《近人白话文选》两本，从编辑理念上讲实际是胡适《白话文学史》的直接"翻版"。《古白话文选》分为"书信类""语录类""诗歌类""词类""曲类""小说类"，皆从《白话文学史》中"借"出源头，如"诗歌类"作品就从《诗经》开端，"小说类"就从《红楼梦》《儒林外史》《水浒传》中节选；《近人白话文选》分为"评论类""演讲类""序传类""记述类""书信类""小说类""短剧类""诗歌类"，可见"四分法"的现代文体观念已经开始形成。如果说《古白话文选》中的选文还略显"陈旧"的话，中华书局在1925年出版的《高级国语读本》（穆济波选编，戴克敦、张相审订）则全部选用今人的白话文，"本书材料，均从现代语体文学中选录，大抵皆属习见篇章，取为有组织的排列；凡古书中之类似语体文字（如旧小说及宋明语录，唐人白话诗等），不便羼入，自乱体例"①。这套为"道尔顿制"实验而出版的教材，配有很详细的"教材支配表"，以方便学生独立学习，从本表的文体类别看，大体分为"文艺文""论著文""告语文""说明文"四类，多从《中国青年》《学生杂志》《小说月报》等杂志中选材，以政治、经济的时文为主，文学的篇幅很小。但在选材时间上却是非常地新，叶圣陶为"五卅惨案"而写的新诗《五月三十日》、茅盾的短文《五月三十日的下午》离出版时间均只有三个月。这些都可以从侧面窥见教材竞争的激烈，但这还是国民政府成立前的情况，在"民国十五六年的政治大革命以后，各家书店争着编纂时髦的教科书，竞争太激烈了，各家书店都没有细心考究的时间，所以编纂审查都更潦草了；甚至于把日报上的党国要人的演说笔记都用作教科书的材料"②！

  从上面的分析可以看出，求新求异是出版界的共同追求。上述教材

---

① 《高级国语读本》（编辑大意），中华书局，1925年。
② 胡适：《所谓"中小学文言运动"》，1934年，姜义华主编：《胡适学术文集·新文学运动》，中华书局，1993年，第224页。

大都比教育部的各项改革训令要快，而且内容也没有完全遵照"纲要"或者"标准"的规定（但均能通过审查，个中原因全在各书局邀约的"审订者"身上，如胡适、黎锦熙、朱经农等人既是各书局的教材审订者，又是当时教材审查机构的成员，大有"运动员"和"裁判员"一身兼任的嫌疑）。黎锦熙曾言，"出版界是真能得风气之先的"[1]，实际上更大原因是出于各书局的竞争。正是竞争带来的"趋新"思维，为新文学进入中学教材留下了空间，占据的篇幅也越来越大。因此，有人曾分析说，当"文化界正为'白话文与文言文谁优谁劣'争辩得不可开交之时"，张元济和商务印书馆悄悄地刊行了大量的白话文课本，一个简单的行动就给争论画上了句号。[2]李欧梵在简单分析了商务的教科书后，也认为"它虽然不和政府法令相抵触，但可能已超越了指定课程"，于是，商务在各种文化中均"扮演了主角——在政府政策的意识形态局限外，提供了另一幅现代性景观"[3]。

对上述教材的分析，很容易让我们产生错觉，认为新文学在当时的教材中占据了很重要的位置，白话教材也已经成为当年的主流教材。实际上，白话教材的增多并不完全反映当时的市场状况，更不能表明教学已经转为白话文教学。因为直到1925年，陆费逵还说教科书"至今犹以'共和'及'新式'为巨擘"[4]，从印刷版次上分析，同一时期内白话教材也比文言教材少。商务的《共和国教科书新国文》出版于1912年，中华的《新式教科书》出版于1917年，两者都以文言文为主体。出版商为了获得最大的利润，在"趋新"的同时还必须"守旧"，当年教育部强令

---

[1] 黎锦熙：《国语运动史纲》上卷，商务印书馆，1934年，第117页。
[2] 王国伟：《张元济——出版人的骄傲》，《商务印书馆一百年》，商务印书馆，1998年，第300页。
[3] 李欧梵：《上海摩登——一种新都市文化在中国1930—1945》，毛尖译，北京大学出版社，2001年，第63页。
[4] 陆费逵：《与舒新城论中国教科书史书》，《陆费逵教育论著选》，人民教育出版社，2000年，第353页。

小学一律用语体文编辑时,"学校多不愿遵行",因此,已经出版了语体文教材的商务印书馆,又同时出版一套文言文教材《新撰教科书》,满足社会上的需要,结果"用者颇多"①。这套书直到后来教育部再次申令,禁止出版文言文教材后才停印。不过,这并不能抹杀白话教科书出现的意义,各书局在推销教材的同时,也推行着现代文学作品以及现代文学的各种思想观念——胡适的《文学改良刍议》《建设的文学革命论》,周作人的《人的文学》《平民的文学》等文章经常出现在教材中。

白话教材是扩大现代文学影响的重要途径。单从阅读数量上说,教材中的现代文学作品要大得多。当年的新文学期刊在市场上迅速地汰换,恰好说明了大众对新文学的反应平平。就是茅盾主持的《小说月报》在改版之初,也是销量平平。②直到1935年叶圣陶还说,"要知道,我国是一本文学书卖到二三千册本已经算是销数很好的国家,一种文学杂志有一二万份的销数,简直可以封王了"③,因此他对于自己写的小说,"对于社会会有什么影响,我是不甚相信的。出一本集子,看的人也是作小说的人以及预备作小说的人,说得宽一点,总之是群众中间最少最少的一群"④,"我以为文艺创作产生得少不足撼惜,因为阅读文艺创作只是一万左右的人的事(新书销数到一万册算是畅销了),而我国人口号称四万万呢"⑤。而相比之下,教材的销量则要大得多——即使在当年还不是主流的白话教材,如沈星一的《初级中学国语读本》第一册,1924年8月初版,到1932年已经再版十六次。规模较小的民智书局在1922年出版了

---

① 庄俞:《谈谈我馆编辑教科书的变迁》,《商务印书馆九十年》,商务印书馆,1987年,第65页。
② 最近有研究者指出,茅盾后来回忆改版之后的《小说月报》,"第一期印了五千册,马上销完,各处分馆来电要求下期多发,于是第二期印了七千册,到第一卷末期,已印一万册"。这实在是"想象"的结果,实际上改版后的《小说月报》销量不升反降,参见段从学:《〈小说月报〉改版旁证》(未刊行稿)。
③ 叶圣陶:《答愿意献身于文学的青年》,《叶圣陶集》第9卷,江苏教育出版社,1990年,第116页。
④ 叶圣陶:《随便说说我的写小说》,《叶圣陶集》第9卷,江苏教育出版社,1990年,第249页。
⑤ 叶圣陶:《创作不振之原因及其出路——答〈北斗〉杂志问》,《叶圣陶集》第9卷,江苏教育出版社,1990年,第114页。

《初级中学国语文读本》，到1926年已经再版八次，1924年世界书局出版的秦同培的《中学国语文读本》当年即再版三次，而民国时期教材再版印数一般为五千册。日本学者藤井省三在探寻鲁迅《故乡》的读者量时也发现，虽说《呐喊》的单行本截至1937年已再版了二十四次，"总印数将远远超过十万册，这在当时可以说是空前的畅销书"①，但当《故乡》作为课文被学生阅读时，"通过教科书阅读《故乡》的读者从1923年至1937年的十五年间累计起来大约超过了一百万。这个数量远远高于通过单行本《呐喊》阅读《故乡》的读者数量"②。更关键的是，教材的阅读具有强制阅读的性质，其对读者的印象也要比其他阅读方式深刻得多。茅盾也承认，新文学在创作之初还不大为人了解，接受者是十分有限的，"文学研究会成立还不到大半年，知道的人不多"③。就是在被认为是新文学争取对象的青年身上，形势也不容乐观，许多学生的阅读空间仍是被通俗小说占据④，在一些地方还遭到反对⑤。后世所谓新文学甫一出现，便"热烈响应，广受欢迎"之类，多是"胜利者"后来的想象性叙述，这种说法实际上也掩盖了历史的丰富性与复杂性。但是，当新文学作品进入教材后，其地位得到了很大的提升，更多的学生将以更认真的方式来接受新文学。

现代文学在教育中的传播还有一条重要途径，即具有新知识的大学生分散各地，在中学教学中积极传播新文学作品和新文学知识。朱自清1920年从北大哲学系毕业后，就辗转于杭州一师、江苏省立第八中学、

---

① ［日］藤井省三：《鲁迅〈故乡〉阅读史》，新世界出版社，2002年，第32页。
② ［日］藤井省三：《鲁迅〈故乡〉阅读史》，新世界出版社，2002年，第54页。
③ 茅盾：《我走过的道路》（上），人民文学出版社，1981年，第202页。
④ 陈广沅《交通大学上海学校学生生活》一文记录，读流行小说是当时学生的首选娱乐方式，"差不多一种《礼拜六》在校内就有二百余本"，参见《学生杂志》9卷7号"学生生活研究号"，1922年7月5日。
⑤ 南京高等师范学校的学生，更是出版一册反对新诗的《诗学研究专号》，在《文学旬刊》上引发一场与郑振铎、叶圣陶等人的大讨论。

中国公学中学部、台州六师、宁波浙江省立第四中学等学校任教。在杭州一师,"他非常看重课堂教学,渴望把自己所学的新知识倾囊传授给学生",并直接指导了由汪静之、冯雪峰、潘漠华等人组成的"晨光文学社"的诗歌创作;在浙江省立第四中学,"他自编教材,将鲁迅的《阿Q正传》《风波》等编入国文课本,详加解析,颇受学生欢迎"[1];在温州第十中学,他"擎了新文艺的火炬到温州,使那里的新文学运动,顿放光芒。当地刊物、日报、副刊上的文学作品骤增,这显然是受他的影响"[2],学生回忆他从事教学时,"一上来,就鼓励我们多作白话文"[3]。诗人公木也曾回忆他在上学时的三位曹老师,老曹老师是清末贡生,"民元后念过天津师范",主讲国文,"他教文言,也不反对白话,只是对于《白话文范》里的文章,有时从'语言学'的角度挑毛病,要求的很严格";大曹老师是前几年从省里师范学校毕业的,"善书法,喜欢讲授古文:《出师表》《陈情表》《祭十二郎文》,拉长声调念得很动感情";而"小曹老师就不同了,他刚从保定育德中学毕业,带一些《白话文范》《白话书信》《独秀文存》《胡适文存》一类书物给大家看,有时也选作课文来讲,最受欢迎"[4]。年轻老师知识结构的变化,带来了语文教学内容的变化,这其实是反映了新文学作品已经进入语文教学的传播中。大学生有时甚至成为一个省新文学传播的先声,例如,有学者注意到现代文学传入云南的过程:

>不少人谈及鲁迅对云南有较大的影响,说:"五四时代,陈小航在省立中学当教员,课外向学生介绍鲁迅的《呐喊》等作

---

[1] 姜建:《大地足印——朱自清传记》,江苏教育出版社,1993年,第40、83页。
[2] 朱维之:《佩弦先生在温州》,转引自陈孝全:《朱自清的艺术世界》,福建教育出版社,1995年,第226页。
[3] 陈天伦:《敬悼朱自清师》,转引自陈孝全:《朱自清的艺术世界》,福建教育出版社,1995年,第227页。
[4] 公木:《我的童年》,《庭花旧影忆童年》,中国和平出版社,2002年,第124页。

品"（杨静珊）；"杨瑞庵，他爱鲁迅，油印鲁迅的东西发给大家，当作讲义"（马子华）。这些回忆是可信的。①

这些回家乡从事教育工作的大学生，对现代文学在当地学生心中扎下根，贡献颇大。有的还通过自编教材来扩大影响：

> 鲁迅对云南有较大的影响，始自1925年。这一年，在昆明，不但刘嘉镕编纂的《中等模范文选》（三）中，选入了鲁迅的小说《故乡》，而且从该年出版的《云南省立第一中学校刊》也可以看出，不少文章论及鲁迅或明显地受鲁迅的影响。②

文中提到的刘嘉镕也是北京大学的毕业生。可见，当时这样的传播方式有效而深广，它甚至能改变一个地方的阅读风尚，培养出一个相应的阅读群。学生通过新文学作品的阅读，获得了新的"文化身份"，如同布尔迪厄所认为的那样，获得某种文学能力，是被允许进入某一文化圈的资本。而教材作为新文学的范本，已经成为获得新的文学能力的必读书籍。

第二节　政治立场・教育理念・文学视点：现代文学作品的选文分析——以叶圣陶编辑的中学语文教材为讨论中心

在现代文学兴起之时，教科书中的现代文学作品往往是学生形成"现代文学观念"的主要材料来源。因此，选择哪些现代文学作品进入教材至关重要。这些作品从进入教材被传播，再到被阅读的过程，实际上

---

① 蒙树宏：《鲁迅札记三则》，《中国现代文学研究丛刊》1992年第2期。
② 同上。

是一个从"今典"到"经典"的建构过程。

中学语文教学中,"经典化"的方式和大学有所不同。大学教育中"经典化"现代文学作品主要有三种方式：第一是通过现代文学史的撰写。有论者研究，在新文学第二个十年出版的六十七种文学史中，设专章论及新文学的就有二十八种①，现代文学史通过对现代文学作品直接的评判和分析，或按"重要性"分章分节的论述来排列文学成就的高低，这种"经典化"的方式是"文学史的权力"②，也是各位文学研究者争夺的主要领域（如"重写文学史"的论争）。第二是大学里学科的设立，从1916年北京大学中国文学系开设"中国文学史要略"一课开始，"现代文学史"作为学科建制也逐渐独立，成为向学生"讲述"现代文学的方式之一。第三是文集的编选，选哪位作家、选他的什么作品、占多少篇幅，这些都凸现编者自己的文学"标准"。谢六逸在三十年代为青年学生选编《模范小说选》时，在当时的500多名作家中，只选了鲁迅、茅盾、叶绍钧、冰心、郁达夫五人，他在序里说，"我早已硬起头皮，准备别的作家来打骂我……国内的作家无论如何不只这五个，这是千真万确的事实。不过在我们做的是'匠人'的工作，匠人选择材料时，必须顾到能不能上得自己的'墨线'"③。三十年代良友图书印刷公司出版的十卷《中国新文学大系》，更是一次有意识的现代文学的"经典化"过程，它"取舍的一般标准来自人们关于文学的普遍预设（何谓文学），各卷在将这个标准运用于历史材料的权威性阐释的时候进一步加强了这种预设。入选的文学作品被分为四个基本类型：小说、诗歌、戏剧和散文，分类使这些作品在经典化尝试中再一次得到合法化"④。而在中学语文教育中，缺乏

---

① 温儒敏：《从学科史考察早期几种独立形态的新文学史》，《中国文化研究》2003年春之卷。
② 参见戴燕：《文学史的权力》，北京大学出版社，2002年。
③ 卢润祥：《谢六逸佚话》，《商务印书馆一百年》，商务印书馆，1998年，第103页。
④ 刘禾：《跨语际实践——文学、民族文化与被译介的现代性》，宋伟杰译，三联书店，2002年，第323—324页。

大学文学教育中上述的"经典化"手段。因此,中学生对新文学的认知主要来自课文,那么,作为课文的新文学作品形成了一种"隐性结构",向学生暗示着"正确"的文学观念,并以此形成关于好、坏文学的价值判断。而新文学作品被选入教材后,自身又取得了权威性和规范性的地位,它成为教学中教师讲解和学生摹写的对象,并在反复的阅读中逐渐成为"经典"。

从1920年新文学作品进入中学教材开始,到1949年为止,几乎所有的初、高中教材都选入了现代文学作品,它们要么是分编独立成册,要么是和文言文合编在一起。编者来自不同的领域,又具有不同的文化身份,而他们对作品的选择,往往折射出各位编者的政治态度和文学观念。分析上百种民国时期中学语文教材是不可能的,但可以以叶圣陶编辑的中学语文教材为例,来分析这一流变过程,因为叶圣陶兼有文学家和语文教育家的身份,教材编辑活动贯穿了二十世纪二十年代至四十年代,而且他的选文风格对后世教材的编写影响巨大(叶圣陶在1949年后曾任人民教育出版社的社长兼总编辑)。叶圣陶一生编写的教材有二三十部,但在民国时期有影响的是《新学制初中国语教科书》(与顾颉刚等人合编,商务印书馆,1923年)、供初中用的《国文百八课》(与夏丏尊合编,开明书店,1935年)、供初中用的《开明新编国文读本》(与郭绍虞、周予同、覃必陶合编,开明书店,1943年),这三种教材有合编的也有分编的,恰好也跨越了现代文学的三个十年。

早期的中学白话教材,如《白话文范》和《国语文类选》选取的多是政论文章和讨论文艺思想的文章,如梁启超、胡适、蔡元培、李大钊等人的文字,谈不上"美术文"意义上的新文学作品,偶有"美术文"亦是翻译的外国文学,如都德的《最后一课》、爱罗先珂的《春天与其力量》、左拉的《猫的天堂》。虽然当时白话文学处于草创期,但并非如同《白话文范》编者之一何仲英说的那样,"从严格上说来,似乎已有的国语文,难以取材,唯有静待将来创造"①。而由叶圣陶、顾颉刚编撰的《新学制初中国语教科书》选入了一些小说或新诗,"至于高深的学术文,以非初中学生能力所胜,概不加入"②。以下是《新学制初中国语教科书》第一册到第六册现代文学作品的目录③:

册数	课数	文章	体裁	作者
一	30	威权	新诗	胡适
一	31	我是少年	散文	郑振铎
一	38	在柏林	小说	刘延陵
一	39	希望	小说	谢寅
一	48	伊和他	小说	叶绍钧
一	49	天亮了	童话	洪白蘋
一	50	西窗望晚	散文	佚名
二	15	夜月	新诗	俞平伯
二	16	雪夜	小说	汪敬熙
二	18	日本的新村	散文	周作人
二	19	访日本新村记	散文	周作人
二	27	寒晓的琴歌	小说	叶绍钧
二	34	深秋永定门城上晚景	新诗	傅斯年
二	43	水手	新诗	刘延陵
二	44	鸭的喜剧	小说	周树人
三	9	笑	散文	冰心
三	12	一个乡民的死	散文	周作人
三	13	卖汽水的人	散文	周作人
三	22	阿菊	小说	叶绍钧

---

① 何仲英:《国语文底教材与小说》,《教育杂志》第12卷第11号。
② 叶圣陶、顾颉刚主编:《新学制初中国语教科书》(编辑大意),商务印书馆,1923年。
③ 本文对选文的分析取用的严格意义上的现代文学作品,因此古白话作品、翻译作品和议论性的学术文章均不在本文分析的范围之内。

(续表)

册数	课数	文章	体裁	作者
四	40	祖母的心	小说	叶绍钧
五	4	故乡	小说	周树人
六	8	南高岭看日	新诗	胡适
六	9	泰山日出	散文	徐志摩
六	42	野心	童话	严既澄

全套教材共260篇课文，白话文有95篇，占36.5%；文言文有165篇，占63.5%。如果除开翻译文学作品和古白话作品，文艺性的现代文学作品就更少，只有24篇。作为"文学研究会"发起人，叶圣陶显然对当时的白话文学创作比较熟悉，因此，他在《新学制初中国语教科书》中拟定的选文标准是，"以具有真见解、真感情及真艺术者，不违反现代精神者为限，不规于前人成例"，而且"本书于各篇作者均附撰略述，列入注文，俾读者略明白时代、环境与文学之关系"①。这和《文学研究会宣言》中所述"将文艺当作高兴时的游戏或失意时的消遣的时候，现在已经过去了。我们相信文学是一种工作，而且又是于人生很切要的一种工作"，在精神实质上是相同的。

1923年是叶圣陶在文学和教育两个领域忙碌的一年，1922年和刘延陵、朱自清、俞平伯合办《诗》月刊后，1923年5月又和王伯祥、周予同、沈雁冰、顾颉刚等十二人创办了《文学旬刊》，加强了这一文学圈子的紧密性。而在这之前，叶圣陶关于文学的见解已经"定型"，1921年3月到6月间，他在《晨报副刊》上连续发表了四十则《文艺谈》，阐述"为人生"的文学主张，认为"文学是人生的表现和批评"，"真的文艺必

---

① 《新学制初中国语教科书》（编辑大意），商务印书馆，1923年。

兼包人生的和艺术的",既"切合人生",又"含有艺术的性质","如或偏废",就会成为"玩物的作品"或"干枯无味的记录"。因此,作者必须"持真诚的态度","以浓厚的感情倾注于文艺所欲表现的人生","从中国全群人的前途着想","点起引路的灯来","引导人们走向发展的前途,超过眼前的一切,永远前进"①。1922年,叶圣陶又在《"民众文学"》中提倡写"赋以新的灵魂"的"民众文学"②。而"文学研究会"在成立两年后,也有了初步的创作成绩,1922年3月,叶圣陶的短篇小说集《隔膜》由商务印书馆出版,新诗合集《雪朝》也在6月出版,这些都奠定了叶圣陶编辑教材时基本的选文范围。在教育工作上,叶圣陶1923年由朱经农介绍到商务印书馆国文部做编辑③,参与了"新学制初中国文课程纲要"的拟订,并同时开始了此套教材的编写,合作者也是"文学研究会"的同人。这时的叶圣陶有两种文化身份——作为民间的文学家和作为"体制内"的教育家。那么,他在为教材选文时,一方面要以自己的文学观点来选材,选文要表现普通人的"现实的人生",所以对当时另一大文学社团创造社的作品几乎没有选入,以"文学研究会"会员的作品为主,也隐隐反映出当年的"门派之争";另一方面,所选的文章又必须要符合意识形态的要求,对于"革命性太强烈"的作品,例如"文学研究会"会员庐隐的作品则不宜选入④。因此写景的散文在教材中占了较大的篇幅。至于《威权》和《故乡》中呈现的反抗意识和"国民性"思考,"刺取"的对象并非当下的统治者,而且在深层含义上恰好是现代民族国家建构的一部分⑤,作品也具有意识形态的"安全性"。连选两篇

---

① 叶圣陶:《文艺谈》,参见《叶圣陶集》第9卷,江苏教育出版社,1990年。
② 同上。
③ 叶圣陶自己回忆是1922年进入商务印书馆是记忆有误。
④ 茅盾曾在《庐隐论》中这样说:"'五四'时期的女作家能够注重在革命性的社会题材的,不能不推庐隐是第一人。"参见1934年《文学》第3卷第1号。
⑤ 参考[日]藤井省三:《鲁迅〈故乡〉阅读史》,新世界出版社,2002年。

关于日本"新村"运动的文章，也反映了编者对此运动的认同。[①]至于教材在语文教育上的作用，叶圣陶承诺，"一个初中学生，精读了这些教材，去看平易的古书，总不致茫无所知；去欣赏情味普遍的文学作品，总不致了无所感"[②]。"由了解语体文，进而了解文体文，由浅及深，自成一圆周"的理念是"初中国语课程纲要"的规定，因此，在面对教育家孟宪承批评，认为这套教材"固执着继续发展语体文技术一语，而以为读物非多采语体文不可"[③]时，叶圣陶才可以大胆地申辩，"若论文言的分量，则平均每星期得精读一篇以上，似乎也不嫌稀少了"[④]。

可见，一篇作品进入教材，至少要受政治立场、文学观念和教育理念三方面的制约。选什么文章进入教材，看上去是一个教育问题，其中牵涉的因素很多，如文章的篇幅、作品的优劣、教材的体例、学科的要求，但最终却是意识形态问题，取决于编选者对以上三方面因素甚至更多因素的综合考虑。教材是从浩繁的知识中撷取出精华部分编成的供学生使用的一种教学材料，它选择什么、舍弃什么、如何组织和呈现等等绝不是一个单纯的技术问题，而交叉有复杂的政治、经济、文化、意识形态等方面的背景。从本质上说，教科书是一种意识形态的抉择，是社会控制的一种形式，诚如英国学者伊格斯通（Eggleston, J.）所说："学校和课程被要求成为工业社会中知识合法化和传递的基本手段。简言之，成为确保社会体系稳定发展的社会控制的工具。"而"在一个社会中，什么被视为知识？什么不被视为知识？这个问题可以从学校（教室中）的教科书找到答案。因为学校的课程包含了社会认可的知识，及蕴含于这

[①] 据学者董炳月介绍，叶圣陶在1920年即成为"新村运动"的会员，参见《中国现代文学研究丛刊》1998年第2期。
[②] 叶圣陶：《关于〈初中国语教科书〉的陈述》，《叶圣陶教育文集》第4卷，人民教育出版社，1994年，第18页。
[③] 孟宪承：《初中国文教材评议》，《教育与人生》第28期。
[④] 叶圣陶：《关于〈初中国语教科书〉的陈述》，《叶圣陶教育文集》第4卷，人民教育出版社，1994年，第18页。

些知识中的合法化的意识形态"①。教材中的选文作为知识的一种，也必须符合意识形态的要求，并积极参加主流意识形态的建构。被视为"汉奸作家"的文章是绝不可能选入教材的，例如，抗战前在各种语文教材中占较大篇幅的周作人的文章，在抗战中和抗战后一齐从教材中消失。叶圣陶写给中学生的《文章例话》，曾把周作人的《小河》作为现代文范本来细读，在抗战中重印时也换成了《给修筑飞机场的工人》。

除了政治上"合法"外，教材中的现代文学作品还必须显示教育上的"合理"，这集中体现在叶圣陶和夏丏尊在1935——1938年合编的《国文百八课》教材中。"这是一部侧重文章形式的书，所选取的文章虽也顾到内容的纯正和性质的变化，但文章的处置全从形式上着眼。"②在具体的编写体例上，则是以关于文章知识的"文话"为纲，"对于文章体制、文句格式、写作技术、鉴赏方法等，讨究不厌详细"，其目的是为了凸现语文教学的学科特点，"本书编辑旨趣最重要的一点就是想给与国文科以科学性，一扫从来玄妙笼统的观念"③。教材着重于文章形式的探究，在一个"文话"系统下，常常出现现代文和古文、应用文和文艺文"共舞"的局面，例如，在"记叙的题材"这一"文话"下，安排的是许地山的《落花生》和李渔的《梧桐》；在"第三人称的立脚点"这一"文话"下，安排的是叶绍钧的《古代英雄的石像》和《史记》中的《西门豹治邺》。这套书中的现代文学作品如下：

册数	课数	文章	体裁	作者
一	1	差不多先生传	小说	胡适
一	9	小雨点	童话	陈衡哲

---

① Eggleston, J, *The sociology of the School Curriculum*, RKP, 1997, p.3.
② 叶圣陶、夏丏尊：《关于〈国文百八课〉》，《叶圣陶语文教育论集》，教育科学出版社，1980年，第177页。
③ 叶圣陶、夏丏尊合编：《国文百八课》（编辑大意），开明书店，1935年。

(续表)

册数	课数	文章	体裁	作者
一	16	寄小读者通讯七	散文	冰心
一	18	三弦	新诗	沈尹默
一	19	一个小农家的暮	新诗	刘半农
一	20	卢参	散文	朱自清
一	24	落花生	散文	落华生
一	30	从孩子得到的启示	散文	丰子恺
一	34	几种赠品	散文	叶绍钧
二	1	苦雨斋之一周	散文	周作人
二	5	朋友	散文	巴金
二	6	风筝	散文	鲁迅
二	11	养蚕	散文	丰子恺
二	14	我所知道的康桥	散文	徐志摩
二	15	古代英雄的石像	童话	叶绍钧
二	20	秋夜	散文	鲁迅
二	21	五月卅一日急雨中	散文	叶绍钧
二	24	背影	散文	朱自清
二	29	画家	散文	周作人
二	31	黄浦滩	小说（节选《子夜》）	茅盾
二	32	荷塘月色	散文	朱自清
二	33	邻	散文	茅盾
三	1	卖汽水的人	散文	周作人
三	2	孔乙己	小说	鲁迅
三	3	赤着的脚	散文	叶绍钧
三	7	水手	新诗	刘延陵
三	8	海燕	散文	郑振铎
三	17	农家生活的一节	小说	王统照
四	6	广田示儿记	散文	林语堂

（续表）

册数	课数	文章	体裁	作者
四	7	苏州夜话	话剧	田汉
四	9	鸭的喜剧	小说	鲁迅
四	11	整片的寂寥	新诗	刘大白
四	14	盲乐师	新诗	蒋山青

  这套教材原计划出六册，但由于抗战的爆发，只出版了四册。在全四册143篇课文中，现代文学作品占了33篇，从数量上讲不能算多，但是将现代文学作品作为和古文平起平坐的新文体来作结构上的分析，本身就是"经典化"的一种方式。因为在这之前，平民甚至教育界的普遍看法是白话作品不值得讲，只让学生读读就行了，写白话就是口头怎么说就怎么写（这其实是当年提倡白话文学时留下的"后遗症"），而这套教材却把现代文学作品放到文章"学"下来加以探讨，实际是提升了现代文学的位置，也承接了古代的文章学研究传统（中国古代没有"文学"的概念，只有"文章"的概念）。整个三十年代，语文教育界探索的重点是对语文学科独立性的认识，1929年阮真师生对四种流行教材做了统计整理和分析对比后，发现"属于职业的价值"的教材，即普通职业上所必须学习的语文知识和语文技能"各书均无"，"是为大弊"[①]，而仅仅是罗列一些文章在上面，究其原因有五："一、近年教中学国文者多注重文章的内容与思想，而不注重文章的本身与文章的形式。二、因为人生观与伦理思想的改变，古人的老文章，多被摈诸教材之外。三、因为文学革命，而各种文学的体式，尚在逐渐改造，而未完全确定。四、教国文者多把国学与国文混为一谈，国文的地位，往往跟着国学的地位而改变。

---

① 阮真、陈时文、梁叔文等：《初中国文教材研究》，《教育研究》1929年第14、16期。

五、许多附和政治革命与社会革命者，往往利用国文教学，宣传其主义。"①教育家们从教育学角度看白话文教材，似乎颇多责怪。社会上在讨论中学生国文程度低落的问题时，也往往把原因归到"读物的不良上"，"课本里没有多少文言文，又不能选那最精粹的代表作，成绩不良是当然的了"②。这些看法对叶圣陶关于语文教育的思考不无影响，一方面他要"抵抗"文言文教学的"反扑"，认为"那些决定国文教学大计的校长同专家想使青年抛开现实生活，而去想古人的思想，过古人的生活"的愿望，"是无论如何也达不到的。青年生在现代的社会里，从多方的体验和实践，决不能不详现代人的思想，不过现代人的生活。读几篇文言，甚至读几部古书，只能浪费他们宝贵的精神和时间罢了"③。另一方面，他对语文学科性质的定位也更加明晰，认识到语文教材不能只是集拢文章了事，而应该突出语文学科本位的特点，从而形成了他关于国文教学的两个基本观念，"第一，国文是语文学科，在教学的时候，内容方面固然不容忽视，而方法方面尤其应当注重。第二，国文的涵义与文学不同，它比文学宽广得多，所以教学国文并不等于教学文学"，国文还包括"非文学的文章，就是普通文。这包括书信、宣言、报告书、说明书等应用文，以及平正地写一件东西载录一件事情的记叙文，条畅地阐明一个原理发挥一个意见的论说文，因此教材的选文必须"配那拿来作阅读的材料与写作的示例"，"至于经史古文与现代文学的专习，那是大学本国文学系的事情，旁的系就没有必要，中学当然更没有必要"④。在这样一个"合理"的教育理念下，编者虽然言明，"本书选文力求各体匀称，不偏于某一种类、某一作家。内容方面亦务取旨趣纯正有益于青年的身心修

---

① 阮真：《时代思潮与中学国文教学》，《中华教育界》第22卷第1期，1932年。
② 叶圣陶：《国文科之目的》，《叶圣陶集》第13卷，江苏教育出版社，1992年，第31页。
③ 叶圣陶：《欢迎国文教师的意见》，《叶圣陶集》第13卷，江苏教育出版社，1992年，第51页。
④ 叶圣陶：《国文教学的两个基本观念》，《叶圣陶集》第13卷，江苏教育出版社，1992年，第52、53、59页。

养的"①,选取的现代文学作品却大都文字朴实切质,思想内敛沉稳,虽然与现实人生贴近,但缺少想象力,具有"开明派"的风格(虽然有些作者并不属于这一派)。风格的统一同时是对风格的限制,对照三十年代现代文学创作风格的多样化,就能明白教材提供的是一幅残缺的现代文学"图景"。虽说中学语文教材并不是现代文学史的系统传授,但这些风格相似的文章排列在一起,向学生显示的则是"这是真正的文学"的观念,因为在"学校的文学教育,学生所接触的作品与作家,数量乃是有限的,但这些有限的作家(作品)具有图腾作用,……如果日后受过文学教育者有自我提升文学修养的需求,他很自然有以这些作家(作品)为指标,阅读与其相类似的作家(作品)",而经典性产生于国文教育的文学教育中,文学经典"它通常也是语文教育之一环。它规范着,何者为有教养的语文,何者为严肃文学,从研读文学中应发展出何种品味"②。学生也通过阅读教材中的范文和教师的讲授,接受了何为文学、文学的功用如何、"正当的阅读趣味"是什么等文学观念,他们的文学趣味就这样被"固定"下来。一位当年的中学生这样怀念那时的教材:"由于当年在国文教科书中接触的都是我国文学史上的精品,也就培养了我的阅读趣味。至今,我最喜欢读的是那些继承了中国文学传统的具有中国独特的民族精神——坚忍不拔、积极入世、昂扬向上、忧国忧民的作品,而不屑于读那些快餐化、庸俗化、边缘化的趣味低俗的作品。"③而我们要反思的是,以何种标准判断一种文学是庸俗与低俗的呢?在探讨"重写文学史"的今天,这样的"文学趣味"是天然正确的吗?"塑造"这种"阅读趣味"的教材是天然合理的吗?在语文学科本位"压抑"现代文学多样性的同时,呈现在教材中的现代文学作品是否也对其他风格

---

① 叶圣陶、夏丏尊合编:《国文百八课》(编辑大意),开明书店,1935年。
② 许经田:《典律、共同论述与多元社会》,见台北《中外文学》第21卷第2期,第19—20页。
③ 文洁若:《杨振声先生与中小学国文教科书》,王丽主编:《我们怎样学语文》,作家出版社,2002年,第277页。

的现代文学形成了"压抑"呢?

在三十年代错综复杂的政治斗争和思想斗争中,这样的追问或许有些"苛刻"。但从教材对学生的精神领域影响的重要性来看,追问又是必要的。从后世大量回忆语文教材的文章中,叙述者也大都是谈到某篇文章的内容对自己精神层面的影响,而很少讲述自己读了某些文章后,写作能力和阅读能力"前进"了一大步。作为有左翼倾向的文学家和坚持"学科本位论"的教育家,叶圣陶和夏丏尊似乎也感到了选文的不易:

> 选古今现成的文章作教材,这虽已成习惯,其实并不一定是好方法,尤其是对于初中程度的学生。现代的青年有现代青年的生活,古人所写的文章内容形式固然不合现代青年的需要,就是现代作家所写的文章,写作时也并非以给青年读为目的,何尝能合乎一般青年的需要呢?最理想的方法是依照青年的需要,从青年生活上取题材,分门别类地写出许多文章来,代替选文。①

但随后编者又自己否定了这一想法,因为"第一,叫青年只读我们一二人的写作,究竟嫌太单调。第二,学习国文的目的,一部分在练习写作,一部分在养成阅读各种文字的能力。一个青年将来必将和各种各样的文字接触,如果只顾目前情形的适合,对于他们的将来也许是不利的。犹之口味,他们目前虽只配吃甜,将来难免要碰到酸的、苦的、辣的东西,预先把甜、酸、苦、辣都叫他们尝尝,也是合乎教育的意义的事"②。编者强调要培养学生"阅读各种文字的能力",但从《国文百八课》选择的现

---

① 叶圣陶、夏丏尊:《关于〈国文百八课〉》,《叶圣陶教育文集》第5卷,人民教育出版社,1992年,第404页。
② 同上。

代文学作品看，与这样的初衷部分相违（文言文和白话文的关系，实用文和文艺文的关系都处理得相当好）。学生经由教材形成了"正统"的"阅读趣味"，难怪会对二十年代的"鸳蝴派"小说和三十年代的"现代派"作品嗤之以鼻了。在二三十年代白话文学内"话语权势"的争夺中，中学语文教材无疑是现实主义文学"制胜"的重要"法宝"！

以文章学知识来架构中学语文教材，编者的原意是躲避意识形态上的纠缠。在编辑《国文百八课》之前，叶圣陶已经和夏丏尊合作出版了《文心》一书，"用小说体裁叙述学习国文的知识和技能"，形式上"算是很新鲜的"[①]。实际上是以一种比较活泼的方式来讲述语文知识，着力点仍在语文学科的"规训"上，《国文百八课》基本上沿袭了《文心》所要传授给中学生的语文"知识点"。但这种把文学"肢解"成若干块的做法，在当时也有人不赞同，"有些教本讲选文作为'文章讲话'的例子，有些将选文的门类分别得非常琐细。这样便发生一种流弊。门类要求完备，例子要求丰富，有许多文章便为备格充数而入选，并非为了学生的需要，有时也就顾不到适宜不适宜的问题"[②]。这一弊端编者自己也有所觉察，"我们自己发觉的缺点有一端就是太严整、太系统化了些"[③]。

至于选文，三十年代教育领域和文学领域的争斗，诸如读经运动、大众语论争、党义化教育、革命文学的倡导、左联的文艺运动，都是教材编者在选文时不得不考虑的因素。从作者上讲，各种政治立场的人都有，看上去是公允，似乎未尝不是一种调和。从内容上讲，虽然除了叙述"永恒"的亲情友情与风景外，《差不多先生传》《落花生》《孔乙己》对意识形态的建设意义似乎更大于批判意义（直刺时弊的鲁迅杂文一篇也没有选）。不过，由于选了周作人的文章，《国文百八课》在抗战时期

[①] 商金林：《叶圣陶年谱》，江苏教育出版社，1986年，第170页。
[②] 余冠英：《坊间中学国文教科书中白话文教材之批评》，《国文月刊》第17期，1944年。
[③] 叶圣陶、夏丏尊：《关于〈国文百八课〉》，《叶圣陶教育文集》第5卷，人民教育出版社，1992年，第406页。

被禁用,或许也是编者不曾料到的。而课文所显示的教育上的"合理"和现代文学的"主流",也遭到了当年"现代派"们的质疑:

> 一般新文学书的读者可以说十之五六是学生,十之一二是由学生出身的职业者,其余十之一二才是刻苦用功的小市民。他们都把看新文学认为是一件严肃的事情,没有一个人敢说他看新文学是为了消遣,也没有一个人敢说他看文学书是由于偶然的机缘。……新文学对于这些读者,无形中已取得了圣经、公民教科书,或者政治学教科书的地位。在这样的趋势之下,新文学遂真的俨然成为一种专门学问,而使多数看小说听戏的朋友不敢接触新文学的卷了。我们常常听见嗜好踢足球的学生尊敬而又轻蔑地称他的看新文学小说的同学为"文学家",可是他自己呢?当然也要看小说,但是张恨水的作品。他知道张恨水的作品是小说,而茅盾鲁迅的作品是文学,他所需要的是小说而不是文学,于是新文学的读者永远不会大过旧文学的读者群了。①

施蛰存在这里提出了一个很重要的见解,就是显示"正统"地位的新文学在取得"胜利"后,对在实际阅读中占据重要位置的"俗文学"同样形成了"压制",新文学也因此而缩小了自己的读者群。不过,他的声音在当年不会引起多大的注意,于是被选入教材的作品成为"创作的典范",而且成为销售新文学作品的手段,"一本纯文艺书的广告,大多是'已有某某等学校采作教本',或'可为学生补充读物',或'已有多篇被采选入某某教科书'之类",而作家也"以自己的作品被选用为教科

---

① 施蛰存:《"文"而不"学"》,《施蛰存七十年文选》,上海文艺出版社,1996年。

书或补充读物为荣幸"①，也对作家的创作和作家的文学观念发生了些微影响。例如，周铭三、冯顺伯在《中学国语教学法》中说，"我们从文学眼光看文学，当有一副见解和标准，若从教育眼光看文学，当另有一副别的见解和标准。我所提倡的青年文学是教育化的青年文学，我盼望青年文学渐渐地有人特别创作，叫我们好选材料"。李广田也对文学有了更多教育学上的想法，"推其极致，最善的文学作品当然也要能发生一种最善的教育作用，然而它的作用之如何还须视读者的修养程度而不同"②。可以看出，作家在进行语文教育的讨论时，会无形中对作家的文学观念发生影响，而且创作的对象也更加明确。

　　三十年代语文课程标准对文白比例的规定，使得大多数语文教材都是按照年级或语文知识将文言文、白话文混编在一起。但混编的做法却受到了教育界的怀疑，认为学生在两套语言系统下被搅乱了思维，因此"主张把中学国文从混合的课程变成分析的课程；把现代语教育，和古文学教育分开来，成为两种课程，由两类教师分头担任"③。朱自清也赞成这种编法，认为"这样办可以教人容易明白文言是另一种语言，而且是快死的语言"④。这种主张启发了叶圣陶编辑教材的思路，"二十年来国文教学没有好成绩，混合教学也许是原因之一。他们主张分开来教学，读物要分开来编。我们觉得这个话有道理。这部读本就分开来编，甲种六册专选白话，乙种三册专选文言"⑤。这套教材就是《开明新编国文读本》，在六册白话作品中，现代文学作品有：

---

① 施蛰存：《创作的典范》，陈子善、徐如麒主编：《施蛰存七十年文选》，上海文艺出版社，1996年。
② 李广田：《论中学国文应以文艺性的语体文为主要教材》，《国文月刊》第31、32期合刊。
③ 浦江清：《论中学国文》，《国文月刊》第1卷第3期，1940年。
④ 朱自清：《论教本与写作》，《朱自清论语文教育》，河南教育出版社，1985年，第17页。
⑤ 叶圣陶等编：《开明新编国文读本（甲种）》，《叶圣陶教育文集》第4卷，人民教育出版社，1992年，"序"，第43页。

册数	课数	文章	体裁	作者
一	1	繁星	散文	巴金
一	2	火烧云	散文	萧红
一	7	邮差先生	小说	芦焚
一	10	太阳的话	新诗	艾青
一	11	一个小农家的暮	新诗	刘复
一	13	人民的世纪	散文	开明少年
一	14	济南的冬天	散文	老舍
一	15	交湖风景	散文	朱自清
一	17	聪明人、傻子和奴才	散文	鲁迅
一	19	背影	散文	朱自清
二	1	野草	散文	夏衍
二	4	风筝	散文	鲁迅
二	5	伦敦的动物园	散文	朱自清
二	9	太行山的西麓	散文	丁文江
二	14	车窗外	散文	骞先艾
二	15	辰州途中	散文	沈从文
二	16	"拉拉车"	散文	茅盾
二	17	垣曲风光	散文	卞之琳
二	18	春联儿	小说	叶圣陶
二	21	一句话	新诗	闻一多
二	22	"两个老鼠抬了一个梦"	新诗	刘大白
三	3	从昆明到重庆	散文	冰心
三	4	飞	散文	朱自清
三	5	白杨树	散文	茅盾
三	6	杜鹃	散文	郭沫若
三	7	我们的骄傲	小说	叶圣陶
三	8	旧家的火葬	散文	夏衍

(续表)

册数	课数	文章	体裁	作者
三	13	冬晚	小说	靳以
三	14	野店	散文	李广田
四	2	一件小事	小说	鲁迅
四	6	以画为喻	散文	叶圣陶
四	11	我的同班	散文	冰心
五	7	北平的夏天	散文	老舍
五	8	向生活学习	散文	沙汀
五	9	窗子以外	散文	林徽因
五	10	窗子以外（续）	散文	林徽因
五	13	孔乙己	小说	鲁迅
五	17	万世师表	话剧	袁俊
五		朦胧的敬慕	散文	萧乾
六	3	故乡	小说	鲁迅
六	4	故乡（续）	小说	鲁迅
六	12	蔡元培先生	散文	余毅
六	13	哭一多父子	散文	吴晗
六	15	同情	小说	陈衡哲
六	20	"为万世开太平"	散文	曹孚

  这套教材由叶圣陶和郭绍虞、周予同、覃必陶、朱自清、徐调孚等人合作编写，他们的文化态度和政治立场都大致趋同，组成一个"圈子"是民国时期编写教材的主要方式。1916年茅盾刚进商务印书馆时，同事就告诉他说，"编译所中的国文部（部长庄俞，武进人）专编小学和中学教科书的人是清一色的常州帮。……理化部是绍兴帮，除了少数校对之类也许不是绍兴人"①。这些"常州帮"包括谢仁冰（水心）、蒋维乔

---

① 茅盾：《商务印书馆编译所和革新〈小说月报〉的前后》，《商务印书馆九十周年》，商务印书馆，1987年，第145页。

(竹庄)、庄俞（百俞）、孟森（心史）、恽铁樵（树钰）等人，是当时比较有"新学"功底的人，如蒋维乔中秀才后，就热衷西学，在江苏全省高等学堂中积极支持改革，成为校内的新派领袖，由蔡元培介绍入商务；庄俞曾在家乡与同学创设演说会，教授新学，在上海设立"人演社"，译印中西文新书，由蒋维乔介绍入商务。而茅盾、郑振铎这些具有更"新"知识的人，却无法参与教材编写工作。到叶圣陶编辑《新学制国语教科书》时，又撇开了上述的"老编辑"，将同学顾颉刚吸收入内。在以后为开明书店编辑教材时，更是将好友朱自清、王伯祥等人招呼到一起。陈望道和傅东华也是多年好友，在编辑初中《基本教科书国文》时也是同时参加。正中书局的《初级中学国文》由叶楚伧主编，邀请的是同样有保守倾向的教育家汪懋祖（他们编辑的这套教材鲁迅的文章一篇都没有选入）。"圈子"的形成加强了教材的同质性，选文的风格也趋于一致。

但是，从现代文学作品的选文，却可以看出主编叶圣陶政治态度的微妙变化。自称是"平庸的老夫子"的叶圣陶，思想虽然偏左，但对于风口浪尖上的政治斗争一直保持距离，他在商务的好朋友杨贤江在1923年"已经是革命者了"，曾经邀叶圣陶加入共产党，"我没有答应他"[①]。但在抗战的后期，他的政治思想却趋于激进，参加各种民主集会，在各种"声明"上签字。1945年"五四"之夜，他参加成都103个学生团体在华西大学体育场举行的"五四"营火会时，充满激情地朗诵了他在整个抗战期间写的唯一一首白话诗——《言论自由》。《中学生》杂志复刊后，更是利用刊物发表自由言论，被时任中央图书审查委员会主任的潘公展约见，当面表示对《中学生》的不满，告诫"宜注意基本工具学科，少弄社会科学文字"，要他"检点"，但叶圣陶不为所动，在他的日记中说

[①] 叶圣陶：《纪念杨贤江先生》，原载《人民日报》1949年8月9日，《叶圣陶集》第6卷，江苏教育出版社，1989年，第315页。

"其言殊可笑"①。仅在1945年10月16日到10月28日,他就和共产党高层领导周恩来接触四次。②这一政治态度反映在本套教材的选文中,具有明显意识形态指向的《白杨树》和《哭一多父子》亦被选入,编者在教材的"序"中说,"希望切合读者的生活与程度。就积极方面说,足以表现现代精神的,与现代青年生活有关涉的,为现代青年所能了解,所能接受的,才入选",为了避免时文带来的粗糙,编者"加上了修润的工夫"。这些选文也反映了叶圣陶文学观的变化,三十年代被批评为"厌世派"的他(当然他也在《未厌集》中申辩),在抗战后一再强调,"反映现实,唤起人民大众的要求,是文学的时代的使命"③,"文学要人家接受,说得郑重一点儿,要像庄子所说的'以其道易天下'",这个"道"就是"主义与纲领"④。1945年2月23日叶圣陶在日记中写道:"看毛君文艺座谈讲话之小册子,药眠前日交来者也。觉其文艺为教育工具,自其立场言,实至有道理",对《讲话》思想的基本赞同实际上也接通了叶圣陶早期的文艺创作思想,"每作一篇,都是'有所为'而发,是在用改革社会的器械"⑤。不过,这时他已经由五四时期的"描写着灰色的卑琐的人生"(茅盾语)转向"赞颂""中国的最平凡而其实是最伟大的老百姓",于是早期在教材中出现的《寒晓的琴歌》和《阿菊》换成了《春联儿》和《我们的骄傲》。

本套教材改变了《国文百八课》"彻头彻尾采取'文章学'的系统"的编写体例,将"文章知识"的传授放到每课后的阅读提示,这些阅读提示是"意在请读者读过以后,再用些思索的工夫"⑥,"思索的工夫"自然不光包括文章知识,还包括意识形态的读解。在《人民的世纪》中,

---

① 《叶圣陶集》第20卷,江苏教育出版社,1992年,第434页。
② 参见商金林编:《叶圣陶年谱》,江苏教育出版社,1986年,第274页。
③ 叶圣陶:《〈西川集〉自序》,《叶圣陶集》第6卷,江苏教育出版社,1989年,第186页。
④ 叶圣陶:《"言志"与"载道"》,《叶圣陶集》第9卷,江苏教育出版社,1992年,第151—153页。
⑤ 鲁迅:《〈中国新文学大系小说二集〉导言》,良友图书印刷公司,1935年。
⑥ 《开明新编国文读本(甲种)》(序),1946年7月。

编者拟定了两个题目:

　　[一] 这篇文字先说明"人民"的意义,其次说明"人民世纪"的意义,又其次说明"人民的世纪"为什么从如今开头。层次清楚,使人容易理会。

　　[二] 末了说迎接这个"人民的世纪",如果要更见着实些,该怎么说?

这样的阅读指向除了让学生学习语文外,似乎更多的是借助语文加深对现实的思考与反抗。鲁迅的《聪明人、傻子和奴才》也有这样三道题:

　　[一] 读了这篇文字,可知道那三种人的分别在哪里?
　　[二] 奴才诉说做工的苦楚,一串话是押韵的,这有一种什么样的趣味?
　　[三] 奴才受了主人的夸奖,认为这应了聪明人的话,已经好起来了。他要真的好起来,该怎么样?

事实上,出版这套教材的行为本身就是向主流意识形态"挑战"。在抗战时期,政府为统一思想和节约物资,将正中书局出版的教材作为"国定本",七家书局(商务、中华、世界、大东、开明、文通、正中组成"七联处")联合印销。而以政府法令推行的"国定本"教材,因其太直露的党义色彩为教育界所诟病,"初中国文课本中所选的近代和现代的作品,很明显的是以尽量选取国民党中达官贵人的文章为原则的,因此,有很多在现代文坛上极有声誉的作家,其作品全都未被收进,而收进了的,却是上自主席院长,以及某部某会的首长,……这类的文章只是一些道地的党八股和抗战八股,似乎是'文章病院'中的好主顾。既不能引起读者的美感、灵感和欣赏文艺的兴趣,也无法使其藉此学取一些写作的技巧"①。《开明新编国文读本》也是一个丰富的意识形态"文本",它不仅为抗战时期处于瘫痪的开明书店起到了复苏作用——"据1949年统计,教科书的营业额占全部营业额的百分之六十二,所以只要春销或秋销一季的营业,就可坐吃半年"②,而且也以其暗含的新意识形态得到了新政权的认可。因此,这套教材在1949年后还使用了一段时间。

第三节　白话文教学:诠释现代文学的力量

现代文学进入中学语文教材,只是提供了学生阅读的可能,是"经典化"的第一步,还有一个环节是如何读的问题,即教材编者如何通过教学参考书等资料向教师显示对课文的"正确理解",教师又如何在课堂上向学生传授阅读现代文学作品的"正确方法",这是"经典化"的第二步。而这一切,是伴随着白话文教学的改革进行的。

传统的私塾教学,主要是以背诵为主,从《三字经》《千字文》到《大学》《中庸》。这种方法已经延续了很多年,袁枚曾在《随园诗话》中描述过这样的场景:"漆黑茅柴屋半间,猪窝牛圈浴锅连,牧童八九纵横坐,天地玄黄喊一年。"近现代名人关于这方面的回忆就更多,历史学家蒋廷黻就曾回忆说:"我把书交给老师,他念一遍,我跟着念一遍。他看我已经会念,就命我回到自己桌子,高声朗诵,直到记牢为止。……每句念若干次,我认为可以丢掉书本背得出来时,再拿书到老师那里,背朝着老师和书本,背诵书中的原文。老师认为我真能背诵了,于是他再教我四句新的。"③这种教学方法自然是违背孩子接受心理的,但也是受

---

① 龚启星:《中学国文教学问题之检讨》,《教育杂志》第32卷第9号,1948年。
② 《开明书店报告》,引自王知伊:《开明书店纪事》,陈江辑注:《中国出版史料》第一卷上册,山东教育出版社、湖北教育出版社,2001年。
③ 蒋廷黻:《蒋廷黻回忆录》,台湾传记文学出版社,1984年,第17—18页。

了学习材料的限制，对小孩子讲性理之学、内圣外王之道本来就是繁难的事情。蒋廷黻后来又碰到一个能讲解的先生，但他回忆说："我不得不承认有时老师讲的很不清楚，和没讲一样。"①

清末民初新式学堂兴起后，伴随着国文教材的革新，在小学阶段出现了一些旨在激发学生兴趣的教学方法。而在中学阶段，由于教材仍以古文为主，老师只是让学生继续背诵的同时，加上了"翻译式"的讲解，"以前教古文的时候，教师的责任就是'讲'和'写'，学生的责任就是'听'和'抄'。做教员的，在上讲堂的时候，把古文逐字逐句解释，翻做白话，责任就完了。如果能够多备几部类书，把古典详细考查出来，写在黑板上，或者在黑板上多写几段和所教的有关系的文章，那学生就要推重他的学问渊博而认为好教员了"②。

在新文学进入中学教材后，老师连"翻译"的工作也不用做了，对大多数保守的老师来说，不但心中要排除对新文学的厌恶，怎样指导学生阅读也成了问题。下面是当时语文教育家何仲英以"答客问"的形式自拟的一段话：

> 客：你们为什么要教授白话文？
> 我：我们为什么不要教授白话文？
> 客：这还用教授么？
> ……白话文能否为将来文学正宗，我不敢必；我只觉得白话文可以让学生自己看，随意学习罢了，何为教授？小学生或因程度不够，教员不得不略为讲解，中学生谁看不懂，还要讲么？就是教员要讲，也无可讲的话头，难道教员东拉西扯，云天海外的

---

① 蒋廷黻：《蒋廷黻回忆录》，台湾传记文学出版社，1984年，第21页。
② 沈仲九：《国文科试行道尔顿制的说明》，转引自郑国民：《从文言文教学到白话文教学》，北京师范大学出版社，2000年，第200页。

说话就可以搪塞吗？教员本是为讲解的，学生懂，无须教员讲解，教员还要讲解，岂不白浪费时间，生了学生的厌恶的心理呢？①

这是当时白话文教学中的教师的普遍困惑，他们认为白话文没有讲解的必要，因此，教师一般是让学生把课文读一遍了事，或者干脆让学生自己在课后看。这种方式不是新文学提倡者愿意看到的——新文学不仅意味着新的文学语言，还意味着新的思想和新的阅读方式，而这一切都要靠老师的"讲解"。"文学教育"，正是要通过教育的塑形，来确立新的文学经典（由此可以判定什么是"文学"，什么是"非文学"；什么是"好文学"，什么是"坏文学"），新的语文教育方法是要为学生提供一整套认识、接受和欣赏新文学的方法。而这一切，没有讲解怎么行呢？因为，"文学教育"事实上也是一种权力：

> 它是"控制"语言的权力——决定某些叙述必须排除，因为它们不符合一般认为可以说出的事实。它是控制著作本身的权力，把著作分为"文学"类和"非文学"类，传世的伟大作品和短命的流行作品。它是与其他人相对的权威和权力——那些限定并维护这种语言的人与那些有选择的纳入这种语言的人之间所存在的权力关系。它是决定那些被认为说这种语言说得好坏，是否发给证书的权力。最后，它是这一切都存在的文学学术机构与整个社会中居统治地位的权力利益之间的一个权力关系问题。通过维护和有控制地扩大所说的这种批评语言，社会在意识形态上的需要将得到满足。②

---

① 何仲英：《白话文教授问题》，《教育杂志》第12卷第2号。
② ［英］特里·伊格尔顿：《当代西方文学理论》，王逢振译，中国社会科学出版社，1988年，第292页。

胡适当年不一定意识到了这点，但他希望通过白话文教学教会学生"以一种新的眼光来阅读文学"的意图却很明显。在《中学国文的教授》中，他列举了"假定的中学国文课程"和"国语文的教材"后，接着又提示了"国语文的教授法"，强调教学过程中教员对学生的启发作用，讲授小说、戏剧等文学作品时，教员除了要"点出布局、描写的技术，文章的体裁"，更需要在课堂讨论中根据材料的变化，不断启发学生，"例如《镜花缘》上写林之洋在女儿国穿耳缠足一段，是问题小说，教员应该使学生明白作者'设身处地'的意思，借此引起他们研究社会问题的兴趣。又如《西游记》前八回是神话滑稽小说，教员应该使学生懂得作者为什么要写一个庄严的天宫盛会被一个猴子捣乱了。又如《儒林外史》写鲍文卿一段，教员应该使学生把严贡生一段比较着看，使他们知道什么叫做人类平等，什么叫做衣冠禽兽"①。胡适试图把所有的旧白话小说，都读解成关于"自由""革命""平等"的文本表达，"胡氏国文教授法"中的意识形态指向不言而喻。至于古文的教授法，要用看书代替讲读，"教员可以随时加入一些参考材料。例如读章行严的文章时，教员应该讲民国三四年的政治形势，使学生知道他当时为什么主张调和，为什么主张联邦"②。由文章而到政治，胡适试图给分科教学以来地位日益下降的语文教学更大的解释社会现象的权力，而这个权力的取得首先仰赖语言权力的取得。

新文化运动以来，教育界也大量借鉴国外的教学方法。而白话文进入中学语文教材，恰好为这些方法的实验找到了突破口，而这些方法的实验，又巩固了白话文教学在语文教学中的地位。例如，"问题教学"和

---

① 胡适：《中学国文的教授》，《新青年》第8卷第1期（1920年9月），引自姜义华主编：《胡适学术文集·语言文字研究》，中华书局，1993年。
② 同上。

"道尔顿制"的实验。

早期"五四"文学创作,特别是"文学研究会"诸作家的创作,多半是针对某一社会现象发表看法,"从孔教问题,妇女问题,一直到劳动问题,社会改造问题,从文字上的文学问题一直到人生观的哲学问题,都在这一时代兴起,萦绕着新时代的中国社会思想"[①],"他们每作一篇,都是有所为而发,是在用改革社会的器械"[②]。教育界首先看重的也是这些作品的思想价值,当时在浙江第一师范学校的夏丏尊、陈望道、刘大白、沈仲九等教师革新国文教育,他们在教学上实施"问题教学法",教材取材"以和人生最有关系的各种问题为纲,以新出版各种杂志中,关于各问题的文章写目。这种问题和文章,要适合学生的心理,现代的思潮,实际的生活,社会的需要,世界的大势,而且要有兴味"[③]。这种语文教育观,是想让学生关注现代社会问题,关注学生身边的日常生活,"使学生了解人生的真义和环境的现状"。在具体的教法上,也改变过去由老师灌输的方式,"令学生自己研究,教员处于指导的地位。读看、讲话、作文,都用联络的方法","每一星期或两星期,由教员提出一个研究的问题,将关于本问题的材料,分给学生,并指示阅览的次序",然后分成十一个步骤进行,这些步骤当然也是以"问题"为主的,如第五步"书面的批评",是"学生作好一问题大纲以后,应该把自己对于这个问题的意见,用文章表示出来",还可以与同学进行"辩难"。这种令人耳目一新的教学方式,激发了学生的思维,受到学生的欢迎,而且为白话文教学冲出了一条路。后来因为"一师学潮",陈望道等"四大金刚"被迫离校,朱自清、叶圣陶、俞平伯等人陆续到浙江一师任教,更是以自己的创作实践光大了"问题教学",培养了大批具有新思想的学生,诸如

[①] 瞿秋白:《饿乡纪程》,见《瞿秋白文集·文学编》(第一卷),人民文学出版社,1985年。
[②] 鲁迅:《中国新文学大系·小说二集·导言》,良友图书印刷公司,1935年。
[③] 沈仲九:《对于中等学校国文教授的意见》,《教育潮》第一卷第五期,1919年。

贾祖璋、赵平复（柔石）、应修人、冯雪峰、汪静之等人。这也说明，白话文教学对现代文学作家的培养助力尤大。

二十世纪二十年代，"问题教学法"在南方的许多学校颇为风行。当时在吴淞中国公学任教的何仲英也比较认同这种教学方法，认为其"大可发展学生的思想"。不过，他又认为不能"拘拘以问题为主"，还应该着重研究"文学本身的问题"，他以自己的教学实践来举例说明：

> 讲过一篇蔡子民《杜威生日演说词》，其中引证科学、哲学、经史的地方不少，我预先发文，指示学生参考书的所在，吩咐他们某人参考演说体裁，及演说文组织法，某人参考杜威小史和他的学术大概，某人参考杜威在各地演说，某人参考孔子略传和他的学术大概，某人参考孔子弟子问政者几人，问仁者几人，……简单的记录下来，到上课的时候，依次质疑、报告，要紧的在黑板上写，繁复的印发，教员加以审定。字句学生大概看得懂；所要深究的，就是杜威、孔子学术的异同，和这种"庄严的应酬"的演说措辞的方法，不得不详为说明，……还教了许多白话诗，就拿胡适之作的《我为什么作白话诗》和《谈新诗》给学生参考，又教了许多白话诗，就拿白香山的《新乐府》，就拿戴季陶作的《白乐天的社会文学》给学生参考，有时在课内自己预备，有时课堂上讨论，有时教员一人讲解，有时学生报告心得。①

由一篇白话文竟引出如此多的教学内容，从中也可以看到胡适关于中学国文教学的观点在语文教育界的影响。虽然，深究杜威和孔子学术

---

① 何仲英：《白话文教授问题》，《教育杂志》第12卷第2号，1920年。

的异同、新诗和古白话诗的差异,对初中生来说或许是困难了些,但其客观的效果却是"教出"了白话文的优越性,"现在我们教授白话文,虽不敢说大有成效,然而学生作文,有的本来不好,自从得了新教材和看看新书以后,居然写的很好,脑筋比以前清楚的多,组织比以前有条理的多"。何仲英甚至认为,这样的白话文教学法若能长期坚持,自然也就"建筑了新文学的基础"①。

对"问题教学法"教育界也有不同的看法,有的认为这是混淆了国文教学和其他科的联系,加上五四时期学生中普遍存在的躁动不安,"问题教学法"更激发了学生的反叛情绪。教育家阮真曾经用讽刺的笔法,描述实行"问题教学法"后各校的"盛况":中学生变得"爱讨论问题。有所谓经济问题、劳动问题、妇女问题、贞操问题、遗产问题、亲子关系问题,还有最切身而最欢迎的恋爱问题、婚姻问题等等,闹得天翻地覆,如雷震耳了";而且学生常以是否会"谈问题"来判断教师水平的高下,"前教师会谈问题的,后教师不谈问题,都不免要受学生的攻击,说他'时代的落伍者''开倒车''不懂新文学'了","一个新国文教师到来,各派学生便去问他,'先生信仰什么主义'?'没有主义的教师,一时答不出来,马上请他滚蛋"。②不过,由语文教学改革带来的对整个社会的"搅动",也许正是新文化运动者希望看到的"效果"。

比起"问题教学法"关注人生各种问题,"道尔顿制"③的教学实验则更关注文艺本身。"道尔顿制"本身是一个很复杂的教育试验系统,孙俍工却巧妙地把它"嫁接"到白话文学教学上,"我以为在中国现代的文学界里,如果不极力把文艺底意义阐明到极真确的时候,把文艺底生命扩张到了人们全体的时候,把文艺底基础弄到极称固的时候,不但永远

---

① 何仲英:《白话文教授问题》,《教育杂志》第12卷第2号,1920年。
② 阮真:《时代思潮与中学国文教学》,载《中华教育界》第22卷第1期,1935年。
③ 道尔顿是美国教育家柏克赫斯特于1920年创立的一种新的教育制度,因为创试工作是在美国的马萨诸塞州道尔顿市的道尔顿中学进行的,故名道尔顿制。

没有真正的纯粹的文艺呈现出来，甚或至于连现在所流行的时髦的白话文底声浪也将要毫无声息地销沉下来，不至一班'桐城谬种''选学妖孽'卷甲重来恢复他们底天下不止"①。而要防止这种情况的发生，一个是提高白话文的"文艺性"（孙俍工列了一张表，将纯文学和杂文学区别开来，把一些论述文字归到杂文学类），一个是将"新鲜出炉"的现代文学作品编到教材中让学生阅读（孙俍工在上海民智书局编纂了一套六册的《国语文读本》，作为实验的教材）。"道尔顿制"的一个特点是用"学习工约"代替老师的讲解，而老师拟定的"学习工约"则含有阅读方法的指导：

（一）分篇作业法——以篇数为主。就是每读一篇文艺做一篇杂记（或读书录）或一个简短的评论。这里我们应该使学生注意的是：

（a）本篇梗概（限二百字以内）；

（b）本篇人物志要（年龄、性情、思想及相互的关系等）；

（c）本篇所含蕴的思想问题；

（d）本篇所表现的人生问题；

（e）我对于本篇底感想；

（f）我对于本篇底批评（内容的，形式的）。

（二）家别作业法——以著作者家数为主。在这里应该注意的：

（a）作家略历；

（b）作家底思想学说；

（c）作家艺术上的主张（人生的艺术或艺术的艺术）及派别（浪漫派、自然派或新浪漫派）；

---

① 孙俍工：《文艺在中等教育中的位置与道尔顿制》，《教育杂志》第14卷第12号，1922年。

(d) 作家所受时代精神与环境底影响；

(e) 例证或比较（作家与作家或篇与篇）；

(f) 其他感想和批评派。①

除了上述两种作业法外，还有国别作业法——以著作者所居的国别为主、分组作业法——把一段中所有的文艺各篇中关于思想问题或艺术上相同的点抽出来，分成若干组而每组做一篇简短的评论。可以看出，孙俍工对当年的文艺思潮非常熟悉，他的阅读指导也暗含着主流的文学观，运用的是当时茅盾式的"社会剖析法"——希望学生借由文本推延到社会思潮。学生在"熟练"掌握这些阅读方法后，将以此来解释现代文学的合理性，而当年陈独秀陈述的新文学的"三大主义"，在这些阅读方法的指导中找到了最好的落脚点。自然，这些阅读方法又规范着学生的审美眼光，他们将以这些标准来判断好坏文学。如同许经田所说，"因为文学教育与语文教育是掺杂在一起的，在此阶段所养成的文学观（以及蕴含在作品中的各种价值观）具有如同语言一般的深入的影响力：事实上对经历此种教育的人来说，它提供了一种共同论述，甚至可以说是一种共同语言"②。

当时进行的语文教学实验还有"启发法""自学辅导法""分团教学法""设计教学法"等，这些方法虽然各不相同，但大致相似：以学生的"自动"代替老师的讲解，促发学生积极思考，深入思考问题。这些教学方法对新文学起到了促进作用，按孙俍工的说法，他的试验在短期内得到了两种效验，"一是学生对于文艺这门课引起了极大的注意，一是学生真正能够发扬他们的自由研究的精神"，这些"决非在专门讲解式的教授底下所能得到的"③。从白话文教学方面来看，也部分解脱了教学的困

---

① 孙俍工：《文艺在中等教育中的位置与道尔顿制》，《教育杂志》第14卷第12号，1922年。
② 许经田：《典律、共同论述与多元社会》，台湾《中外文学》第21卷第2期。
③ 孙俍工：《文艺在中等教育中的位置与道尔顿制》，《教育杂志》第14卷第12号，1922年。

境，因为当时曾有人预言："国语文侵入中学教科书不过二三年的光景，倘若不从教法上研究，那前途的发展就非常黑暗了。"①而现在各种教学方法的实验，某种程度上巩固了白话文教学的地位，进而也巩固了白话文在教材中的地位。

不过，上述方法有一个共同的特征：即以文章为轴心，向社会问题和社会思潮拓展，在教学中出现了"尽管一篇很短的白话文，一目了然，也许讨论几小时未曾完结"②的情况。这就带来了两方面的问题，一方面把语文科同社会科混在一起，孟宪承就说，"国文科的训练，本注重思想的形式上，至于思想的内容，是要和各科联络，而受各科供给的。现在专重社会问题的讨论，是否不致反忽了形式上的训练，喧宾夺主，而失却国文科主要目的，很是一个问题"③。朱自清就曾批评当时搞"道尔顿制"实验的穆济波说："他似乎将'人的教育'的全副重担子都放在国文教师的两肩上了，似乎要以国文一科的教学代负全部教育的责任了，这是太过了！"④另一方面，学生对新方法的"新鲜劲儿"过后，对空而无当的问题讨论也有些厌烦，"某省立中学请了一个国立大学文科的毕业生去教国文，结果非但不能胜过老式教师，反而引起学生的恶感。说他只能谈新名词、新方法，而胸中毫无实学，最后被学生闹跑了"⑤。很多老师也认为阅读材料对学生来说太难了，让学生偏离了语文学习的目的，"至内容则说明的语体文，类多关于哲学或社会问题的，决非初中生所能了解。如某国文课本，一年级的教材，一叠选上《美国的妇人介绍》《桑格尔夫人》《珊格夫人自传》《女子的根本的要求》《母》五篇讨论妇女问

---

① 周铭三、冯顺伯：《中学国语教学法》下卷"发端语"，商务印书馆，民国十五年，转引自郑国民：《从文言文教学到白话文教学》，北京师范大学出版社，2000年，第203页。
② 何仲英：《白话文教授问题》，《教育杂志》第12卷第2号。
③ 孟宪承：《初中国文之教学》，《新教育》第9卷第1、2期合刊，1924年。
④ 朱自清：《中学学校国文教学的几个问题》，原载《教育杂志》第17卷第7号，1925年，参见《朱自清全集》第8卷，江苏教育出版社，1996年。
⑤ 张文昌：《中学国文教学底几个根本问题和实际问题》，《新教育评论》第3卷第8期，1927年。

题的文章。同样在某一本里又选上《人生目的何在》《人生真义》《今》《不朽论》四篇讨论人生问题的文字。像讨论这样的大问题的文章,我想当国文教师的谁都会承认那些不可以当初中低年级教材的事实"[1]。

当年现代文学以语言符合现代人的实际、思想切合现代人的精神为由进入中学语文教学,如今却由于过度强调思想而受到质疑,这也许是新文学倡导者没有想到的。因为当时的中学语文教学多是古文、现代文混在一起教,老师对古文采用的是传统的"涵泳把玩"的方式,从写法上"精研细阅"(这和学生的国文考试仍以古文为主有关),对新文学作品则采用极力挖掘思想性的教学方法,容易在学生心中形成新文学只要思想新、不需要太多写作技巧的印象。因此,必须要从文章技巧上分析新文学作品,才能提升新文学作品的地位。这一方面符合"纲要"与"课标"提出的"培养学生阅读能力"的要求;另一方面也是"告诉"学生,新文学一样有写作技巧,有从文章形式上探究的价值,这本身也是"经典化"新文学的另一种方式。因此,教育界有人建议把新文学分成"精读"和"略读"两种,后来不少语文教育人士也认同这种分法,政府在"课程标准"修订时也纳入了这一建议。

不过,教育界对如何才算精读有不同的见解,教育家祝世德曾经列出八大要点,认为其中最重要的是,"教员对于选文,应抽绎其作法要项指示学生,使学生领悟文字之体式与其作法,并将其内容及作者生平概要叙述,使学生对于全篇有简括之认识,重在引导自学之动机,不必逐字逐句讲解"[2]。不过,这种方法太简略,而且并非只对新文学而言。相对来说,宋文翰的方法则详细得多,他把文章列为记叙文、描写文、说明文、论说文和小说五大类,并分别指导它们的阅读的关注点,例如"小说阅读法"共分为"篇名及作家""背景""结构""人物""格式""价值"等方面去讨论,这显然就是

---

[1] 宋文翰:《一个改良中学国文教科书的意见》,《中华教育界》第19卷第4期,1931年。
[2] 祝世德:《初中国文教学经验谈》,《中华教育界》第21卷第1期,1934年。

专属于新文学的"阅读法"了,例如,"结构"部分的要点是:

(三)结构:

(1) 本篇的结构是单纯的或是复合的?
(2) 能说明以下各点吗?
 (a) 全篇的情节怎样?
 (b) 叙述的方法怎样?
  (ㄅ) 怎样开端?
  (ㄆ) 中间怎样转折?
  (ㄇ) 本篇转折之处有几?其起迄如何?
  (ㄈ) 怎样结束?
 (c) 本篇的最高点——使读者起了一种期待焦躁之情的——和次高点在哪里?
(3) 读过这篇小说觉得有兴味吗?
(4) 最感兴味的地方在哪里?
(5) 最没有兴味的地方在哪里?
(6) 这篇小说所述的事件是真的或是类真的?
(7) 全篇开端的文字是平常的或是特别的?
 (a) 下笔适当吗?
 (b) 读着有兴味吗?
 (c) 能给你多少暗示吗?
(8) 情节进展的快慢如何?
 (a) 快或慢?
 (b) 约占了多少时间?①

---

① 宋文翰:《一个改良中学国文教科书的意见》,《中华教育界》第9卷第4期,1931年。

提示的问题非常多而且细，而且整个诠释系统是西方分析式的，对小说的分析讨论也非常精密，这些都是读古文时不曾用到的方法——一种全新的阅读方式，同样它也是暗示学生，"小说"这种在旧文学体系中不入流的文学样式，竟有如此多的可供揣摩之处。当然，对这种过于理性的分析，也有反对的声音，有学者就认为"现代中学文学的教学，多有偏重于字句的分析与形式的研究的趋势。因之不易引起学生对于文学乐于阅读及富于欣赏的欲望"[①]。

叶圣陶和朱自清指导"精读"的方法有自己的特点，他们有新文学的创作经验，也更喜欢用新文学作品做例子来说明自己的观点。叶圣陶认为学生在阅读时要"求甚解"，例如，对于鲁迅的《孔乙己》，"咱们不能说这篇小说讲的是一个穷人叫做孔乙己的落魄的情形，就此完事"，而是要分析"本篇的主旨"，即"一个旧教育制度下的落伍者的剪影"，经过一番分析后，叶圣陶得出结论说，"就是语体文，要体会作者用词造语的妙处，也得熟读"，并告诉学生，"文字深微曲折的，就得精细地解说，周到地剖析，达到透彻了解的地步，才歇"[②]。朱自清则以新诗为例向学生说明，"康白情的《朝气》，内容是描写农家种植的生活，题目何以称为'朝气'呢？农家生活的描写与朝气究竟有何关系呢？这些问题教师是要暗示学生提出来详细讨论"，"又如谢冰心的《笑》，用重复的组织，对于雨，月夜，花莲说出三个笑容，表示爱的调和"，然后，朱自清嘱咐语文老师，"关于了解与欣赏应该特别注意""文字的新变"，即"一个作家必须要能深得用字的妙趣，古人称为'炼字'，便是指作家用字时打破习惯而变新的地方，教师就也要在这方面求原文作者的用心"[③]。1941

[①] 程其保：《初级中学课程标准之讨论》，《教育杂志》第23卷第9号，1931年。
[②] 叶圣陶：《国文随谈》，《叶圣陶集》第13卷，江苏教育出版社，1992年，第87—90页。
[③] 朱自清：《了解与欣赏》，《朱自清全集》第8卷，江苏教育出版社，1996年，第349—351页。

年，叶圣陶和朱自清更是合作写了《精读指导举隅》，列入商务印书馆的"新中学文库"出版。《精读指导举隅》一共选了六篇文章，其中古文两篇、现代文四篇，涉及新文学的各种体裁。其中小说选的是《药》，朱自清用了比原文长两倍的篇幅，从主旨、取材、结构、语言等方面来解读本篇小说，后世对《药》的理解也多出自此篇分析文字。把出自口语的新文学推到如此精细分析的地步，一方面自然是让学生掌握阅读的方法；另一方面实在也是告诉尚不"信仰新文学"的各界，新文学完全可以和古代典籍一样，成为反复"细加审玩"的经典文本。而且，当时按此方法来讲授新文学的老师确也不少，罗常培先生在回忆自己教中学国文的情形时说：

> 我们这班年轻人上台以后，气象确乎有点不同了。要讲一篇文章，先得介绍作者的略传，说明他的时代背景，他在文学史上的地位和这篇文章的价值等等，然后解释字句，尽分段落，指示篇章结构的法则，研讨文法修辞的奥妙；末了综览全篇的大意，看它的风格跟前一时代有什么异同；对于后一时代有什么影响？费的时间虽然较多，对于文章的剖析却无微不至。①

不过，以发轫期的新文学作品来看，有的浅露直白、构思粗糙，很难成为精微分析的目标，有的内蕴深厚、语言独特，又很难作为课文来分析。事实上，从新文学进入中学语文教学开始，对新文学作品是否合适做课文的疑问从来都没有消失过。阮真在《中学国文教学问题》第五章，对有人"主张专教现代文艺"提出了三个疑问："甲、尝试未成功的现代文艺，是否已经有评论家承认有文学上固定的地位与价值？乙、欧

---

① 罗常培：《我的中学国文教学经验》，原载《国文月刊》第22期，1943年。

化的译文语调,与中国语调差得很远,不通英文的学生,有无学习的困难?丙、现代文艺适合于中学国文教材的有多少?"这一观点当时被认为是对新文学的刁难,但直到1948年教育心理学家龚启昌还说,"鲁迅的文章,无论内容与形式,显然是不合于作中学生的范本用的。周作人的散文,在形式方面很可作为中学生范本,但在内容方面与青年人生活是隔膜的。例如《喝茶》《幽默》等类文章非青年人所能体验得到"[1]。教育家们的疑问并非毫无道理,不过,新文学作品本来并非专为教材创作,所有的"不适宜"已经在学生的反复阅读中变得"适宜"了,而且随着新文学"经典"的确立,敢于质疑这些"不适宜"的读者也越来越少了。

许多新文学作品都含有较深的思想内涵,虽然精读了,但不少中学生还是觉得不好理解,因此也有学者建议从兴趣入手,将休闲性文字选入教材。教育家程其保曾提出一个有趣的观点,他认为文学教育有两个目标,"第一,社会性目标——文学富有社会的价值,……普通社会的观念、习俗与思想,大都可以在其文学中观察得到",另一个目标是休闲性的目标,"经过了种种的工商业与社会的革命以后,人类的休闲时间比较加多,而阅读的能力比较扩大,所以人人不独有欣赏文学的能力,并且皆具有欣赏文学的欲望与要求。既有此种欲望与要求,我们的努力就应集中到如何去满足这些欲望"[2]。程其保的这一观念同施蛰存有相似之处,实际上是认为通俗性文艺的阅读也应该是文学教育的一部分。不过,在当时以探寻意义为主的语文教学中,在现实主义文学占据压倒性"优势"的语文教材中,这一声音没有引起太多重视。于是,"面目庄重"的新文学作品,越来越引不起学生的兴趣——1931年12月,江西省立四中对初三的学生进行"最喜欢的课文"调查,将《新中华教科书·国语与国文》中的包括现代文、古文、古诗词的十七篇课文让学生选择,结果

---

[1] 龚启昌:《中学国文教学问题之检讨》,载《教育杂志》第32卷第9号,1948年。
[2] 程其保:《初级中学课程标准之讨论》,载《教育杂志》第23卷第9号,1931年。

得票数前两位的是刘复的《爱尔兰爱国诗人》和苏轼的《赤壁赋》,得票最少的是章学诚的《古文十弊》和胡适的《文学改良刍议》①。但是,通过白话文教学实现新文学的"经典化",不会以学生的喜好为限,随着1949年新政权的建立,文言文一度被逐出语文教学,阮真的疑问以政治的方式解决了,语文教学成为诠释"经典"更有力的力量。这种现代文学与语文教育相互产生意义的互动过程,倒是非常鲜明地体现出罗兰·巴特所说的:"文学是被教授的东西。"②

第四节 考试制度和作文教学:新知识的"固化"与新书写方式的形成

1922年7月24日,一定是"青年导师"胡适感觉郁闷的一天,那天他参加北大预科考试的国文监考,试卷上的作文题是"述'五四'运动以来青年所得之教训",有一个考生居然问胡适:五四运动是个什么东西,是哪一年的事!这自然令胡适"大诧异",后来他又"遇见别位监考的人,他们说竟有十几个人不知道五四运动是什么东西的!有一个学生说运动是不用医药的卫生方法"③!虽然胡适在晚年认为"五四运动"是对他称为"中国文艺复兴"的新文化运动的干扰④,但此时他还是认为,"新文化运动从文化运动走向政治运动是合乎逻辑的自然发展"⑤。这个题目是想考查青年对于"五四"的历史记忆,还暗含北大校方对于学生参加政治运动的态度,但没想到很多学生对"五四运动"一无所知!

这件事情反映了学生的知识结构和考试内容存在的偏差,提示我们

---

① 祝世德:《初中国文教学经验谈》,《中华教育界》第21卷第1期,1934年。
② [英]特里·伊格尔顿:《当代西方文学理论》,王逢振译,中国社会科学出版社,1988年,第285页。
③ 胡适1922年7月24日日记,《胡适全集》第29卷,安徽教育出版社,2003年,第692页。
④ 唐德刚译著:《胡适口述自传》第9章,安徽教育出版社,1999年。
⑤ 罗志田:《走向"政治解决"的"中国文艺复兴"》,《近代史研究》1996年第4期。

应该关注民国时期的语文考试制度与新文学的关系。霍斯金（Keith W. Hoskin）在研究教育学的学科规训制度（Discipline）的缘起时，认为是三个简单微小的技术改革奠定了教育学的学科权力，"一、定期举行严格考试；二、考试结果以分数评定等级；三、不断的书写工作，既有学生自己的书写习作，也有他人关于学生的和组织上围绕学生的各种书写工作"，"只有当书写、评分、考试这三种做法合在一起，人类历史才发生重大变化，乃至出现断裂"①。我们看到，民国时期教育界在引进西方教育理论的同时，也引进了西方现代的考试制度——即国民政府在1932年实行的毕业会考制度。②政府把学生的学习纳入制度化轨道，既是"为整齐小学、初级中学、高级中学普通科学生毕业程度，及增进教学效率"，又是为了加强意识形态的控制，通过考试题目来巩固统治。就其精神实质而言，同科举考试无异。③

考试是教学和学习的"指挥棒"，现在如此，过去亦如此。在新文学进入语文教育后，最难的还是让新文学进入国文考试中。在白话文教材使用相当长时间后，国文考试仍是古文的天下，这一方面是因为教育界态度暧昧，"现在国内各大学的考试，及考试院举办的考试，更非用文言不可。……无怪乎现在的中学生甚而小学生，你不教他文言，他还要求你教他文言。中学大学入学试验的影响于学生心理与态度，比了行政机关的一纸号令，或文人的两三篇文字，不知要大多少"④。另一方面也是

---

① 霍斯金：《教育与学科规训制度的缘起》，李金凤译，《学科·知识·权力》，三联书店，1999年，第46、47页。
② 其考试的程序是，会考前由各学校将本校的应届毕业学生，造具名册，连同各科成绩呈报教育行政机关。各会考委员会统一命题，设立考点、组织考试。会考结束后，分别以学生个人和学校为单位，根据平均成绩分别等级予以公布。会考的成绩决定学生能否毕业，考试成绩一般分为甲、乙、丙、丁四个等级。这项制度后来又几次修改，至1945年结束。
③ 叶圣陶：《国文试题与科举精神》，《叶圣陶集》第13卷，江苏教育出版社，1992年。
④ 龚启昌：《读了"禁习文言与强令读经"以后》，原载《时代公论》113号，转引自胡适：《所谓"中小学文言运动"》，1934年，参见姜义华主编：《胡适学术文集·新文学运动》，中华书局，1993年。

缺乏多样化的考试手段，"无论月考、期考以及入学考试、毕业考试，皆不过由教师命题，令学生作文一篇而已"①。不过，教育界对白话文测评方式的变革一直没有停止过，林轶西曾经针对"精读""略读"教学，提出三种考查方法：

（1）课堂口试　上课时学生答问——讲说、讨论、讽诵——都须记分。

（2）定期笔试　每月由教员就一月内所读的书出题考验一次，每学期就一学期内所读的书出题考验一次，都须记分（精读略读均须举行）。

（3）考查读书笔记　精读的笔记每周二次，略读的笔记每周一次，并须记分。②

阮真则是从出题方式上"丰富"国文考试，他把国文考试分为三类：国文基本能力之测验、读文考试之方法、作文考试之方法。每一类下又分若干小题型：如国文基本能力测验分为字汇测验、词汇测验、典故及成语测验、读文速力及理解力之测验、文法测验、造句测验；读文测验分为背诵与默写、填补脱字、改正错字、解释辞句、读文问答、读文标点、读文提要、古文语译；作文测验分为命题作文、同题重作、听讲笔述、语体文译。虽然不是所有测评方式都是对准白话文而言，但整个评价体系无疑是西方的，"西洋教育家之于语文教学，往往研究读法作法中之一问题，穷数年或数十年之力而后成。吾国则尚未知语文教学之当为科学研究，而社会且未承认国文教学之为专业"③。用精准分析式的考核

---

① 阮真：《国文科考试之目的及方法》，《中华教育界》第20卷第5期，1932年。
② 林轶西：《初中国文科读书问题之研究》，《教育杂志》第16卷第6号，1924年。
③ 阮真：《国文科考试之目的及方法》，《中华教育界》第20卷第5期，1932年。

方式来检测强调整体性的中国语文是否合适，是教育学应该思考的问题。但从现代文学角度看去，正是在对考试技术的研究中，现代文学有可能被"固化"为知识，进入学生的必学范围中。1935年，正中书局出版《新法考试》一书，举例说明了测评语文能力的新方法：

> 2. 文学测验，考查学生对作家、作品的理解和记忆。如：
> 选答法，胡适著有：
> 1《尝试集》2《女神》3《草儿》4《隔膜》5《寄小读者》
> 杜甫的《石壕吏》是描写：
> 1逃难的人 2苛税 3水灾 4拉夫 5老年人
>
> 填字法，《阿Q正传》是_____著的。
> 曹操是_____的主角。
>
> 对偶法，吴敬梓 曹雪芹 鲁迅 叶绍钧 郭沫若
> 《彷徨》《儒林外史》《女神》《红楼梦》《隔膜》①

传统考试主要考查学生对古代典籍的记忆和掌握程度，以及引经据典阐述"道"的写作能力。新法语文考试，使得新文学作品也"堂堂正正"地成为学生必须识记的知识内容。至于判别、订正、整理、删除、缀句、仿写、翻译、标点等各种题型，则是训练学生对知识的直接反应。传统考试中的口试、帖经、策论、诗赋等经义考试的方法，也被改造成答辩、填空和对语言文字的理解、简答和论述等现代题型。与新法考试相吻合的是答案的精确，评分的准确，一切都迈入新知识体系中。而在这些新知识体系下，"这些'新学习者'为自己发现了一种新型的知识——权力，亦即'反照权力'（mirror power），一种对思想问题经常作

---

① 《新法考试》，正中书局，1934年。

出审核、评价、估量的力量"[1]。具有讽刺意味的是，这些考试题型，就是反对新文学的出题者也很感兴趣，常把它们用于对古代文学常识的考查。下面是1934年北京和安徽毕业会考的试题：

北京：

下列各题，如以为是，则于括弧内画（+）；如以为非，则画（-）号

1. 儒家代表人物是孔子（ ）
2. 左传的作者是班固（ ）
3. 墨家的领袖是老子（ ）
4. 史记的作者是司马相如（ ）
5. 桃花源记是欧阳修作的（ ）
6. 杜甫是唐代的诗人（ ）
7. 韩愈是唐代的古文家（ ）
8. 白居易是宋代的诗人（ ）
9. 水浒的作者是施耐庵（ ）
10. 归有光是清代的诗人（ ）[2]

安徽：

（一）试答下列提问。

1. 《大学》《中庸》是谁作的？
2. 何为《三传》？何为《五经》？
3. 老庄申韩属于何家？
4. 赋盛于何时？诗盛于何时？

---

[1] 霍斯金：《教育与学科规训制度的缘起》，李金凤译，参见《学科·知识·权力》，三联书店，1999年，第46、47页。
[2] 刘世儒、徐仲华等编：《五四以来汉语书面语言的变迁和发展》，商务印书馆，1959年，第57页。

5. 曾子孟子是谁的弟子?
6. 何为五音?何为四声?
7. 何为汉学?何为宋学?
8. 诗词与传记有何区别?
9. 唐朝最有名的两个诗人是谁?
10. 谁是桐城派的领袖?谁是阳湖派的领袖?①

这种古文考核方法的转变是意味深长的,传统的科举考试强调要"化典籍于心中",而此时却变成了枯燥的知识"标本",它显示了古文不可逆转的进一步衰落。相反,喜欢新文学的出题者则一定要把新文学的知识让学生掌握——同样是1934年的会考考题,山东省就考到爱罗先珂的国籍,陕西省则要求学生回答:"中国现代作家最著名者为谁?能举二三人以对欤?"标准答案提示是"鲁迅、谢冰心、郁达夫、郭沫若、茅盾等"。题干用文言提问,考试的内容却是现代文学,这是很有趣的现象。伴随着新考试方式出现,各种考试辅导书也铺天盖地出现了,新文学知识成为当中很重要的内容。1935年1月出版的《国文常识纲要》的"序"中说道,"近年来高中会考及大学入学考试,考试国文科目时,有国文常识测验一项,其范围非常广泛,赴考者每有应付困难之感。……今特编辑本书,除照向例分经史子集外,另加入中国文学家,西洋文学家,文学理论及文字学等部,择要叙述,以备高中会考及投考大学者之参考,而节省他们的时间和精力"②。这本参考书第七章《中国文学家及其代表作》的第十节是《现代文学家》,其中"文学革命的提倡者"项下列有陈独秀与胡适的主张,"小说家"项下的第一条就是"鲁迅(周树人)《呐喊》(包括《阿Q正传》)《彷徨》《野草》",接着还介绍了叶绍钧、茅

---

① 杨学为等编:《中国考试制度史资料汇编》,黄山书社,1992年,第720页。
② 瞿凤鸾编:《国文常识纲要》,京城印书局,1935年。

盾、丁玲、巴金、郭沫若、郁达夫、张资平等人。曾撰写过文学史的赵景深和谭正璧也编了《高中国文复习指导》一书，用自问自答的方式帮助学生掌握新文学知识，如：

> 问：文学革命的创始者为何人？
> 答：为胡适、陈独秀、钱玄同等。
> 问：最有功于新文学运动的两个团体为何名？
> 答：文学研究会与语丝社。
> 问：最有功于文学革命的两种杂志为何名？
> 答：新青年与新潮。①

其他还有"试举几个现代著名的小说家""试举几个现代著名的诗人"等题目。新的考试方式从内容到形式，都反映出三十年代民国教育部在发扬"固有文化"与切合"现代精神"之间的矛盾，同语文教学上持续数年的白话、文言之争也紧密联系。由于出题者的文化身份不同，选取哪位作家进入考试内容，有时甚至会引起争论。苏雪林曾回忆说，1938年叶圣陶受武汉大学文学院院长陈西滢之聘，到武大任教。一日叶圣陶拟国文常识试题，有一题为"鲁迅文坛地位如何？他的著作以何者为最有名？"，苏雪林认为鲁迅不过是左派塑造出来的偶像，不值得放进考题中，但叶圣陶却坚持要将鲁迅列入考试内容。于是，平素关系不错的两人大吵一架，从此"竟多日不交一言"。苏雪林感慨说，陈西滢是鲁迅的论敌，而叶圣陶又是受陈西滢礼聘而来，在这个问题上竟毫不让步，可见他思想之左倾。②这则轶事也从侧面反映了现代文学进入考试制度之难。

---

① 赵景深、谭正璧合编：《高中国文复习指导》，现代教育研究社，1936年。
② 苏雪林：《叶绍钧的作品及其为人》，转引自商金林编：《叶圣陶年谱》，江苏教育出版社，1986年，第230页。

不过，新的考试方式不管学生是否读过古代典籍，也不管学生是否看过现代文学作品，如今都"固化"为知识让学生记忆了。新文学先驱们通过文学探讨社会问题，新教育先驱们通过教育发扬民主精神，在新的考试制度下都归于无形。但不可否认，新文学进入考试系统，也是"经典化"的一种重要方式，每一类题型也自有其文化含义。例如，胡适曾经主张的文言、白话互译，实际上是想让学生在"翻译"中，感受语体文文法的"精密"、文言文文法的"不济"；至于判断题、填空题之类，让学生掌握的作品名称和作家的名字，实际上也是提醒他们"新经典"的存在。而且，可以看到，考试辅导书中列出的作家显然比教材更全面（陈独秀和张资平的名字都很难在教材中出现），这是因为教材做的是"减法"——编者要选取他认为最需要学生掌握、意识形态上有最"安全"的知识；而考试辅导书要做"加法"——收集尽量全面的知识，以应付每一个可能考到的知识点。这反而让学生了解到更多不同风格的作家作品，似乎也能帮助学生平衡教材中编者的偏见。

当新文学知识进入考试体系中时，对另一大考试项目的作文，是使用白话还是文言写作，考试部门的态度十分暧昧，由此让作文教学的改革更加艰难，并曾在三四十年代发生了两次"中学生国文程度低落"的讨论。从"课程纲要"到"课程标准"，再到修订版"课程标准"，对用语体文作文也语焉不详。1923年，《初中国语课程纲要》对"作文"的要求是："（1）定期的作文。（2）无定期的作文和笔记。（3）定期的文法讨论。（4）定期的演说辩论。"至于用何种语言写作，"纲要"并没有明确。1929年，《课程标准暂行规定》则要求初中生"养成运用语体文及语言充畅地叙说事理及表达情意的技能"，在高中阶段除了继续写语体文外，"并依据学生的资性及兴趣，酌量兼使有运用文言作文的能力"；到1936年修订"课程标准"时，反而后退了一步，把对高中生"养成其用文言文叙事说理、表情达意之技能"作为硬性要求。教育部门的犹豫态度,是"整理国故""发扬固有文化"等思潮影响的结果,于是,考试机构出作文题目时明显趋向用文言写作。1931年政府招考公务员,军委政治训练班的国文试题是《从〈离骚〉一书中论屈平之为人》,司法部训练班试题为《刑乱国用重典论》,政治学校土地研究班是《论王者之政必自经界始》,法官考试题目为《分争辩讼非礼不决论》[①],1934年上海中学毕业会考的作文题目是《礼义廉耻国之四维论》[②],虽然出题人也标明"文言白话不拘",但在此题目下学生实际上很难用白话写作。于是,当经过白话文教学的学生,写不出很好的文言文章时,就有人惊呼"中学生国文程度低落",此一问题数次成为社会讨论的热点,甚至引起了教育部的"重视"。1939年高等考试结果发榜,考选委员会的沈士远对记者发表谈话,说考生"国文之技术极劣,思路不清",认为此即国文程度低落的证明。教育部也在1941年通令中等学校,规定每学期不得少于16次作文,希望用增加作文次数来提高中学生的国文程度。民间还自发组织了"存文会",设法用写文言、读古书来挽救中学生国文程度的低落。

各界对"中学生国文程度低落"的批评,实质上是指向新文学,这自然引来新文化阵营的回应,因为国文程度低落有多方面的原因,如阅读材料的问题、教学的问题。但叶圣陶和朱自清在反驳上述论点时,巧妙地把"中学生国文程度低落"的问题,转化为用文言写作还是白话写作的问题。叶圣陶"从国文课程标准谈起",认为课程标准要求学生掌握"一般文言文"不是各种古书,而是"与语体文相差不远的,使用文言字汇与文言调子的文字",只是因为目前报纸、公文和书信还有用文言文的,学生只要能阅读这些"实用的文言文"就行了,至于写作,"初中高中要一贯地练习语体文的写作,在初中立下基础,到高中更求其精。……只因现代人要用文字表白情意,唯有写语体文最为贴切,最能畅达,文言

[①] 叶圣陶:《国文试题与科举精神》,《叶圣陶集》第13卷,江苏教育出版社,1992年。
[②] 叶圣陶:《礼义廉耻国之四维论》,《叶圣陶教育文集》第3卷,人民教育出版社,1994年。

写得无论如何到家，贴切与畅达的程度总要差一点"①。朱自清也持有相似的看法，"所谓低落，若是在文言文方面，确实是比较低落的，尤其是近十余年来，中学生学做文言，许多地方真是不通。读文言的能力也不够。但从做白话文这方面来说，一般的标准是大大的进步了，对于写景、抒情的能力，尤其非常的可观"②。然后，他又把用语体文写作扩展到整个中学的习作过程中，"因此，我觉得中等学校里现在已经无须教学生学习文言的写作。在有限的作文时间里，教学生分出一部分来写作文言，学生若没有家庭的国文底子或特殊兴趣与努力，到了毕业，是一定不会写通文言的。不但不能写通文言，白话写作，因为不能专力的缘故，也不能得着充分的发展。若省下学习文言写作的时间与精力，全用在学习白话的写作上，一般学生在中学毕业的时候，大概可以写出相当流畅的白话了"③。桂林师院的叶苍岑则索性对整个考试方案予以质疑，认为"现在中学生的国文程度，并不是全部低落，只是一部分低落了；这一部分是限于文言方面，尤其是在古代文言方面。……偏偏这'低落'的一部分，就正是高中会考、大学入学统考的国文试题重点"④。

叶圣陶等人的见解，实际上是试图为白话文写作争取更大的空间。从学生角度讲，他们自然愿意用白话写作，但由于考试的作文题目多是引导学生用文言写作，使得很多考生家长在课后用《论说文范》帮助孩子练习文言写作，实际上也阻碍了新文学在学生阅读中的位置。不过，就是用白话文写作，学生的作文似乎也不理想，其中原因多是"趋新"的学生追求社会思潮所致：1933年清华大学入学试题的作文题目是，《苦热》《晓行》《灯》《路》《夜》，"考生只要选作一个，文言白话均可。但作文言的很少"。但是，很多学生把各种题目中都生硬地掺入了"恨富怜贫"的革命思想：

---

① 叶圣陶：《国文随谈》，《叶圣陶教育文集》第3卷，人民教育出版社，1994年。
② 朱自清：《怎样学习国文》，《朱自清论语文教育》，河南教育出版社，1985年，第40页。
③ 朱自清：《中学生的国文程度》，《朱自清论语文教育》，河南教育出版社，1985年，第51页。
④ 叶苍岑：《中学生国文程度低落的分析》，《国文杂志》第3卷第1期，1994年。

《苦热》中写洋车夫在大热天下拉车的辛苦，朱自清幽默地说，"这一回卷子里，洋车夫可真死得不少"。《夜》也分成阔人的夜和穷人的夜的。《晓行》则是将"农人的穷苦与苛捐杂税等发挥一番"。一名学生还在试卷末尾标明自己的"写作意图"："看见夏丏尊先生所著之文章作法上说，文须从小处描写；又读诸杂志上谓时代渐趋于普罗文学，生遂追时代潮流效夏先生之语而作此。"① 就是习作语言，也大都语病甚多，很难让社会信服语言工具改变后学生的习作能力将迅速提高，像"沿街罗列小贩的叫喊声""我虽然是工学院，但是是一年级""墨水的沉淀和铜锈早已经笼罩了笔尖上的外国文"之类的句子遍见于学生的作文中。朱自清曾经摘抄了学生的习作，分门别类逐一分析②，并认为这才是国文程度低落的现实，其原因在于"现在青年学生的通病是大而化之，不拘小节。他们专讲兴趣而恨训练"③，因此他建议老师，"文艺教学应该注重词句段落的组织和安排，意义的分析；单照概括的文艺批评不尽同，教学不该放松字句"④。这实际上也是早期白话文教学使劲从思想上引导学生留下的"后遗症"。

中学生作文语言的文白之争，实际上是二十世纪二十年代文学领域中文白之争的延续。当年胡适宣布古文最大的弊端就是写作和思维的偏差，即用白话思维，却用文言表达，胡适断言这是很不"经济"的，"那些用死文言的人，有了意思，却需把这意思翻成几千年前的典故；有了感情，却须把这感情译为几千年前的文言"⑤。周作人也说："思想自思想，文字自文字，写出来的时候中间须经过一道转译的手续，因此不能把想要说的话直捷的恰好的达出，这是文言的一个致命伤。"⑥ 但是，"学衡派"的梅光迪

---

① 朱自清：《高中毕业生国文程度一斑》，《朱自清论语文教育》，河南教育出版社，1985年。
② 参见朱自清：《文病类例（词汇）》，《朱自清论语文教育》，河南教育出版社，1985年。
③ 朱自清：《高中毕业生国文程度一斑》，《朱自清论语文教育》，河南教育出版社，1985年。
④ 朱自清：《中学生与文艺》，《朱自清全集》第4卷，江苏教育出版社，1996年。
⑤ 胡适：《建设的文学革命论》，《胡适全集》第3卷，安徽教育出版社，2003年。
⑥ 周作人：《国语改造的意见》，《夜读的境界》，湖南文艺出版社，1998年版，第772页。

却有不同的看法,他说:"彼等由谓思想之在脑也,本为白话,当落纸成文时,乃由白话而改为文言,犹翻译然,诚虚伪与不经济之甚者也。然此等经验,乃吾国数千年来文人所未尝有,非彼等欺人之谈而何?"①现在看来,梅光迪的话不无道理,因为当白话文运动取得胜利后,"吾手写吾口"并没有实现,仍然存在口头语言和书面白话语言的巨大差别,而且那些"欧化的白话"并不就比文言容易写,以至于有人认为,"做白话很不容易,不如做文言省力"②。因此,从语言角度看,中学生写作能力下降并不能把原因归结到教学上,面对一套全新的语言系统,需要不断探索、反复实验才能找到合适的书写方式,就是朱自清早期的散文创作,叶圣陶不也认为"有点儿做作,过于注重修辞,见得不怎么自然"③吗?

事实上,社会上对白话能否成为新的书写语言的怀疑从没有结束。直到胡适宣布"反对党已经破产"的1925年,时任清华大学教务长的张彭春还认为,"文言白话的争一时不能分胜负。两个最大分别:一个是写出给人看,一个是说出给人听。写出人看的,说出人未必懂。只要人看了可以懂就够了。所以字句尽管往古洁处锻炼。……说出人听的,自然要人一听就懂。近来写白话的,有时所写的,人听了不能懂,那末,白话的活气脉他没寻着,同时文言的简炼他已经丢开,这类白话文是现在最常见的"④。张指出的缺乏"白话的活气脉"的确是诞生初期的白话文学的毛病,因为许多白话作者过度追求国语的"欧化",胡适认为,"白话文必不能避免'欧化',只有欧化的白话才能够应付新时代的新需要"⑤。而对于许多识字者而言,欧化的"国语"可能比文言更难懂。就

---

① 梅光迪:《评提倡新文化者》,孙尚扬、郭兰芳编:《国故新知论——学衡派文化论著辑要》,第72—73页。
② 胡适:《建设的文学革命论》,《胡适全集》第3卷,安徽教育出版社,2003年。
③ 叶圣陶:《朱佩弦先生》,《朱自清论语文教育》,河南教育出版社,1986年。
④ 张彭春:《日程草案》,1925年7月23日,转引自罗志田:《近代中国史学十论》,复旦大学出版社,2003年,第137页。
⑤ 胡适:《中国新文学大系·建设理论集导言》,良友图书印刷公司,1935年。

是在新文学兴起之初,各家对何为真正的"国语"也有不同的见解。周作人说:"古文不宜于说理(及其他用途)不必说了,狭义的民众的言语我也觉得不够用,决不能适切地表现现代人的情思:我们所要的是一种国语,以白话(即口语)为基本,加入古文(词及成语,并不是成段的文章)方言及外来语,组织适宜,且有论理之精密与艺术之美。"①刘半农说:"于白话一方面,除竭力发达其固有之优点外,更当使其吸收文言所具有之优点,至文言所具之优点尽为白话所具……"②朱经农说:"不过'文学的国语',对于'文言''白话',应该并采兼收而不偏废。其重要之点,即'文学的国语'并非'白话',亦非'文言',须吸收文言之精华,弃却白话的糟粕,另成一种'雅俗共赏'的'活文学'。"③钱玄同说:"用了北京话做主干,再把古语、方言、外国语等等自由加入。……制定国语,自然应该折衷于白话文言之间,做成一种'言文一致'的合法语言。"④这些构思当初都是不错的(事实上后来的很多白话文创作也在实践这些语言风格)。不过,后来制定的"国语"标准却是以北京方言为基础,单纯地强调用书面语言去贴近口语。但深入写作层面后,越来越多的人开始认识到,"(白话文)写作虽说就是说话,究竟与寻常口头说话有所不同"⑤。朱自清也曾认为,"在五四运动的时候,有人提出口号:'文语一致'。这只是理想而已。'文'是许多字句组织起来的,'语'则不然,说话的时候,有声调,快慢,动作等因素来帮助它,可以随便地说,只要使对方的人能够了解。总之,'语'确实是比'文'容易"⑥。

---

① 周作人:《理想的国语》,《国语周刊》第13期,1925年。
② 刘半农:《我之文学改良观》,《中国新文学大系·建设理论集》,良友图书印刷公司,1935年,第67页。
③ 朱经农:《致胡适》,《胡适文集》第2卷,第68页。
④ 钱玄同:《〈尝试集〉序》,《中国新文学大系·建设理论集》,良友图书印刷公司,1935年,第105页。
⑤ 叶圣陶:《国文随谈》,《叶圣陶教育文集》第3卷,人民教育出版社,1994年。
⑥ 朱自清:《怎样学习国文》,《朱自清论语文教育》,河南教育出版社,1985年,第40页。

经过二十多年的文学语言的发展,作家们才发现当年"言文一致"的口号实际上是一个幻影,如果把书面语降低到口头语的水平,绝不能产生优秀的第一流的文学作品。文学语言在经过一个"由雅变俗"的过程后,还要经过一个"由俗变雅"的过程(当然是在语体文基础上的变化),而很多学生的语体作文在第二个阶段没有成功——这和白话教材有关,也和古文日益退出学生的阅读视野有关。

在这个层面上再来反思文言与白话的关系。新文学先驱是以急切的方式割断了现代书写语言与传统的联系,鲁迅一贯反对"现代"青年用文言写作,"我总以为现在的青年,大可以不必舍白话不写,却另去熟读了《庄子》,学了它那样的文法来写文章"①。对有人以他为例,说明不学好古文也写不好白话文时,他断然予以否定。他说自己"确是读过一点中国书,但没有'非常的多'"②,认为这种观点不过是"保古者的苦心"③。1926年11月,《一般》杂志发表朱光潜(明石)《雨天的书》一文,其中说:"想做好白话文,读若干上品的文言文或且十分必要。现在白话文作者当推胡适之、吴稚晖、周作人、鲁迅诸先生,而这几位先生的白话文都有得力于古文的处所(他们自己或许不承认)。"④鲁迅果然就不承认,他在《写在〈坟〉后面》一文中说:"新近看见一种上海出的期刊,也说起做好白话文须读好古文,而举例为证的人名中,其一却是我。这实在使我打了一个寒噤。别人我不论,若是自己,则曾经看过许多旧书,是的确的,为了教书,至今也还在看。因此耳濡目染,影响到所做的白话上,常不免流露出它的字句,体格来。但自己却正苦于背了这些古老的鬼魂,摆脱不开,时常感到一种使人气闷的沉重。就是思想上,

---

① 《答"兼示"》,《鲁迅全集》第5卷,人民文学出版社,1981年,第335页。
② 《这是这么一个意思》,《鲁迅全集》第7卷,人民文学出版社,1981年,第263页。
③ 《古书与白话》,《鲁迅全集》第7卷,人民文学出版社,1981年,第263页。
④ 《一般》第1卷第3期。

也何尝不中些庄周韩非的毒，时而很随便，时而很峻急。"①后来，施蛰存在《〈庄子〉与〈文选〉》一文中劝文学青年读《庄子》与《文选》，其理由与朱光潜差不多，也以鲁迅为例，他说："我们不妨举鲁迅先生来说，像鲁迅先生那样的新文学家，似乎可以算是十足的新瓶了。但是他的酒呢？纯粹的白兰地吗？就不能相信。没有经过古文学的修养，鲁迅先生的新文章决不会写到现在那样好。所以，我敢说：在鲁迅先生那样的瓶子里，也免不了有许多五加皮或绍兴老酒的成分。"②对此，鲁迅也马上给予了反驳，他说："施先生还举出一个'鲁迅先生'来，好像他承接了庄子的新道统，一切文章，都是读《庄子》与《文选》读出来的一般。'我以为这也有点武断'的。他的文章中，诚然有许多字为《庄子》与《文选》中所有，例如'之乎者也'之类，但这些字眼，想来别的书上也不见得没有罢。再说得露骨一点，则从这样的书里去找活字汇，简直是胡涂虫，恐怕施先生自己也未必。"③鲁迅的"不承认"，现在看来更像是当时的文化策略，同整个五四时期的激进姿态是一致的。当年胡适把"人人能用国语自由发表思想——作文，演说——都能明白晓畅，没有文法上的错误"列为中学语文教学三条理想标准中的第一条，也是国语教学唯一的一条标准（其他两条均是针对古文教学而言）④，他曾雄心勃勃地说："国语代替文言以后，若不能于七年之内，使高小毕业生能做通顺的国语文，那便是国语教育的大失败。"⑤而如今作文教学仍然是语文教学中尚未突破的一个难点。当年，朱自清在改学生的白话习作时，觉得学生最大的问题就是"词汇量小"，表情达意常有"不济"的地方，

---

① 鲁迅：《写在〈坟〉后面》，《鲁迅全集》第1卷，人民文学出版社，1981年，第285页。
② 施蛰存：《〈庄子〉与〈文选〉》，《鲁迅全集》第5卷，人民文学出版社，1981年，第331页。
③ 《"感旧"以上》（上），《鲁迅全集》第5卷，人民文学出版社，1981年，第329页。
④ 胡适：《再论中学的国文教学》，见《胡适文存二集》卷四，亚东图书馆，1924年，第246页。
⑤ 胡适：《论中学的国文教学》，姜义华主编：《胡适学术文集·语言文字研究》，中华书局，1993年，第53页。

因此他建议："我主张大家都用白话作文，但文言必须要读；词汇与成语，风格与技巧，白话都还有借助文言的地方。"[①]事实上，就连胡适自己教儿子读书，也要他兼读文言文，而不是光读白话文。

白话文习作实际上也是"经典化"新文学的一种方式。因为学生在写作时，首先就是以教材中的新文学作品为参考文本，老师教学时又强调阅读与写作的关系，更加深了"摹写"的重要性。三十年代甚至出现了以"文章作法"为体例的教材，这就是1932年神州国光社出版、孙俍工编的初高中《国文教科书》。这套教科书的最大特点是以"文章作法"为线索进行单元组合，每个单元都有一个揭示训练中心的小标题。以初中《国文教科书》第一册为例，共设如下八个单元：

> 第一单元　白描风景的技能底授予
> 第二单元　描写天象季节的方法的授予
> 第三单元　授予以人物底形态个性底描写法
> 第四单元　授予以人物底内在生活底描写
> 第五单元　授予以记载社会风俗底方法
> 第六单元　授予以记事文中怎样应用感情怎样运用想象的方法
> 第七单元　授予以记事文中掺入议论的方法
> 第八单元　授予以抒写杂记日记的具体的方法

各单元的选文服从于本单元"文章作法"要求，提供相应的范例。例如第一单元是讲"白描风景的技能"，选文有徐蔚南的《山阴道上》、刘鹗的《大明湖》、冰心的《慰冰湖畔》、朱自清的《桨声灯影里的秦淮河》等十余篇写景佳作。除此以外，每个单元还按照本单元"文章作

---

① 朱自清：《论中国文学选本与专籍》，《朱自清论语文教育》，河南教育出版社，1985年，第2页。

法"的要求,布置若干作文题目,供教师指导学生写作时选用。例如第一单元布置了这样八道作文题:(1)《虎丘山下》,(2)《溪流》,(3)《出了三峡》,(4)《波上的白鸥》,(5)《吴淞江口》,(6)《韬光的翠竹》,(7)《菊径》,(8)《松涛》。这样,就使以往单纯的选文阅读单元,发展成了具有读与写双重功能的综合单元了,学生也就在对新文学的直接仿写中,印证了新文学经典的存在价值和示范功能。

第五节 《背影》后的"背影":一个经典文本的形成与反思

《背影》是现代文学史上的经典作品,它的经典性来自作品本身的经典特质,更来自它广大的阅读面——在近八十年的阅读历程中,有数亿人读过这篇文章,有数百万的老师教过这篇文章,成为语文教材中不可更移的作品。但是,我们要追问的是:成为经典作品的《背影》,仅是作品本身优秀,还是有更多的非作品因素?在其经典化过程中,有哪些力量参与了建构?这些力量同主流意识形态保持着何种关系?这些都需要对经典的生产过程,包括制度、组织、文本、行为等在内的"经典化"因素进行更细致的分析。

《背影》创作于1925年10月,最早发表于叶圣陶主编的《文学周报》第200期(1925年11月22日)[①],1928年收入朱自清的散文集《背影》(开明书店初版),以《背影》作为整部散文集的书名,也表现出朱自清对这篇文章的偏爱。通过单行本阅读到《背影》的人并不是很多(到1949年,《背影》的单行本印行了十余版,在现代文学作品中也算不错的销售业绩了),但通过语文教材阅读《背影》的人则要多出上百倍。

---

① 《文学周报》是文学研究会的刊物,前身是1923年5月20日创刊的《文学旬刊》,从第81期起改名为《文学》,每周出一期,第172期起改名为《文学周报》。

目前所能查到的，最早收入《背影》的教材是1930年出版的《初中国文教本》第三册（张弓编，上海大东书局出版），以后就频繁出现于下列语文教材中：

教材名称	书局名称	初版时间	编者
基本教科书国文	商务印书馆	1932年	陈望道、傅东华
开明国文读本	开明书店	1932年	王伯祥
朱氏初中国文	世界书局	1933年	朱剑芒
初中当代国文	中学生书局	1934年	盛朗西、施蛰存、朱雯、沈联璧
初级中学国文	正中书局	1934年	叶楚伧、汪懋祖
国文百八课	开明书店	1935年	叶圣陶、夏丏尊
初中新国文	世界书局	1937年	朱剑芒
新编初中国文	中华书局	1937年	宋文翰
初中国文教本	开明书店	1937年	叶圣陶、夏丏尊
开明新编国文读本（甲种）	开明书店	1943年	叶圣陶、郭绍虞、覃必陶
开明国文讲义	开明书店	1947年	叶圣陶、夏丏尊、宋云彬、陈望道
初级中学国文	正中书局	1948年	桑继芬
初级中学国文（甲编）	国立编译馆	1948年	桑继芬
新编初中精读文选	上海文化供应社	1949年	王任叔

上表还是一个不完全统计，但可以看到，被称为"商中世大开"的民国五大教材出版商都选编了《背影》一文，而这五家出版社教材的市场份额占90%以上，也就是说，只要在民国时期读过初中的学生，几乎没有不读《背影》的。通过教材，《背影》给学生的印象非常之深，"在中学生心目中，'朱自清三个字已经和《背影》成为不可分割的一

目　錄

文　選

一．我的帳房 …………………… 孫毓熙　(1)
二．畫記 ………………………… 韓　愈　(3)
三．美猴王(節選西遊記) ………… 吳承恩　(11)
四．小雨點 ……………………… 陳衡哲　(14)
五．王熙鳳(節選紅樓夢) ………… 曹　霑　(26)
六．賣汽水的人 ………………………… (28)
七．人造絲 ……………………………… (40)
八．文明與奢侈 ………………… 蔡元培　(41)
九．最苦與最樂 ………………… 梁啓超　(50)
一〇．機器促進大同說 …………… 吳敬恆　(53)
一一．寓樓 ……………………… 葉紹鈞　(64)
一二．朱九賢遺像記 ……………… 宋　濂　(65)
一三．王三姑娘的死(節選儒林外史) 吳敬梓　(72)
一四．赤壁之戰(節選資治通鑑) …… 司馬光　(74)
一五．康橋的早晨 ………………… 徐志摩　(88)
一六．荷塘月色 …………………… 朱自清　(89)
一七．彫刻 ………………………… 蔡元培　(97)
一八．新生活 ……………………… 胡　適　(101)
一九．背影 ………………………… 朱自清　(109)
二〇．先妣事略 …………………… 歸有光　(112)

体"①，1948年朱自清去世消息传开的时候，学生的第一个反应是"作《背影》的朱自清先生死了"②！一位和朱自清并无师生之谊的清华大学学生也说，"假如在课堂上听过他底课的才算是他的学生的话，那么我不是他的学生；然而事实上，今日的中国知识青年谁又不是他底学生呢？"，因为我们"小时候从课本上念《背影》，开始知道了他底名字"③。从中可以看出，"背影"一词已经同"朱自清"的名字紧紧联系在一起，其大部分原因要归于语文教材。

从上表可以看出，不同政治立场的出版社、不同文化身份的编者都

---

① 李广田：《最完整的人格》，见张守常编：《最完整的人格——朱自清先生哀念集》，北京出版社，1988年，第64页。
② 同上。
③ 王书卫：《朱自清先生死了！》，见张守常编：《最完整的人格——朱自清先生哀念集》，北京出版社，1988年，第12页。

选中了《背影》，很少有新文学作品能达到如此的一致。这其中除了它的篇幅和内容符合教材的要求外，还有更为复杂的社会历史原因。

《背影》讲述的是一个"父爱"的故事，它不但在意识形态上是"安全"的，而且还有效地参加了新的意识形态的"缝合"。在"五四""重估一切价值"的年代，亲情关系中具有压迫意味的父子关系亦在重估之列，颠覆"父为子纲"的伦常是思想革命的一大任务。鲁迅在《我们现在怎样作父亲》一文中，开宗明义地说"革命要革到老子身上"，因为中国的"圣人之徒""以为父对于子，有绝对的权力和威严；若是老子说话，当然无所不可，儿子有话，却在未说之前早已错了"①；文学革命初期，大量的新文学作品表现的也是受父权压制的苦恼，如冰心的《斯人独憔悴》和许地山的《命命鸟》，父亲形象都是负面的。而实际上，中国传统的父子关系除了"严厉"外，还有"爱意"，只不过在反传统的五四时期，这一方面被压制下来，读者所闻甚少罢了。《背影》在中国现代文学作品里，第一次刻画了一位正面的父亲形象，激活了读者的"记忆"，也引起了读者的共鸣——就是作者本人，也是凭借此文弥补了早年同父亲的隔阂。②从整个时代氛围来看，在二十年代中期经过狂飙突进的五四后，社会文化开始表现出对传统价值的某种回归③，"新旧"之间的界限开始变得模糊，思想领域进入"传统"与"现代"的整合阶段，与父亲和蔼形象对应的"精神父亲"也开始复活——《背影》的发表也暗合了这一历史语境，这是《背影》能成为经典的文

---

① 鲁迅：《我们现在怎样作父亲》，《鲁迅全集》第1卷，人民文学出版社，1981年。
② 早年朱自清同父亲的关系多有不和。朱自清的父亲小坡公是一位父权思想浓重的典型的封建家长，他曾因为纳妾使家庭失和，并因此丢了官职，导致家道中落。1923年，朱自清曾经以《笑的历史》来影射新婚妻子在家里受到的压迫，引起父亲的极大不满，父子关系几乎破裂；1925年朱自清发表《背影》后，立即寄回老家，于是父子俩"尽释前嫌"。参见姜建：《大地足印——朱自清传记》，江苏教育出版社，1993年。
③ 参见罗志田：《国家与学术：清季民初关于"国学"的思想论争》第五章，三联书店，2003年。

化因素。

艺术上的特点也是《背影》入选教材的重要原因。作者以"意在表现自己"为宗旨,甘愿做"大时代中的一名小卒"①,从日常生活中的平凡小事取材,这一取材范围和读者有亲近感,似乎也符合让学生从身边事情"由近及远"认知世界的"教育规律",而早期白话文以时论文字为主,这类作品正是教材所缺乏的。另外,作品满贮着作者的真情,也很能打动青年读者的心,许杰认为这是《背影》受到读者欢迎的主要原因,"如果没有了这点诚挚,这点父子之间的纯真的感情,其余那些,——如细腻、匀净之类,又将有什么可取,又将附丽到哪里去呢"②。朱自清在1947年回答《文艺知识》关于散文写作的问题时,也谈到《背影》的写作原由:"我写《背影》,就因为文中所引的父亲的来信里的那句话。当时读了父亲的信,真是泪如泉涌。……我这篇文只是写实,似乎说不到意境上去。"③而这种以平实凸显真情的笔法,从语文教育角度讲更适合学生模仿,而且这也很符合朱自清对习作教学的一贯看法,"要用现在生活作题材,学生总该觉得熟悉些,亲切些;即使不能完全了解,总不至于摸不着头脑"。

《背影》也处于朱自清散文风格变革的关键点上。他的早期散文如《匆匆》《桨声灯影里的秦淮河》,叶圣陶认为"有点儿做作,过于注重修辞,见得不怎么自然"④,从《背影》开始,作者着意于"谈话风"的尝试。为了营构"日常生活的诗",作者需要"随随便便,老老实实地写来,不露咬牙切齿的样子,便更加亲切"⑤的文字。鲁迅曾要求"将活人的唇舌作为源

---

① 朱自清:《〈背影〉序》,人民文学出版社,1983年翻印本。
② 许杰:《朱佩弦先生的路》,见张守常编:《最完整的人格——朱自清先生哀念集》,北京出版社,1988年,第79—80页。
③ 朱自清:《答〈文艺知识〉编者问》,《朱自清论语文教育》,河南教育出版社,1985年,第170页。
④ 叶圣陶:《朱佩弦先生》,《朱自清论语文教育》(代序),河南教育出版社,1985年。
⑤ 朱自清:《"海阔天空"与"古今中外"》,《朱自清全集》第一卷,江苏教育出版社,1996年。

泉，使文章更接近语言，更加有生气"①，朱自清显然认同这一观点（他曾作过《鲁迅先生的中国语文观》一文），竭力主张"回到自己口头的语言"②，要"用笔如舌"，"像行云流水"一般，认为"文章有能到这样境界的，简直当以说话论，不再是文章了"③。《背影》显然是作者变革散文风格的开始，以后的《给亡妇》《欧游杂记》和大量杂文只是这一风格的延续和深化。这一变革受到了叶圣陶的认可，认为朱自清的散文"从口语中提取有效的表现方式"，逐渐有了"现代口语的韵味"而不再是"不尴不尬的'白话文'"④。从语文教学的角度看，朱自清的散文语言符合教育家们对"言文一致"的一贯追求，而且有区别一般白话文粗鄙的"文气"（叶圣陶认为是知识分子的"口语"），朱光潜认为朱自清的散文"要和语体文运动共垂久远"，"他的文章简洁精炼不让于上品古文，而用字确是日常语言所用的字，语句声调也确是日常语言所有的声调，就剪裁锤炼说，他的确是'文'；就字句习惯和节奏说，他的确是'语'。任文法家们去推敲它，不会推敲出什么毛病；可以念给一般老百姓听，他们也不会感觉有什么别扭"⑤。而这一语言特色正好是语文教育所希望的白话文特点，也是足资学生模仿的——早期的教材中周作人和俞平伯的散文都选了不少，但像周作人散文的"平淡青涩"与俞平伯的"隐逸清幽"，没有深厚的文化根底是很难模仿的，而教材作为传播文学经典的工具，往往要选择简单通达、整齐缜密的文学作品。《背影》显然符合教材在语言上的要求，当年周作人也说，"我看见有些纯粹口语体的文章，在受过新式中学教育的学生中写得很是细腻流利"⑥，自然，这和教材中的示范文章有关。

---

① 鲁迅：《写在〈坟〉后面》，《鲁迅全集》第1卷，人民文学出版社，1981年。
② 朱自清：《今天的诗》，《朱自清全集》第4卷，江苏教育出版社，1996年。
③ 朱自清：《论诵读》，《朱自清全集》第3卷，江苏教育出版社，1996年。
④ 叶圣陶：《朱佩弦先生》，《朱自清论语文教育》（代序），河南教育出版社，1985年。
⑤ 朱光潜：《敬悼朱佩弦先生》，见张守常编：《最完整的人格——朱自清先生哀念集》，北京出版社，1988年，第243页。
⑥ 周作人：《〈燕知草〉跋》，《俞平伯研究资料》，天津人民出版社，1986年。

自然,《背影》能在民国语文教材中延续十几年,原因还远不止这些,还有如时世艰难的喟叹、家道中落的感伤,也能引起很多人的共鸣。不同的读者均能从作品中找到自己的精神契合点,这些都是《背影》成为经典的重要潜质。

不过,外部力量参与经典的建构远比它自身的潜质更重要。一个有趣的现象是,《背影》出版后,文学界的评论并不多,多是叶圣陶等老友的唱和,还有郁达夫、阿英、钟敬文等人对朱自清散文的整体评价。相反,更多的编者从语文教育角度关注《背影》一文,指引学生如何读这篇文章。《背影》在语文教材中有以下几种呈现方式:第一,编排到课文中,没有任何说明,或只有简单的注释和作者简介;第二,编排到课文中,并从文法、修辞、作法等角度简单分析;第三,和其他具有相似主题的文章编成一组,并从文法、修辞、作法等角度分析,还设计有"题解"和课后思考题目。第一种只是让学生读一读,学生对文章的理解取决于教师的教学。第二、三种方式则略微复杂一些,例如,《基本教科书国文》在"注释与说明"中提示的是习作中的"剪裁之法"——"'是不能忘记的事情',自然又是裁取个人经验材料的一个标准。但是最不能忘记的事,大都只是一件事,或一个影子(如这篇的背影),拿这点东西作出发点,需能联想出其他有关的事情,这才足够一篇文学作品作材料,当这样运用联想的时候,还要处处不忘原来那个出发点,否则便不能算是剪裁"。课后的"题解"大多是从"父子之爱"出发,但叙述也略有不同,如《新编初中国文》的很简短,"本篇节录《背影》,为作者想念父亲、追忆前事的作品";而在《朱氏初中国文》中,编者还提到了文章的感伤色彩,"本篇为描写老父慈爱的叙事文。内容系追叙老父送行时的情形,与别后的怅记,所以在记叙体中,还夹杂些极端感伤的抒情分子",在内涵上比上一个提示更丰富一些。课后是思考题也大致相似,如,"为什么上了二十岁的儿子出门,做父亲的还不放心?""父亲爱怜儿子,在什么地方最易表达出来？作者在车上望见父亲的背影，为什么要流下泪来？""篇中的对话，看来都很平常，可是都带着情感。试逐一体会，哪一句带着感情"，也有一些教材要求学生写一篇父母对自己慈爱的文章。这些内容看似都是语文教材编排的技术，但实际上有更丰富的文化内涵。所有的题解和思考题隐含了这样一个前提：《背影》是一篇典范作品，它在文法、作法、语文教学等方面都堪称经典，教材的分析正是为这种典范性寻找依据；"题解"和课后思考题则是向学生提示"正确"的阅读方式，以及学生在读完课文后应有的"正确"的思考方式和"正确"的写作方式。它们提供了一些路径，进而也压抑了对文本更多元化的解读和相似题材更多元化的写作方法。例如，把文章主旨限定在"父子之爱"，也能避免意识形态上的进一步追问，如"时世何以会如此艰难"，而这一点却是1949年后教师指引学生思考的另一个重点，或者常常以"写作背景"的方式直接告诉学生。

如果说教材还是以隐性的方式"经典化"《背影》的话，叶圣陶等人从语文教学上对《背影》进行细读，更是加快了"经典化"的步伐。1936年，叶圣陶撰写《朱自清的〈背影〉》一文，发表于《新少年》杂志创刊号，后来又收入《文章例话》一书。这篇文章从词法、文法和作法三个层次对《背影》进行了分析，特别是在作法上，分析了作者剪裁的功夫，布局谋篇的技巧，人物刻画的传神，最后揭示出作品的语言特点，"这篇文章通体干净，没有多余的话，没有多余的字眼，即使一个'的'字一个'了'字也是必须用才用。多读几遍，自然有数"[①]。这种分析法同叶圣陶写作《文章例话》一书的目的有关：一个"是要告诉读者，写文章不是什么神秘的事儿，艰难的事儿。……只要有经验和意思，只要会说话，再加上能识字会写字，这就能写文章了。……所谓好

---

① 叶圣陶：《文章例话》，三联书店，1983年，第7页。

文章,也不过材料选得精当一点儿,话说得确切一点儿周密一点儿罢了";另一个希望读者看了分析以后,"再去读其他文章,眼光就明亮且敏锐,不待别人指点,就能把文章的好处和作法等等看出来"。①基于这样的目的,从该书中所选的24篇用来分析的文章中可以看出,多为意思明晰、语言浅白的文章,虽是名家之作,但并非是有代表性的名篇,如茅盾选的是《浴池速写》、郭沫若选的是《痈》、鲁迅选的是《看戏》、周作人选的是《小河》。这也提示我们注意,《背影》本身具有的教学上的可分析性和可模仿性,是其被"经典化"的重要原因。1941年在《国文随谈》中,叶圣陶在谈到中学生的阅读与写作问题的关系时,又以韩愈的《画记》和朱自清的《背影》为例(打通古今之文来分析的方式本身也很有意味),说明学生习作时,"如果你所要写的正与《画记》或《背影》情形相类,你就可以采用它的方法;或者有一部分相类,你就可以酌取它的方法;或者完全不相类,你就可以断言决不该仿效它的方法"②。这种把读与写直接联系的方式虽然简单,但却实用,在新文学进入教材时间不长的情况下,对学生的习作尤其有效。我们可以看到,现代文学和语文教育经历了一个意义交换的过程,一方面语文教育把《背影》等文章作为阐释对象,强调白话文教学的合理性;另一方面《背影》等文章又在不断的阐释中被叠加了意义,成为现代文学中的典范作品,其中也不乏"过度诠释"的情况。相反,我们看到当年文坛上以周作人为代表的"言志派",在文风上由于偏于晦涩,在教材中出现得越来越少。三十年代曹聚仁在他的《粉笔屑:十二 桨声灯影里的秦淮河》③中以朱自清、俞平伯的同体散文为例,认为朱文为记叙文而俞文为抒情文,教师讲解时易穿凿附会而认为俞文不宜入教材;余冠英在1944年分析教

---

① 叶圣陶:《文章例话·序》,三联书店,1983年。
② 叶圣陶:《国文随谈》,见《叶圣陶集》第13卷,江苏教育出版社,1992年,第96—97页。
③ 载于《中学生》64号,开明书店,1936年。

材中周作人的散文后,直言周作人的散文不宜选入教材,例如《沉默》,"这篇文章是很可以欣赏的,因为其中有'幽默'。可是,'幽默'也只是成年人才能了解的东西。'幽默'也不值得对中学生提倡"①。周作人及其"苦雨斋"弟子,追求意境的朦胧、玄理的深奥、"连熟还生,以涩勒出之"②的含蓄,虽然也具有相当高的文学成就,但由于失去了教材这一重要的传播途径,为读者了解就越来越少了,学生根据自己接触的作品来判断文学成就的高下,而且被教导了"正确阅读方法"的学生也逐渐不习惯阅读另一类风格的文章了。由此我们也看到,语文教育在现代文学作品的"经典化"过程中有着巨大作用,它塑造了学生(也即未来的读者)对现代文学的"印象",也通过写作影响了整个民族未来的言说方式和言说习惯。

《背影》"经典化"的另一个重要力量是,围绕着1948年朱自清的去世刊行的大量文章和举行的各种纪念活动。1948年8月12日朱自清的去世,引起了社会各界人士的震惊,师友亲朋纷纷拿起笔,追思和叹息一个伟大灵魂的远逝。由于朱自清早年参加各种文艺活动,并辗转于南方各中学,后又在清华任教23年,学生、同事、友人甚多,再加上朱自清在文艺圈和学术圈的影响,各种纪念文章就特别多,《文讯》月刊、《文学杂志》等曾出过纪念特辑,《中国建设》《文艺复兴》《观察》等当时颇有影响的刊物也刊登了不少纪念文章。撰稿者如叶圣陶、冯友兰、郑振铎、朱光潜、吴晗等都是当时文化界名人,影响自然就更大。

最初的纪念文章大都是围绕朱自清的文化成就和人格力量进行回忆,朱自清的文化成就主要是在散文创作和文学批评两方面,显然散文创作的成就为更多的人了解(主要是教材的传播作用)。当人们评价他的散文成就时,很容易和朱自清的为人联系在一起(这和散文"作者人格敞开"的文

---

① 余冠英:《坊间中学国文教科书中白话文教材之批评》,《国文月刊》第17期,1944年。
② 俞平伯:《重刊〈陶庵梦忆〉跋》,《俞平伯散文杂论编》,上海古籍出版社,1991年。

体特征有关)。李广田认为,"佩弦先生是一个有至情的人","正由于他这样的至情,才产生了他的至文。假如他不是至情人,他就写不出《毁灭》那样的长诗。假如他不是至情人,他更写不出像《背影》那样的散文"①。随着悼念文章的增多,朱自清更多的性格特征被发掘出来:他是一个没有偏见,过于宽容的人(冯至);他俭朴、真纯而严肃,是一个让人亲爱而又惧怕的人(吴晓铃);整饬、慎谨、周到、温和、宽容、高度正义感,加上随时随地追求进步,这些德性的综合,构成了佩弦先生的人格(吴晗);他没有一般文人的嗜好,也没有一般文人的脾气,他的生活总是那样按部就班,脚踏实地(李长之)②。在众人的描述中,一个安贫乐道、温柔敦厚、中和平正的传统士大夫形象出现了,而人们对他的人品描述的同时,很容易就转移到对文品的描述上。在纪念文章中,朱自清的人品和文品是高度统一的,他的散文成就也反复被提及,成为"经典化"的重要力量。杨振声说,"他文如其人,风华是从朴素出来,幽默是从忠厚出来,腴厚是从平淡出来。他的散文,确实给我们开出一条平坦大道"③;许杰则是在对比中凸显朱自清散文的价值,"佩弦先生在文学上的造诣与成就,或者可说是个'文体家'吧,但和有些专门在文字上玩弄技巧,如沈从文废名之类,截然的不同。他平生所作文章,没有一篇不是素朴、细腻、匀净、诚挚的"④。叶圣陶则认为文学史应该有朱自清的地位,"现在大学里如果开现代本国文学的课程,或者有人编现代本国文学史,论到文体的完美,文字的全写口语,朱自清该是首先被提及的"⑤。于是,现代散文中一条"正确"的道路

---

① 李广田:《最完整的人格——哀念朱自清先生》,见张守常编:《最完整的人格——朱自清先生哀念集》,北京出版社,1988年,第79—80页。
② 张守常编:《最完整的人格——朱自清先生哀念集》,北京出版社,1988年,第79—80页。
③ 杨振声:《朱自清先生与现代散文》,朱金顺编:《朱自清研究资料》,北京师范大学出版社,1981年。
④ 许杰:《朱佩弦先生的路》,张守常编:《最完整的人格——朱自清先生哀念集》,北京出版社,1988年,第79—80页。
⑤ 叶圣陶:《朱佩弦先生》,《朱自清论语文教育》(代序),河南教育出版社,1985年。

就开始显现，其他风格的散文在这样的讨论被彻底压抑。

对于朱自清的去世，人们很自然就会同两年前闻一多的去世联系在一起，这不光是因为他们同为清华人，更在于他们作为自由知识分子，在新旧政权的更迭中，都面临往哪里走的问题。因此，友人们在纪念朱自清时，更多挪用了"背影"一词来形容逝者的晚年心境。"背影"呈现出的离去姿势，在新旧政权更迭之时，具有更为复杂的内涵。它既表达着人们的哀思和伤感，还包含着落寞、彷徨、迷茫，成为描述一代知识分子心境的最好"词语"。冯友兰的挽联这样写道："人间哀中国，破碎河山，又损伤《背影》作者；地下逢一多，辛酸论话，应惆怅清华文坛。"诗人唐湜则赋予"背影"以象征意义，"把朱先生看成这时代受难的到处给人蔑视的知识生活的代表，从他身上看出人类的受难里的更深重的知识的受难，他的'背影'是很长的"[①]。左派知识分子则开始了意识形态上的追问，朱自清的贫困生活和去世时只有三十五公斤的体重被多篇文章提及，成为对一个黑暗政权的最好控诉。接着吴晗的文章提到了朱先生曾签名拒绝领美援物质（这件事朱自清在1948年6月18日的日记中也有记载），并被视为朱自清的遗嘱。于是，朱自清更多的革命思想被发掘出来，如在"知识分子今天的任务"座谈会上的发言、拒绝给参选议员的同事签名、拒绝为有美国背景的《新路》杂志写稿。于是，朱自清被逐步描述成一位"从小资产阶级移向广大的工农大众"的知识分子典型——"对于知识分子，现在走向革命的道路是畅通的，在这一点上朱先生也还是个引路人"[②]。最后，毛泽东在《别了，司徒雷登》一文中完成了"悼念朱自清的最后一笔"[③]。至此，一位自由知识分子被塑造成了大义凛然的"民族英雄"和坚决走向革命的"知识分子的典范"，他

[①] 转引自钱理群：《1948：天地玄黄》，山东教育出版社，1997年，第148—149页。
[②] 冯雪峰：《悼朱自清先生》，朱金顺编：《朱自清研究资料》，北京师范大学出版社，1981年。
[③] 钱理群：《1948：天地玄黄》，山东教育出版社，1997年，第159页。

在日记中的犹豫与彷徨被大众遗忘。意识形态提升了朱自清作品的价值,他的作品成为了意识形态建构的一部分。《背影》也在词语的挪用中获得了更高的地位。

教育力量和政治力量加在一起,形成了一种"保护机制",也就是乔纳森·卡勒(Jonathan Culler)所说的"超保护合作原则"[1],读者形成了朱自清的散文都是经典作品的"刻板化印象"。1949年后,《背影》仍然入选国定教材,成为中国学生必读的经典作品,更多的人加入"经典"的建构力量中,老师不断地阐释《背影》的经典性,各种教师用书、教学设计、思考题、学生的习作成为维护"经典"合法性的力量。教材的权威性、教师用书对教学行为的规范、思考题的限制与引导,使得读者逐步丧失了对"经典"的反思能力,人们有了这样一个逻辑:教材中的课文都是经典作品——经典作品不会有艺术上的瑕疵——经典作品的每一个部分都可以有合理解释。

但是,对"经典"的质疑从来都没有停止过。沈从文是从朱自清的"调和折中"的性格入手,分析对其文字活动的影响,认为朱自清的文字"用到鉴赏批评方面,便永远具教学上的见解,少独具肯定性。用到古典研究方面,便缺少专断议论,无创见创获。即用到文字写作,作风亦不免容易凝固于一定风格上,三十年少变化,少新意"[2]。沈从文的这篇文字在当时众多的纪念文章中可谓独异。唐弢则是从语言角度来分析,认为朱自清散文虽然"后期语言比前期更接近口语",但"论情致,却似乎不及早年","人们还是爱读他的《背影》《荷塘月色》",进而提醒人们注意"'五四'以后的作品还有许多优秀的传统"[3]。这个优秀传统包括周作人为代表的"言志派"和徐志摩为代表的"现代评论派"吗?唐弢

---

[1] [美]乔纳森·卡勒:《当代学术入门 文学理论》,李平译,辽宁教育出版社,1998年,第27页。研究者倪文尖也曾提到这一原则对《背影》成为经典的作用。
[2] 沈从文:《不毁灭的背影》,转引自陈孝全:《朱自清的艺术世界》,福建教育出版社,1995年。
[3] 唐弢:《晦庵书话》,北京出版社,1962年。

先生没有明说也不能明说，他的见解在当年的政治高压下不会引起太多关注。

颠覆人们对朱自清散文认识的是海外的余光中。1974年余光中在香港中文大学任教期间，提出"改写"散文史、新诗史乃至整个新文学史的主张，并写下了一系列评论朱自清的散文、戴望舒和郭沫若的诗歌、老舍的小说的文章。余光中具有诗人的敏感、学者的尖锐，读出了朱自清散文中的不足之处。余光中认为朱自清"忠厚而拘谨的个性，在为人和教学方面固然是一个优点，但在抒情散文里，过分落实，却有碍想象之飞跃，情感之激昂"①，他以早期的《桨声灯影里的秦淮河》为例，认为"冗长而繁琐的分析，说理枯燥，文字累赘，插在写景抒情的美文中，总觉得理胜于情，颇为生硬"，针对浦江清盛誉《桨》文为"白话美术文的典范"和王瑶说此文"尽了对旧文学示威的任务"的说法，余光中毫不客气地说，这"两说都失之夸张，也可见新文学一般的论者所见多浅，有多么容易满足，就凭《桨声灯影里的秦淮河》与《荷塘月色》一类的散文，能向《赤壁赋》《醉翁亭记》《归去来兮辞》等古文杰作'示威'吗？"具体到《背影》一文，他认为朱自清坚持的"纯粹的白话文"论，使"他的散文便往往流于浅白，累赘"：

我与父亲不相见已二年余了。

《背影》开篇第一句就不稳妥。以父亲为主题，倡开篇就先说"我"，至少在潜意识上有"夺主"之嫌。"我与父亲不相见"，不但"平视"父亲，而且"文"得不必要。"二年余"也太文，太雅。朱自清倡导的纯粹白话，在此至少是有一败笔。换了今日的散文家，大概会写成：

---

① 余光中：《论朱自清的散文》，《名作欣赏》1992年第2期。

>　　不见父亲已经两年多了。

　　最后，余光中得出结论，"置于近30年来新一代散文家之列，他的背影也已经不再高大了，……他的历史意义已经重于艺术价值了"。余文自然有他的偏激之处（如以工业意象来判定作品的"现代"程度），但基本上属于有理有据、切实中肯的分析，不能不让我们对"经典"有更多反思，进而思考语文教材中的现代文学范文的作用。余光中认为，中文课本的范文，大部分出自早期白话文作家的笔下，"大半未脱早期的生涩和稚拙"，有些误导学生，并认为这是从学校到整个社会中文水平普遍低落的原因之一。[①]

　　余文发表于二十世纪七十年代，1992年才转载在大陆的《名作欣赏》杂志上（该栏目的名称叫"名作求疵"，也别有意味）。有趣的是，余文发表后引起轩然大波，崇敬朱自清人格或喜爱朱自清散文的人仿佛受到了莫大伤害，纷纷撰文反驳。值得注意的是，撰文者很多是中学语文教师和中学生，其"卫道"口吻颇类当年的林纾——"余氏在文中，对冰心、朱自清、刘大白等一些著名作家进行攻击，甚至还影射到了泰戈尔和鲁迅，此人简直太狂妄，甚至有些心理变态"[②]。由教育塑形的文学观念竟是如此根深蒂固，这《背影》后的"背影"，或许是当年新文学运动者并没有想到的吧。

[①] 余光中：《哀中文之式微》（1976年2月），收入《青青边愁》，台湾纯文学出版社，1978年。
[②] 纪骅：《一个中学生的来信》，《名作欣赏》1993年第1期。

余

论

本书主要讨论了新文学是如何借助权力机制进入语文教育领域,而语文教育又反过来塑造新文学为新经典的互动过程。可以看出,通过教育之力推行新文学思想和新文学作品,一直是新文学主将们文化策略的一部分,而且这一文化策略取得了巨大的成功。二十世纪三十年代,朱自清曾经同朋友有一场有趣的辩论,一位朋友认为现在读文言的人要比读白话的多,他的理由是大中学生和小市民,都能读白话和文言,而老先生却不愿读白话,一相加,可见读文言的人比读白话的人多。朱自清却认为,这种看法没有把比老先生还多、只能读白话的小学生算进去,"况且老先生一天比一天少,小学生却日出不穷。就凭这一点说,白话的势力一定会将文言压下去"①。朱自清对未来的信心,来自政府已经用强力方式改变了学生的阅读习惯,教育制度的支撑已经为新文学的"胜利"打下了基础。实际上,学生读者一直是新文学作家"争取"的重点对象。胡适在1933年出版《胡适文选》,这是他从《胡适文存》中选出二十二篇文章,专门给中学生读的,"我希望少年学生能读我的书,故用报纸印刷,要使定价不贵。……如有学校教师愿意选我的文字作课本的,我也

---

① 朱自清:《文言白话杂论》,1934年,《朱自清论语文教育》,河南教育出版社,1986年。

希望他们用这个选本"①。朱自清1934年出版散文集《欧游杂记》时，直接就言明这是送给中学生的"小小的礼物"。

诚如许多研究者所言，文学革命是一场呼吁先于实践、理念倡导大于创作实绩的文学运动，在新文学仍然无法同古文抗衡的时候，对教育权力的倚靠是不可避免的。我们看到，从小学到中学，正是由于有《课程纲要》和《课程标准》等一系列教育法规性文件出台，才使得新文学逐步进入语文课堂。相比之下，由于在大学的语文教学中缺乏这样的法令，新文学的进入则要困难得多：1944年6月，民国政府教育部召集西南联大的学者拟定大学一年级国文选目，大家在初选目录中选了三篇语体文，"鲁迅先生两篇、徐志摩先生一篇"，但在集体讨论时，"那三篇语体文终于全未入选"，朱自清对此只好解释说，"教育部站在政府的地位，得顾到各方面的意见。刚起头的新倾向，就希望它采取，似乎不易"，"好在课外阅读尽可专重语体文，补充'示范'的作用"②。由此可见，新文学是否有效地获得了制度支持，其"前途命运"是完全不同的。

新文学不光是审美想象和情感体验的产物，还是多种社会力量参与建构的产物，语文教育是其中一支重要的力量。从新文学进入语文教育，然后在教育体制内传播的过程，可以明显地看到"权力—知识"的运作过程。福柯认为，"权力—知识关系"贯穿于现代社会始终，是"现代性"最主要的标志和特征。而教育是"权力—知识"运作的主要场域，它提供了权力得以维持并接受挑战的"规训"机制，这种机制以及它被组织和控制的方式，都与某类特殊人群获得经济、政治和文化资源的能力和手段密切相关。正是透过这一机制，权力不仅规定了实际存在的知识和应当传授的知识之间的界限，而且进一步限定了怎样的传授方法和考试手段是合法的。从这个意义上讲，新文学的"胜利"，也是围绕着新

---

① 转引自朱自清：《〈胡适文选〉指导大概》，《朱自清全集》第2卷，江苏教育出版社，1996年。
② 朱自清：《论大学国文选目》，《朱自清论语文教学》，河南教育出版社，1986年。

文学的一系列语文教育方法的"胜利"。但是,这"胜利"的背后有没有值得反思的地方呢?

　　第一个是对白话、文言在语文教育中地位的反思。语文教育是学生习得母语(特别是书面语)的重要方式。在从晚清就开始的文白之争中,白话最初是作为易掌握的工具被提倡,到五四时期刘半农认为写应用文必须用白话,算是提到了书面语地位,而胡适、周作人等人则认为白话要用来表达现代人的情感,又把它提到了文学语言的高度。文言开始独占文学的高位,后来则反而走向应用地位,叶圣陶1948年和朱自清、吕叔湘一起合编《开明文言读本》时,就"把纯文艺作品的百分比减低,大部分选文都是广义的实用文",大量收入的是序跋、书信、公简等应用文。短短三十年,白话/文言、美术文/实用文之间发生深刻的转化。即使如此,胡适在晚年仍然遗憾白话"没有成为完全的教育工具和文学工具",而其中一个重要的原因是"文人学者和教育家们不理解死语言和活白话不能在同一本教科书之内并存的。一反我多年来把文言从白话中滤掉的主张,那种文白夹杂——那种文人学者不知道文言白话根本不能并存的事实"[①]。胡适认为改革不够彻底,在语文教育中让两套语言系统并存,结果"把下一辈青年的头脑弄糊涂了",其所秉持的观点仍是早年"死/活——文言/白话"的对立观。早年胡适的观点在文学界战胜论敌后,在语文教育界也得到了多数教育家的赞同,教育家对白话的盼望甚至超过文学家。但是,这两个领域实际上目的是不同的,文学家是希望通过教育推行新文学的成果,而教育家需要的仍然是从语言工具上讲容易掌握的白话文,当他们发现新文学作品有时比古文还难懂、起不到语文上的示范时,就宁愿自己编撰课文,这一点在小学语文教材中尤其突出(而当时的儿童文学作品多由于政治原因不能选入教材)。这些编撰的

[①] 《胡适口述自传》,安徽教育出版社,1999年,第193—194页。

课文缺乏文艺色彩,不能充分展示汉语的美感,学生未必都喜欢。当年唐德刚在采访胡适时,胡适高兴地向他重复起当年"国文"改"国语"的胜利,唐德刚忍不住在本节谈话后加了一个长长的注释,质疑这一"胜利",认为对"这场推行白话文运动——尤其是以白话文为中小学'教育工具'这一点——其建设性和破坏性究竟孰轻孰重,最好还是让在这个运动中影响最重的时期受中小学教育的过来人,来现身说法",而他自己就是当年这场改革的"实验品":唐德刚从小在家里启蒙后,进入"改良私塾",在私塾中,教学内容是纯古文的,从《左传选粹》到《史记菁华录》,同学中除了两三位"实在念不进去"外,大多数孩子,都不以为苦,而且后来都"主动地读起《通鉴》《文选》等'大部头'书来"(可见,当年教育家叙述的"古文之难"至少同部分孩子的实际感受有差别)。后来,唐德刚转入正规小学学习,所用的教材正是商务印书馆的《新学制国语教科书》。唐先生用讽刺的笔法描述了国语教育的情形:

> 我清楚地记得,我所上的第一堂国语课,便是一位黄慰先老师教的,有关"早晨和雄鸡"的"白话诗"。那首诗的开头几句,似乎是这样的:
> 喔喔喔,白月照黑屋……
> 喔喔喔,只听富人笑,哪闻穷人哭……
> 喔喔喔……
> 喔喔喔……
> 那时表兄和我虽然都已经能背诵全篇《项羽本纪》,但是上国语班时,我们三个人和其他"六年级"同学,一起大喔而特喔。

最后,唐德刚对胡适的"国语改革"大发"腹诽":

> 学龄儿童在十二三岁的时候,实是他们本能上记忆力最强的时期,真是所谓出口成诵。……这个时候实在是他们的黄金时代——尤其对中国古典文学的学习与研读。这时如果能熟读一点古典文学名著,实在是很容易的事——至少一大部分儿童是可以接受的;这也是他们一生受用不尽的训练。这个黄金时代一过去,便再也学不好了。①

唐德刚的看法并非一家之言,汪曾祺也曾谈到他的创作与读古诗的关系:"我觉得那时的语文课本有些篇是选得很好的。一年级开头虽然是'大狗跳,小狗叫',后面却有《咏雪》这样的诗……我学这一课时才虚岁七岁,可是已经能够感受到'飞入芦花都不见'的美。我现在写散文、小说所用的方法,也许是从'飞入芦花都不见'悟出的。"②而实际上,这样的古诗词在当时的语文教材中都保留很少——大概是编者和书局都怕担上"守旧"的恶名。

胡适在《五十年来之中国文学》中提到"国文"改"国语"后的客观效果是:"民国九年十年,白话公然叫国语了。"③对白话跃至语文教育中心后的喜悦溢于言表,这对当时受到文言文"压抑"的白话来说,确实是一大成果。但是,国语却不能只包括白话,这一点胡适自己也是清楚的,他说:"我们可尽量采用《水浒》《西游记》《儒林外史》《红楼梦》的白话;有不合今日用的,便不用他;有不够用的,便用今日的白话来补助;有不得不用文言的,便用文言来补助。"④但是,民国时期许多的小学国语教材的课文却主要是近于口语的白话,学生几乎没有机会再接

---

① 胡适:《胡适口述自传》,第206页,安徽教育出版社,1999年。
② 汪曾祺:《我的小学》,《水乡青草育童年》,中国和平出版社,2002年,第94页。
③ 胡适:《五十年来之中国文学》,《胡适作品集》第8卷,台湾远流出版公司,1986年,第148页。
④ 胡适:《建设的文学革命论》,《胡适全集》第3卷,安徽教育出版社,2003年。

触文言，实际上是从小割断了同传统文化的精神联系，使得很多语文学习的问题在此时已经埋下。在语文独立设科的百年历史中，发生过无数次的争论，但"学生的语文能力下降"往往是每次争论的焦点；各种改革方案也很多，有的宣布失败有的宣布成功，但真正行之有效的办法似乎也没有。其中的原因并不是本书要讨论的范围，但重新思考文言／白话的关系是一个角度，因为"时至今日，'文言'仍然没有完全死亡"①，它在语文教育中的重大价值也没有消亡。

第二个是对新文学"经典"的反思。一般来说，教育是偏于保守的，但在晚清民国时期，在知识分子"教育救国"的想象中，教育被赋予了伟力，常成为文化变革中的领潮流者。就语文教育而言，新文学能突破几千年文言的绝对统治地位，迅速从初小跃进到高中，主要是受时代氛围的影响。不过，就进入教材特别是中学教材的新文学作品来看，相对来说仍然比较保守，没有展现出三十多年中国现代文学丰富的一面。从各种教材的选文来看，课文比较趋同，这里既有语文学科限制的原因，也有编者文学观念的原因，而且后者是主要原因。这些作品有两个基本特点，一个是以早期是现实主义作品为主，一个是写法是平实朴素、条理清晰，具有语文上的示范性。这一编选观念从教育上无可厚非，但从教材对学生形成"文学观念"的巨大作用上，似仍有可质疑之处。

关于"现实主义是新文学的主潮"的观点，目前在学界正在受到质疑，有学者认为这是各种文学史不断叙述的结果。②作为中学文学教育的课程，语文实际上发挥了同文学史相似的功能。从新文学进入语文教材起，语文教育就按照自己的意识形态和理论体系，建构出一套现实主义的经典系统，教会学生阅读这些现实主义的作品，并通过注释、教师辅导书、学生辅导书、考试试题等方式告诉学生，这些是新的文学经典，

---

① 陈平原：《中国现代学术之建立》，北京大学出版社，1998年，第199页。
② 戴燕：《文学史的权力》第五章《"写实主义"下的文学阅读》，北京大学出版社，2002年。

是可以模仿写作的对象。教育的高度一致性，也使学生习得大体一致的文学感觉和文学品位，"文学教育使有此种教育经历的人，拥有一套比较细腻复杂，可用来表达品位、感情、道德、价值的共同语言（包括词汇、引喻、举例等）。更有进者，因为文学教育的权威性与规范性使然，受此种教育者，经常在品位、感情、道德、价值的倾向上，有相当程度的一致性"①。这是教科书编选者的权力，他们常常通过教科书前的"编辑大意"来表达自己的文学观和教育观，一般都有"有益于读者的身心""思想纯正足以启导人生真义""唤起民族意识"之类的表达。这些标准既是选择作品的规范，又是诠释作品的标准，在这些标准之下，非现实主义的作品很难进入教材。那么，我们的现实主义是否是一种"被教得的现实主义"呢？这个问题值得进一步思考，但经由教材发展出文学品位的学生，对穆旦或李金发的诗歌、张恨水或施蛰存的小说、鲁迅的《野草》或《故事新编》一定会觉得陌生，很难进入作者构筑的阅读空间，因为他在教育上没有获得阅读此种风格作品的阅读方法。一种选择意味着一种遮蔽，一种宣扬也意味着一种压制。教材中的新文学作品在写法上都中规中矩，很少有奇崛之处，这种语言方法是时代与学科双重规范的结果，本身无可厚非。但是，汉语的表达只有一种风格吗？当所有人都用同一种方式言说时，教材中的新文学作品的语言风格也值得怀疑了。

　　语文教育是学生学习本民族语言的重要方式，新文学是用本民族语言创作的精神成果，两者在民族语言上具有了相关点，其中有很多问题还有待讨论。本书限于篇幅，主要是从语文教育的制度层面，说明语文教育对新文学的正向推动作用。但实际上，语文教育对新文学还有反向作用，如，教学中对一些作品的普遍"误读"、对语言规范性要求限制了语言的创造性。这些都需要另外的文字再讨论了。

---

① 许经田：《典律、共同论述与多元社会》，《中外文学》第21卷第2期。

附录 民国时期十种中学语文教材的现代文学选文目录

一、《初中国文教本》，张弓编，蔡元培、江恒源校订，上海大东书局，1930年版

册数	课数	篇名	作者	体裁
一	1	伊和他	叶绍钧	小说
	2	莲花	冰心	散文
	3	小蚬的回家	叶绍钧	小说
	4	背影	朱自清	散文
	10	忆儿时	丰子恺	散文
二	2	迎春	谢婉莹	新诗
	3	生机	沈尹默	新诗
	4	我是少年	郑振铎	散文诗
	5	威权	胡适	新诗
三	3	母	叶绍钧	小说
	5	寒晓的琴歌	叶绍钧	散文
	12	潜隐的爱	叶绍钧	小说
	13	"爱的神啊"后篇	余上沅	新诗
	18	野心	严既澄	童话
	24	上下身	周作人	散文

(续表)

册数	课数	篇名	作者	体裁
四	4	杂感四十	鲁迅	杂文
	5	杂感二十五	鲁迅	杂文
五	4	我们的敌人	周作人	散文
	5	隔膜	叶绍钧	小说
	6	示众	鲁迅	散文
	15	老调子已经唱完	鲁迅	演讲词
六	1	人的文学	周作人	散文
	2	自己的园地	周作人	散文
	3	假如我是个作家	冰心	新诗
	4	文学的方法	胡适	散文

二、《现代初中教科书·国语》，庄适编，商务印书馆，1930年版

册数	课数	篇名	作者	体裁
一	2	运河与扬子江	陈衡哲	诗剧
	5	在柏林	刘延陵	小说
	6	落花生	许地山	散文
	7	蛇	许地山	散文
	23	希望	谢寅	小说
	24	笑	冰心	散文
	25	到青龙桥去	冰心	散文
	32	说几句爱海的孩气的话	冰心	散文
	37	阿菊	叶绍钧	小说
二	23	寒晓的琴歌	叶绍钧	小说
	27	雪夜	汪敬熙	小说
	31	祖母的心	叶绍钧	小说

(续表)

册数	课数	篇名	作者	体裁
	36	南京与北京	陈衡哲	散文
	39	伊和他	叶绍钧	小说
	40	天亮了	洪白蘋	童话
四	23	野心	严既澄	童话

三、《新亚教本初中国文》，陈椿年编，陈彬龢校，上海新亚书店，1932年版

册数	课数	篇名	作者	体裁
一	2	两个乞丐	刘纲	小说
	3	哭中的笑声	大悲	小说
	12	一个贞烈的女孩子	央庵	小说
	13	苦鸦子	郑振铎	小说
	15	这也是个人吗	叶绍钧	小说
	16	生命的价格——七毛钱	朱佩弦	散文
	17	寒晓的琴歌	叶绍钧	散文
	19	雪夜	汪敬熙	小说
	21	渔家	杨振声	小说
	27	山径	许杰	小说
二	5	顾老头子秘史	玄庐	小说
	6	自由	郑振铎	散文
	12	鸽儿的通信（十二）	苏梅	散文
	13	一片草地	汤西台	散文
	14	被系着的	芳草	散文
	16	威权	胡适	新诗
	26	误用的并存和折中	夏丏尊	散文

(续表)

册数	课数	篇名	作者	体裁
	27	今	李守常	散文
	29	路程	左大璋	散文
三	1	磨面的老王	杨振声	小说
	8	渴杀苦	刘大白	新诗
	9	十五娘	玄庐	新诗
	11	到何处去	徐玉诺	小说
	15	街血洗去后	郑振铎	散文
	16	倪焕之（节选）	叶绍钧	小说

四、《初中国文读本》，朱文叔编，舒新城、陆费逵校，中华书局，1934年版

册数	课数	篇名	作者	体裁
一	1	海上的日出	巴金	散文
	3	繁星	巴金	散文
	10	牵牛花	叶绍钧	散文
	12	生机	沈尹默	新诗
	12	人力车夫	沈尹默	新诗
	13	东西文明的界限	胡适	散文
	14	虎门	王世颖	散文
	15	寄小读者通讯十八	冰心	散文
	16	旅居印象记一则	李石岑	散文
	17	离别	郑振铎	散文
	19	青年生活	廖世承	散文
	25	春	朱自清	散文
	27	晨	叶绍钧	散文

(续表)

册数	课数	篇名	作者	体裁
	28	夏天的生活	孙福熙	散文
	30	风雪中的北平	金兆梓	散文
	34、35	海燕	郑振铎	散文
	44	乌篷船	周作人	散文
	45	火龙	傅东华	散文
二	3	母爱	冰心	散文
	6	十二月一日奔丧到家	胡适	新诗
	17	管闲事	西滢	散文
	19	雪	王鲁彦	散文
	20	雾	舒新城	散文
	22	苦雨	周作人	散文
	28	长城外	白薇	小说
	34	粟米	叶绍钧	小说
	35	当铺门前	茅盾	散文
	36	一件小事	鲁迅	小说
	37	往事	冰心	散文
	38	与佩弦	叶绍钧	散文
三	3	窑	丁文江	散文
	5	乌桕	周作人	散文
	7	海滩下种花	徐志摩	散文
	8	枯树	熊佛西	话剧
	21、22	给亡妇	朱自清	散文
	31	运河与扬子江	陈衡哲	新诗
	32	三峡记游	高一涵	散文
	37	济南的冬天	老舍	散文
	38、39、40	杭江之秋	傅东华	散文
	45	从军	李健吾	话剧

(续表)

册数	课数	篇名	作者	体裁
四	7、8	学费	张天翼	小说
	19	答客问	臧克家	新诗
	24	青岛	闻一多	散文
	30	志摩纪念	周作人	散文
	42	美术与人生	丰子恺	散文
五	4	泰山日出	徐志摩	散文
	18、19	林家铺子（节选）	茅盾	小说
	34	夜总会里的五个人（节选）	穆时英	小说
	35	铁牛	老舍	小说
	36	命相家	夏丏尊	小说
六	1、2	离乡	王统照	小说
	12、13	父与子	朱溪	小说
	25	莱茵河	朱自清	散文
	39	谈情与理	朱孟实	散文
	42	自己的园地	周作人	散文

五、《初中当代国文》，盛朗西、施蛰存、朱雯、沈联璧注释，柳亚子、相菊潭、金宗华校订，上海中学生书局，1934年版

册数	课数	篇名	作者	体裁
一	1	秋，听说你已来到	曾虚白	散文
	2	我们的秋天	绿漪	散文
	3	没有秋虫的地方	叶绍钧	散文
	5	眠月	俞平伯	散文
	6	海滨的秋	陈醉云	小说
	11	运河与扬子江	陈衡哲	散文

(续表)

册数	课数	篇名	作者	体裁
	12	小河	周作人	新诗
	13	母	叶绍钧	小说
	16	背影	朱自清	散文
	18	儿女	朱自清	散文
	28	卖汽水的人	周作人	散文
	29	卖豆腐的哨子	茅盾	散文
	30	叫卖	曹聚仁	散文
	35	五月卅一日急雨中	叶绍钧	散文
	36	街血洗去后	郑振铎	散文
	38	危城上	杨振声	小说
	39	国旗	向培良	小说
	41	白种人——上帝之骄子	朱自清	散文
	45	野心	严既澄	童话
	46	管闲事	陈西滢	散文
	48	雪	鲁迅	散文
	50	陶然亭的雪	俞平伯	散文
	51	弯龙河走冰	陡岩	散文
二	7	藤野先生	鲁迅	散文
	13	到青龙桥去	冰心	散文
	14	战地的一日	适夷	散文
	15	一个军官的笔记	冰心	小说
	21	春地林野	落华生	散文
	22	山阴道上	徐蔚南	散文
	25	春的使命	陈无我	散文
	26	爱罗先珂君	周作人	散文
	29	执政府大屠杀记	朱自清	散文
	31	关于三月十八日的死者	周作人	散文

(续表)

册数	课数	篇名	作者	体裁
	38	乌篷船	周作人	散文
	42	红海上的一幕	孙福熙	散文
	43	从巴县到南京	漱琴	散文
	44	从北京到北京	孙伏园	散文
	45	皖江见闻记	高一涵	散文
	46	初夏的庭院	徐蔚南	散文
	49	荷塘月色	朱自清	散文
	50	山中杂信	周作人	散文
	51	苍蝇	周作人	散文
三	8	藕与莼菜	叶圣陶	散文
	9	忆儿时	丰子恺	散文
	11	笑的历史	朱自清	小说
	12	给亡妇	朱自清	散文
	21	双十节	鲁迅	散文
	34	滴铃子	林守庄	散文
	35	苦雨	周作人	散文
	37	暮	叶圣陶	散文
	40	聪明人、傻子和奴才	鲁迅	散文
四	10	南京	陈西滢	散文
五	20	今	李大钊	散文
	27	桨声灯影里的秦淮河	朱自清	散文
	28	桨声灯影里的秦淮河	俞平伯	散文
	29	致中学生书	舒新城	散文

六、《初级中学教科书·国文》，孙俍潮编，中华书局，1934年版

册数	课数	篇名	作者	体裁
一	2	趵突泉的欣赏	老舍	散文
	5	海上的日出	巴金	散文
	6	雾	M D	散文
	8	弯龙河走冰	陟岩	散文
	13	秋，听说你已来到	曾虚白	散文
	14	立秋之夜	郁达夫	小说
	15	秋夜	鲁迅	散文
	17	我爱的中国	郑振铎	散文
	18	小蚬的回家	叶圣陶	小说
	19	笑	冰心	散文
	21	作父亲	丰子恺	散文
	22	黄昏	孙俍工	小说
	23	少年歌	朱湘	新诗
	25	辽宁月色	林风	新诗
	26	四烈士冢上的没字碑	胡适	新诗
	27	从军日记二则	冰莹	散文
	32	救国的正路	刘复	散文
	33	去吧，为国珍重	佚名	散文
	34	致林雪江女士书	吴佩琳	散文
	35	鸽儿的通信	绿漪（苏雪林）	散文
	36	梦见妈妈	盛炯	散文
二	2	小汤先生	绿漪（苏雪林）	散文
	4	差不多先生传	胡适	小说
	6	一二八之夜	黄震遐	散文
	7	战地的一日	适夷	散文

（续表）

册数	课数	篇名	作者	体裁
	9	支那夫人	胡云翼	小说
	13	春的启示	佚名	散文
	14	大家都来放风筝啊	孙福熙	散文
	15	风筝	鲁迅	散文
	17	哀思	陈西滢	散文
	18	谒墓	陈南士	新诗
	19	生	落华生	散文
	20	自然的微笑	大白	新诗
	21	在蕴藻浜的战场上	陈梦家	新诗
	23	济南城上	杨振声	小说
	24	村中	佚名	小说
	25	东北印象拾零	王雨亭	散文
	28	生命的路	鲁迅	散文
三	1	鱼类的游泳	贾祖璋	科学小品
	2	汽车	裴元嗣	科学小品
	3、4	说云	竺可桢	科学小品
	10	苍蝇	周作人	散文
	13	可爱的诗境	易家钺	散文
	14	理想的故乡	孙俍工	小说
	15	被蹂躏的中国大众	蓬子	新诗
	17	暗途	落华生	小说
	18	红叶	ＭＤ	散文
	19	锡兰岛	林宰平	散文
	23	速写	茅盾	小说
	31	乡愁	罗黑芷	散文
	32	叩门	ＭＤ	散文
四	13	春的使命	陈无我	散文

(续表)

册数	课数	篇名	作者	体裁
	16	鸭的喜剧	鲁迅	散文
	19	血的幻影	郭沫若	新诗
	20	巫峡的回忆	郭沫若	新诗
	25	五月三十日的下午	佚名	散文
	26	五月卅一日急雨中	叶绍钧	散文
五	9	竞争	汪精卫	散文
	11	今	李大钊	散文
	20	一小幅的穷乐图	徐志摩	新诗
	24	活路	适夷	话剧
	29	矿工生涯	冰庐	散文
六	9	雪耻与御侮	俞平伯	散文
	10	关于三月十八日的死者	周作人	散文
	11	听琴	陈西滢	散文

七、《初级中学国文》，叶楚伧主编，汪懋祖选校，孟宪承校订，正中书局，1934年版

册数	课数	篇名	作者	体裁
一	3	背影	朱自清	散文
	8	离别	郑振铎	散文
	18	秋	朱自清	新诗
	19	虎门	王世颖	散文
	26	在雪夜的战场上	杨振声	小说
	27	济南城上	杨振声	小说
	34	匆匆	朱自清	散文
二	1	寄小读者（十）	冰心	散文

(续表)

册数	课数	篇名	作者	体裁
	2	母	叶绍钧	小说
	6	国旗	向培良	小说
	15	篮球比赛	叶绍钧	散文
	17	扁豆	苏梅	小说
	18	钱塘江上的一瞥	刘大白	新诗
	20	忆儿时	丰子恺	散文
	21	小蚬的回家	叶圣陶	小说
	37	秃的梧桐	苏梅	散文
	39	初夏的庭院	徐蔚南	散文
	40	荷塘月色	朱自清	散文
三	12	乌篷船	周作人	散文
	13	红海上的一幕	孙福熙	散文
	20	牛的觉悟	叶楚伧	小说
	35	山阴道上	徐蔚南	散文
四	6	玉门出塞歌	罗家伦	新诗
	12	绿	朱自清	散文
	17	访日本新村记	周作人	散文
五	13	谈动	朱光潜	散文
	14	说静	心际	散文
	19	泰山日出	徐志摩	散文
六	21	艺术与现实	夏丏尊	散文

八、《初中新国文》，朱剑芒编，世界书局，1937年版

册数	课数	篇名	作者	体裁
一	1	没有秋虫的地方	叶绍钧	散文
	2	瓦盆里的胜负	绿漪（苏雪林）	散文
	3	篮球比赛	叶绍钧	散文
	7	小公鸡	绿漪（苏雪林）	散文
	8	鸭的喜剧	鲁迅	散文
	9	笑	冰心	散文
	10	自然的微笑	刘大白	散文
	11	自然的节律	缪崇群	散文
	12	扁豆	绿漪（苏雪林）	散文
	15	金鱼	周作人	散文
	16	金鱼的劫运	绿漪（苏雪林）	小说
	17	病猫	刘大杰	小说
	20	我爱的中国	郑振铎	散文
	22	一个星儿	胡适	新诗
	23	夜月	俞平伯	新诗
	24	红叶	茅盾	散文
	25	蜡叶	鲁迅	散文
	26	黄叶小谈	钟敬文	散文
	28	秃的梧桐	绿漪（苏雪林）	散文
	29	落花生	许地山	散文
	34	雪	王鲁彦	散文
	35	雪	鲁迅	散文
	37	雪	刘大白	新诗
	39、40	战地的一日	楼适夷	散文
二	1	新柳	朱光熊	散文

(续表)

册数	课数	篇名	作者	体裁
	2	春	朱自清	散文
	3	春	陈学昭	散文
	4	迎春	吴学中	散文
	6	桃花几瓣	刘大白	新诗
	8	故乡的野菜	周作人	散文
	10	匆匆	朱自清	散文
	12	寄小读者（十）	冰心	散文
	13	地动	叶绍钧	小说
	17	哀思	陈西滢	散文
	19	长城外	白薇	散文
	20	从军	李健吾	话剧
	22、23	蚕儿与蚂蚁	叶绍钧	童话
	24	忆儿时	丰子恺	散文
	25	钱塘江上的一瞥	刘大白	新诗
	26	山阴道上	徐蔚南	散文
	27	路程	左大璋	散文
	28	谈雨	钟敬文	散文
	30	苦雨	周作人	散文
	34	初夏的庭院	徐蔚南	散文
	35	莲花	冰心	散文
	37	荷塘月色	朱自清	散文
	38	西湖的六月十八夜	俞平伯	散文
三	1	莫辜负了秋光	徐蔚南	散文
	2	秋	丰子恺	散文
	3	海滨的秋宵	陈醉云	散文
	4	红海上的一幕	孙福熙	散文
	6	将离	叶绍钧	散文

(续表)

册数	课数	篇名	作者	体裁
	7	归也	王世颖	散文
	8	归来	冰心	散文
	9	背影	朱自清	散文
	30	双十节	鲁迅	散文
	32	与志摩最后的一别	杨振声	散文
	33	志摩纪念	周作人	散文
	37	雪地里	陈淑章	散文
	38	陶然亭的雪	俞平伯	散文
四	1	一个春天的早晨	陈醉云	散文
	2	春晨	俞平伯	散文
	3	春日	罗黑芷	小说
	4	钓台的春昼	郁达夫	散文
	6	早市	彭雪珍	散文
	10	艺术与现实	夏丏尊	散文
	14	生活的艺术	周作人	散文
	19	哭孙中山	朱湘	新诗
	24	说话	朱自清	散文
	39	五月三十日	郭沫若	散文
	40	五月卅一日急雨中	叶绍钧	散文
五	18	你需知道你自己	夏丏尊	散文
	19	假如我有一个弟弟	叶绍钧	散文
	34	谈动	朱光潜	散文
六	3	我所知道的康桥	徐志摩	散文
	4	莱茵河	朱自清	散文
	10	告失望的朋友们	刘薰宇	散文
	11	怎么能	叶绍钧	散文

九、《初级中学国文》,桑继芬编,正中书局,1948年版

册数	课数	篇名	作者	体裁
一	7	收获	苏梅	散文
	8	落花生	许地山	散文
	14	绿	朱自清	散文
	17	藕与莼菜	叶绍钧	散文
	26	红海上的一幕	孙福熙	散文
	29	我的母亲	胡适	散文
	31	东北的冬天	王汉倬	散文
二	5	想飞	徐志摩	散文
	7	我所知道的康桥	徐志摩	散文
	16	寄小读者通讯(十)	谢婉莹	散文
	17	地动	叶绍钧	小说
	23	养蚕	丰子恺	散文
	27	篮球比赛	叶绍钧	散文
	30	初夏的庭院	徐蔚南	散文
	31	夏天的生活	孙福熙	散文
	33	莲花	谢婉莹	散文
	34	荷塘月色	朱自清	散文
三	15	一张小小的横幅	朱自清	散文
	16	艺术三昧	丰子恺	散文
	21	泰山日出	徐志摩	散文
	27	秃的梧桐	苏梅	散文
	30	风雪中的北平	金兆梓	散文
	31	白马湖之冬	夏丏尊	散文
四	5	山阴道上	徐蔚南	散文
	6	温泉峡	陈友琴	散文

(续表)

册数	课数	篇名	作者	体裁
	29	一个军官的笔记	翁照垣	散文
五	9	背影	朱自清	散文
	10	南归序引	谢婉莹	散文

十、《新编初中精读文选》，王任叔编，叶圣陶校订，上海文化供应社，1949年版

册数	课数	篇名	作者	体裁
一	2	苍蝇们的关心	张天翼	小说
	3	由日本回来了	郭沫若	散文
	5	叶家的孩子	胡愈之	散文
	7	火烧云	萧红	散文
	8	诗二首（水手、讽嘲）	刘延陵、姚蓬子	新诗
	9	青年日速写	茅盾	散文
	10	聪明人、傻子和奴才	鲁迅	散文
	13	海燕	郑振铎	散文
	16	稉米	叶绍钧	小说
	17	当铺门前	茅盾	散文
	18	莫斯科奇景	胡愈之	散文
	19	冬天	茅盾	散文
	20	支持着大众的脚	叶绍钧	寓言
二	5	新的枝叶	王鲁彦	散文
	6	养蚕	丰子恺	散文
	8	背影	朱自清	散文
	9	诗二首（天上的街市、给修筑飞机场的工人）	郭沫若、卞之琳	新诗

(续表)

册数	课数	篇名	作者	体裁
	14	华瞻的日记	丰子恺	散文
	15	赤着的脚	叶绍钧	散文
	16	春联儿	叶绍钧	小说
	17	白杨礼赞	茅盾	散文
	18	西伯利亚	徐志摩	散文
三	4	蚕儿和蚂蚁	叶绍钧	童话
	5	诗两首（一个小农家的暮、吹笛的猎人）	刘复、马凡陀	新诗
	12	秃的梧桐	苏梅	散文
	13	野草	夏衍	散文
	16	野店	李广田	散文
	17	济南的冬天	老舍	散文
四	3	我的同班	冰心	散文
	5	诗两首（一句话、胜利带来了一切）	闻一多、陶行知	新诗
	7	狮和龙	默涵	散文
	8、9	故乡	鲁迅	小说
	10	自传	鲁迅	散文
	12	旧家的火葬	夏衍	散文
	16	哭一多父子	吴晗	散文
	18	白洋淀	孙犁	小说
	19、20	勇敢的小号兵	荒煤	小说
五	6	风筝	鲁迅	散文
	11	诗两首（我为少男少女们歌唱、生活是多么宽广）	何其芳	新诗
	13、14	差半车麦秸	姚雪垠	小说
	15	方县长	楼适夷	小说
	16	《李有才板话》的来历	赵树理	散文

（续表）

册数	课数	篇名	作者	体裁
	17	关于李有才板话	茅盾	散文
	18、19、20	白毛女	贺敬之、王斌	戏剧

参考书目

一、晚清民国语文教材部分

（一）清末语文教材

1. 朱维梁编：《绘图儿童过渡》（1—4册），彪蒙书室，1903年。
2. 黄展云等编：《国语教科书》（1—3册），商务印书馆，1907年。
3. 戴克让编：《最新初等小学国文教科书》（1—10册），彪蒙书室，1906年。
4. 学部编译图书局编：《初等小学国文教科书》（1—5册），上海新学会社，1906年。
5. 蒋维乔、庄俞编：《最新国文教科书》（1—10册），商务印书馆，1907—1910年。
6. 《白话讲义蒙学丛书》，彪蒙书室，1905年。分为《绘图蒙学论说实在易》《绘图蒙学习字实在易》《绘图蒙学造句实在易》《蒙学求通虚字实在易》。
7. 林纾评选：《中学国文读本》（1—10册），商务印书馆，1909—1911年。

（二）民国初小语文教材

1. 华鸿年、何振武编：《中华初等小学国文教科书》（1—8册），中华书局，1912—1918年。
2. 戴克敦等编：《女子国文教科书》（1—8册），高凤谦、张元济校订，商务印书馆，1912—1927年。
3. 沈颐等编：《新制中华国文教科书》（1—12册），中华书局，1912—1915年。
4. 李步青等编：《新式国文教科书》（1—8册），中华书局，1915—1924年。
5. 黎均荃、陆衣言编：《新教材教科书国语读本》（1—8册），黎锦熙阅订，中华书局，1920—1922年。
6. 庄适编：《新法国语教科书》（1—8册），沈圻等校订，商务印书馆，1921—1922年。
7. 黎锦晖、陆费逵编：《新小学教科书国语读本》（1—8册），戴克敦校阅，中华书局，1923—1928年。
8. 胡贞惠：《新时代国语教科书》（1—8册），蔡元培校阅，商务印书馆，1927—1929年。
9. 王祖廉：《新中华教科书国语读本》（1—8册），吴稚晖校阅，新国民图书社，1927—1932年。
10. 沈百英编：《基本教科书国语》（1—8册），蔡元培、吴研因校订，商务印书馆，1931年。
11. 陈鹤琴、盛振声编：《儿童国语教科书》（第1—3册），儿童书局，1932年。
12. 叶圣陶编：《开明国语读本》（1—8册），开明书店，1932—1937年。
13. 朱文叔等编：《小学国语读本》（1—8册），陆费逵等校阅，中华书局，1933—1936年。

14. 沈百英、沈秉廉编：《复兴国语教科书》（1—8册），王云五、何炳松校订，商务印书馆，1933—1937年。

15. 吴研因编著：《初级小学国语新读本》（1—8册），世界书局，1937—1939年。

16. 陈伯吹等编：《复兴国语读本》（1—8册），商务印书馆，1934—1935年。

17. 孙铭勋、陆维特编：《抗战建国读本》特册，战时儿童保育会主编，生活书店，1940年。

18. 刘御编著：《初小国语》（1—8册），陕甘宁边区教育厅审定。西北新华书店，1946—1949年。

（三）民国高小语文教材

1. 高凤谦、张元济、蒋维乔编：《最新国文教科书》（1—8册），商务印书馆，1912—1914年。

2. 庄俞、沈颐编：《共和国教科书新国文》（1—6册），高凤谦、张元济校订，商务印书馆，1913—1922年。

3. 林纾编：《浅深递进国文读本》（1—6册），商务印书馆，1916年。

4. 朱麟等编：《新教育教科书国文读本》（1—6册），易作霖等校阅，中华书局，1921—1922年。

5. 朱文叔编：《新中华教科书国语读本》（1—4册），中华书局，1927—1929年。

6. 朱文叔、吕伯攸编：《小学国语读本》（1—4册），孙世庆校，中华书局，1933年。

7. 赵景深、李小峰编：《高小国语读本》（1—4册），周作人、吴研因校阅，青光书局，1933—1936年。

8. 叶圣陶：《少年国语读本》（1—4册），开明书店，1947年。

9. 何公超编：《非常的国语》（上册），童新书局，1937年。

10. 教育部编审委员会编：《国定教科书高小国语》（1—4册），南京国民政府教育部，1940—1943年。

11. 吴鼎等编：《高级小学国语》（1—4册），陈子展、罗根泽修订，国立中小学教科书七家联合供应处，1946—1947年。

（四）民国初中语文教科书

1. 林纾评选：（重订）《中学国文读本》（1—8册），许国英重订，商务印书馆，1913年。

2. 梁启超：《常识文范》（1—4册），中华书局，1916年。

3. 洪北平、何仲英编：《白话文范》（1—4册），商务印书馆，1920年。

4. 江荫香编：（评点）《历代白话文选》（1—4册），陆翔校订，广文书局，1920年。

5. 周予同、顾颉刚、叶圣陶编：《新学制初级中学教科书国语》（1—6册），胡适等校订，商务印书馆，1923年。

6. 沈星一编：《新中学教科书初级国语读本》（1—3册），黎锦熙、沈颐校，中华书局，1924—1928年。

7. 傅东华编：《复兴初级中学教科书国文》（1—6册），商务印书馆，1933—1940年。

8. 陈椿年编：《新亚教本初中国文》（1—6册），新亚书店，1932—1933年。

9. 施蛰存等编注：《初中当代国文》（1—6册），柳亚子等校订，上海中学生书局，1934—1936年。

10. 夏丏尊、叶圣陶编：《初中国文教本》（第1、2册），开明书店，1937年。

11. 徐蘧轩编：《女子国文读本》（1—3册），大华书局，1937年。

12. 叶圣陶等编：《开明新编国文读本》（甲种1—6册），开明书店，1946—

1947年。
13. 王任叔等编：《新编初中精读文选》（语体文）（1—6册），叶圣陶校订，文化供应社，1949年。

（五）民国高中语文教科书

1. 吴遁生、郑次川：《新学制高级中学国语读本》（近人白话文选）（上、下册），王岫庐、朱经农校订，商务印书馆，1924年。
2. 钱基博编：《新中学教科书国学必读》（上、下册），中华书局，1924年。
3. 朱自清、吕叔湘、叶圣陶合编：《开明新编高级国文读本》（第1、2册），开明书店，1948—1949年。

（六）语文教学参考书

1. 李步青编：《新小学教科书国语文学读本说明书》，中华书局，1925年。
2. 黎均荃、陆衣言编：《新教材国语读本说明书》（第1—3册），黎锦熙等阅订，中华书局，1920年。
3. 樊平章等编：《新法国语教授案》（1—8册），沈圻等校订，商务印书馆，1920—1922年。
4. 周尚志等编：《儿童文学读本教学法》（第1—3册），朱经农等编订，商务印书馆，1922—1923年。
5. 吕伯攸、杨复耀编：《小学国语读本教学法》（1—8册），朱文叔校，中华书局，1934—1936年。
6. 计志中编：《新法国语语文教授书》（1—4册），朱经农、庄适校订，商务印书馆，1923—1927年。
7. 魏冰心等编：《高级语文读本教学法》（1—4册），范祥善校订，世界书局，1925年。
8. 钱耕莘、卢芷芬编：《开明国语课本教学法》（1—4册），开明书店，

1934—1935年。

（七）语文复习指导书

1. 倪锡英编：《国语复习指导》（小学生升学必读），现代教育研究社，1935年。
2. 祝仲芳、卢冠六编：《国语复习书》（升学准备），春秋书店，1940年。
3. 廖承世编：《中学文学常识测验》第1类，商务印书馆，1925年。
4. 倪锡英编：《初中国文复习指导》，现代教育研究所，1948年。
5. 赵景深、谭正璧编：《高中国文复习指导》，现代教育研究社，1941年。

（八）作文辅导书

1. 毕公天选辑：《全国学校国文成绩大观》（上、中、下编），章太炎鉴定，国学书局编辑部校订，国学书局，1921年1月—1925年。
2. 《全国中学国文成绩学生新文库》（乙编卷1—20），蔡元培鉴定，世界书局，1923年。
3. 周学章编：《作文评价》，北平师范大学研究生院，1932年。
4. 马崇淦主编吴宝经助编：《全国现代初中作文精华》（1—4册），邰爽秋等评阅，勤奋书局，1936年。

二、理论书部分

1. 于述胜：《中国教育制度通史》（第七卷），山东教育出版社，2000年。
2. 中国蔡元培研究会编：《蔡元培全集》，浙江教育出版社，1997年。
3. 曹伯言等编：《胡适全集》，安徽教育出版社，2003年。
4. 朱乔森编：《朱自清全集》，江苏教育出版社，1996年。
5. 叶至善、叶至美、叶至诚编：《叶圣陶集》，江苏教育出版社，1992年。

6. 周作人:《周作人自编文集》,河北教育出版社,2002年。
7. 赵家璧主编:《中国新文学大系》,良友图书印刷公司,1935年,文艺出版社影印本。
8. 茅盾:《我的学生时代》,新蕾出版社,1982年。
9. 倪海曙:《倪海曙语文论集》,教育出版社,1991年。
10. 黎锦熙:《国语运动史纲》,商务印书馆,1934年。
11. 黎锦熙、王恩华编:《中等学校国文选本书目提要》,北平国立北平师范大学文学院,1937年。
12. 邓九平主编:《20世纪中国作家学者艺术家谈童年》(共八册),中国和平出版社,2002年。
13. 王泉根评选:《中国现代儿童文学文论选》,广西人民出版社,1989年。
14. 王泉根:《现代中国儿童文学主潮》,重庆出版社,2000年。
15. 张之伟:《中国现代儿童文学史稿》,华东师范大学出版社,1993年。
16. 郭志刚、孙中田主编:《中国现代文学史》,高等教育出版社,1999年。
17. 郑逸梅:《书报话旧》,学林出版社,1983年。
18. 《回忆中华书局》(1912—1987年),中华书局,1987年。
19. 《商务印书馆九十年》,商务印书馆,1987年。
20. 《商务印书馆一百年》,商务印书馆,1997年。
21. 张树年主编:《张元济年谱》,商务印书馆,1991年。
22. 张静庐辑注:《中国现代出版史料》,中华书局,1959年。
23. 胡从经:《晚清儿童文学钩沉》,少年儿童出版社,1982年。
24. 桑兵:《晚清学堂学生与社会变迁》,学林出版社,1995年。
25. 罗志田:《国家与学术:清季民初关于"国学"的思想论争》,三联书店,2003年。
26. 徐雁平:《胡适与整理国故考论——以中国文学史研究为中心》,安徽教育出版社,2003年。

27. 陈平原、山口守编：《大众传媒与现代文学》，新世界出版社，2003年。
28. 陈平原：《中国大学十讲》，复旦大学出版社，2002年。
29. 商金林编：《叶圣陶年谱》，江苏教育出版社，1986年。
30. 朱金顺编：《朱自清研究资料》，北京师范大学出版社，1981年。
31. 陈孝全：《朱自清传》，北京十月文艺出版社，1991年。
32. 张守常编：《最完整的人格——朱自清先生哀念集》，北京出版社，1988年。
33. 叶圣陶：《文章例话》，三联书店，1983年。
34. 陈子展：《中国近代文学之变迁》，古籍出版社，2000年。
35. 舒新城编：《中国近代教育史资料》，人民教育出版社，1961年。
36. 吕达：《中国近代课程史论》，人民教育出版社，1994年。
37. 关晓红：《晚清学部研究》，广东教育出版社，2000年。
38. 李杏保、顾黄初：《中国现代语文教育史》，四川教育出版社，2000年。
39. 李华兴主编：《民国教育史》，教育出版社，1997年。
40. 李伯棠：《小学语文教材简史》，山东教育出版社，1985年。
41. 刘国正主编：《叶圣陶教育文集》（共五卷），人民教育出版社，1994年。
42. 黄显华、霍秉坤：《寻找课程论和教科书设计的理论基础》，人民教育出版社，2002年。
43. [英]麦克·F. D. 扬主编：《知识与控制——教育社会学新探》，谢维和、朱旭东译，华东师范大学出版社，2002年。
44. 吕达主编：《陆费逵教育论著选》，人民教育出版社，2000年。
45. 黎泽渝、马啸风、李乐毅编：《黎锦熙语文教育论著选》，《人民教育论著选》，1996年。
46. 周廷珍、欧济甫编：《国文测验举例》，中华书局，1922年。
47. 杨东平主撰：《艰难的日出——中国现代教育的20世纪》，文汇出版社，2003年。

48. [美] 乔纳森·卡勒:《当代学术入门　文学理论》,李平译,辽宁教育出版社,1998年。

49. 刘禾著:《跨语际实践——文学、民族文化与被译介的现代性》,宋伟杰等译,三联书店,2002年。

50. [美] 华勒斯坦等:《学科·知识·权力》,刘健芝等编译,三联书店,1999年。

51. 熊秉真:《童年忆往:中国孩子的历史》,刘健芝等编译,台湾麦田出版股份有限公司,2000年。

52. 张清仪:《另一种童年的告别》,商务印书馆,2001年。

53. 王丽主编:《我们怎样学语文》,作家出版社,2002年。

54. [日] 藤井省三:《鲁迅〈故乡〉阅读史——近代中国的文学空间》,董炳月译,新世界出版社,2002年。

55. [日] 柄谷行人:《日本现代文学的起源》,赵京华译,三联书店,2003年。

56. 中央教育科学研究所编:《朱自清论语文教育》,河南教育出版社,1985年。

57. 唐德刚译注:《胡适口述自传》,安徽教育出版社,1999年。

58. 夏晓虹:《晚清社会与文化》,湖北教育出版社,2001年。

59. 戴锦华:《犹在镜中:戴锦华访谈录》,知识出版社,1999年。

60. 陶东风:《文化研究:西方与中国》,北京师范大学出版社,2002年。

61. 陈万雄:《五四新文学的源流》,三联书店,1997年。

62. 王德威:《想像中国的方法:历史·小说·叙事》,三联书店,1998年。

63. [美] 班纳迪克·安德森:《想象的共同体:民族主义的起源与散布》,吴叡人译,台湾时报文化,1999年。

64. [斯洛文尼亚] 齐泽克:《意识形态的崇高客体》,季广茂译,中央编译出版社,2002年。

65. 戴燕：《文学史的权力》，北京大学出版社，2002年。
66. ［美］李欧梵：《摩登——一种新都市文化在中国（1930—1945）》，毛尖译，北京大学出版社，2001年。
67. Perry Nodelman：《阅读儿童文学的乐趣》，刘凤芯译，台湾天卫文化图书有限公司，2003年。
68. 韦商编：《叶圣陶和儿童文学》，少年儿童文学出版社，1990年。
69. 罗岗：《记忆的声音》，学林出版社，1998年。
70. John Stephens, *Language and Ideology in Children's Fiction*, New York: Longman, 1992.

后 记

这本书修改自我的博士论文。论文于2004年6月在北京师范大学通过答辩。

十年时间，一直没有把论文正式出版的念头。最重要的原因是，我对信息爆炸时代的知识生产充满了怀疑。中国大陆每年出版的图书总量在40万种以上，面对那些满坑满谷的书，我常问自己：这个时代、这个社会需要我在40万种中再增加1种吗？

当年写作博士论文时，我经历了一个"痛并快乐着"的过程。查阅资料的时间段，正是SARS最厉害的时候，北京前所未有地安静。我乐得躲在我供职的人民教育出版社的图书馆里，一本本翻阅晚清民国的中小学语文教科书。这个图书馆收集有全国最全的教科书资料。当轻轻翻阅那发黄发硬的书页时，我常会有一种时空错乱的感觉，我似乎和一群人围坐在一起讨论，其中有穿马褂的，有穿西服的，也有穿中山装的。曾经有多少文化名人在这一领域耕耘过，林纾、梁启超、蔡元培、胡适、钱玄同、叶圣陶和朱自清，这或许只是他们巨大成就中的一小部分，但同样展示了他们的独到思考和卓越见解。现在这些资料已经不能翻阅，全部电子化在网上可以方便查阅，但不知为什么，"对谈"的感觉也随之消失。

博士毕业以后，我的兴趣转移到本职工作——小学语文教科书编写上。八年内也参与研究了一些课题，例如国家社科基金的重大课题"百年教科书的整理与研究"。不论是教材编写还是课题研究，我始终觉得，有很多现在我们遇到的问题，例如，"文以载道"的问题、教材的意识形态问题、语文的工具性与人文性问题、选文的标准问题、文言白话的比例问题、文章的经典性问题，这些问题我们的前辈们曾经争论激烈，孜孜以求，而现在重又回到讨论现场。而一些问题的根源，不回溯到历史语境中，很难理清思路，寻求路径。所以，我在看今人很多有关语文的文章时，明显地感觉缺乏历史感。由此想到，或许当年我的博士论文所做的一些资料工作，对现在的语文教育研究和现代文学研究有些微用处吧？

博士论文曾经给一些朋友看过，溢美之词不敢领受，也有朋友提出：你申请的是文学博士，为什么写出来的论文似教育学论文？打破学科之间的界限，其实正是我的本意。我的专业是儿童文学，到人民教育出版社这个教育机构工作后，深感"文学—教育"这两个领域之间的隔膜。这种隔膜在研究界亦非常严重，例如，在"中国现代儿童文学"的发生上，如果文学界的人多查一些教育学的资料，就能理解它绝不只是反封建父权思想的产物；在教材的选文上，如果教育学界的人多了解一些现代文学的发生，就绝不会视早期的现代文学作品为现代汉语的"典范之作"。

感谢我的导师王泉根教授鼓励我完成这一论题，并在论文写作过程中给予悉心指导。师从王老师十余年来，他给予我的学习和生活上的照顾，是不能用一个"感激"就能够表达的。记得1995年，王老师上第一节课时，就谈到了做学问"文献功夫"的重要性，多年来一直不敢忘，在博士论文的写作过程中，更是随时提醒自己。

感谢林文宝教授。多年来一直把林教授当成我在台湾的导师，他对学生的帮助，早已超过学术本身。从他身上，我学到了思考方法，还有为人处世之道。老师对我一直寄予厚望，而我身性耽懒，成就渺小。这本书也是在老师的介绍和促成下，才得以在台湾出版。

感谢张美妮、金波、樊发稼、曹文轩、叶舒宪、刘勇、邹红诸位教授，他们曾为论文写过评语，并在论文答辩会上给予了指点。这么多年来未敢忘记。美妮老师在2007年驾鹤西归，给我的影响至今留存。

感谢我的家人这么多年给我的支持。"世道多险薄"，好在有家人的爱陪伴。特别是女儿雪儿，论文完成时她尚未来到世上，论文出版时她已经读小学了。她改变了我对世界、生命的许多看法。

感谢作家出版社和左昡老师，让论文在十余年后成书出版。论文经历十年，经历了一些思想方法的演进，但最基本的观点至今未变。还望诸位读者予以教正。